図解 なるほど！ これでわかった

よくわかる これからの店舗のロス対策

企業内ロスは、経営に直結する大問題。
ムダと損失を減らして
純利益を大幅に向上する
ロスの発見・対策法を紹介

望月守男
秋山哲男

同文舘出版

まえがき

わが国初の「ロス対策専門会社」を設立して47年、全国各地の企業の純利益確保に少なからず貢献してきたと自負しています。そんな長年にわたって蓄積してきたノウハウを本書で公開します。見えないロスを「見える化」し、見せかけのロスを「明確に区分」し、本当のロスを「的確に発見」して、対策を実行することで多くの成果を上げてきました。

どんな会社にもロスはあります。しかし対策がむずかしいために目をそむけてしまったり、目先のロスばかりに目を奪われすぎて、成果につなげられない経営者も多いのです。

またロスは、自らの損失・失敗でもあるため、見えないように隠す管理者も多くいます。

真実と事実は違うのです。大切なことは真実を知り、経営を誤らないことです。そのためにはロスの全体把握と有効な対策の見極め、そしてそのための鑑識眼を磨くことです。

自社の管理レベルを正しく知り、適切な対策をとることで、顧客満足を高め、ムダと損失を減らして純利益を大幅に向上することができます。

わが国のロス総額は、約20兆円と言われますが、企業で発生する多くのロスを見直すだけで、投資のいらない改善の方法が無数にあることがわかります。

本書は、まずロスの全体を正しくとらえ、主要なロスの原因を明確化し、その発見法から対策までを順を追って解説しています。

ロスの発見には、「管理の要諦である性悪説」を持って現状を厳しくとらえることです。同時に、経営の要諦である顧客の創造には、性善説を持って当たることです。本書ではその具体的な対策までを解説しています。

ムダの排除と顧客の満足、感動の実現という、異質と思われる目的を同時に実現するところに本書の特色があります。

またロスは、経営を左右するような大きな問題になることがしばしばあります。それは経営姿勢に問題があることが多いものです。本書は小さなムダばかりをロスと考えず、経営に直結する大きなロスの対策にも取り組み、健全経営の指針を示せればと思っています。


我々が問題を見誤る原因には、実際と感覚のズレが多いものです。ロス問題の原因の多くも、この実際と思い込みも含めた感覚の差にあることがわかります。そこで事例を基に問題を透視する鑑識眼を磨くことが大切になりますが、これらも本書の中で解説しています。

書名には「店舗のロス対策」とありますが、サービス新時代に対応した無店舗経営にも活用できる内容としたつもりです。

共著とした理由は、実務に精通し、多くの成果を蓄積してきた実務の専門家と、経営の全体からロスの構造を網羅的・客観的に分析する研究者の視点とを一体にして、問題の解決に取り組んだことによります。

多くの読者に、多くの成果をお届けできたら幸いです。

２０１４年７月

(株)エスピーユニオン・ジャパン会長(ＣＥＯ)　望月　守男
九州産業大学名誉教授　秋山　哲男

なるほど！これでわかった　図解　よくわかる　これからの店舗のロス対策●**目次**

第2章 商品ロスの発見法はこれだ

第3章 商品の実質ロス対策はこれだ

第4章 商品の見せかけロス対策はこれだ

第5章 万引きロスの発見法と対策はこれだ

第6章 商品以外の機会損失ロス対策はこれだ

カバーイラスト／野崎一人
DTP／一企画

第1章

ロスの実態を正しく知ろう

section 1

経営を左右するロス金額

日本のロス金額は20兆円

企業のロス金額は量的ロスだけで10兆円

❖わが国のロス総額は推計20兆円

わが国のロス総額は、推計で約20兆円と言われますが、これは国民の全納税額とすべての法人納税額合計の半分も占める膨大な金額です。

例えば、私達の日常生活で発生している食品の廃棄量は約2000万トンで、金額換算10兆円です（農林水産省推定）。

再加工を施し70％再活用できても、7兆円は下らないでしょう。

❖企業のロス金額約10兆円

企業のロス金額は左表の通り約10兆円です。この数字は金額に換算できる量的ロスだけであり、このほか企業体質の向上により多くのロス改善が期待されます。その対応は第2章以下で述べます。

❖適切な対応で、まずロス金額半分の削減達成へ！

ロスをゼロにするのはむずかしいことです。「人は間違う動物」だからです。ミスばかりを指摘する会社は社員の意欲をそぎ、よい人間関係が生まれませんし、当然、会社も伸びません。

そこで大切なことは、自社の体質と管理レベルをよく知ることです。

自社の体質とは、経営者の考え方と言ってもいいでしょう。ロスに関心のない経営者のもとではロスの削減は無理ですから、初めから他の方法を考えるべきです。

管理レベルも他の業務とのバランスが大切です。ここだけ水準を上げることはむずかしいからです。

ロスへの取り組みは、経営者の総合判断力が大きく作用することを認識し、本気で取り組む必要があります。

本気で取り組むと、ロス金額を半分には減らせます。これには多くの事例があります。例えば現在、日本一のチェーンストアになった企業も、ロスが3分の1になりましたし、某有力食品チェーン店も3分の1に減りました。

この問題は1～2割削減しようと思ったらだめなのです。思い切って大胆に改善を進めるべきです。「本気で取り組む必要がある」と言ったのはそのためです。

企業のロス金額

ロスの大分類		ロスの区分		ロス金額推計（単位：兆円）
商品ロス	実質ロス	①	廃棄ロス	総仕入額×廃棄率 （メーカー売れ残り処分含む） 260兆円×1%＝2.6兆円
		②	欠品ロス	売れ筋商品の品揃え不備 （個別企業に影響） 売れ筋商品の売り切れ欠品率 40兆円×5%＝2兆円
		③	値引きロス	仕入額×値引率平均 65兆円×5%＝3.25兆円
		④	配送・荷受けロス	
		⑤	売上違算ロス	
		⑥	万引きロス1 （内引きロス・外引きロス）	従業員不正によるロス率 顧客の不正によるロス率 13兆円×4%＝0.52兆円
	見せかけロス	⑦	商品管理ロス	
		⑧	帳簿上の手続きロス	65兆円×2%＝1.3兆円
チャンスロス（商品以外のロス）	構造上の量的ロス	⑨	立地不備によるロス	
		⑩	設備不備によるロス	
		⑪	レイアウト等配置不備によるロス	
		⑫	万引きロス2 （組織・制度等の不備によるロス）	13兆円×2%＝0.26兆円
	政策対応上の質的ロス	⑬	販促対応不備によるロス（サービス充実）	
		⑭	接客対応不備によるロス（顧客満足度）	
企業内ロス総額（①②③④⑤⑥⑧⑫） 消費者段階でのロス総額				小合計　約9.93兆円 小合計　約10兆円
全体ロス金額				合計　約19.93兆円

section 2

まずロスの考え方から

ロスとは何か

ロスとは減らすことのできるムダ・損失のこと

❖減らすことのできるムダ・損失

ロスの発生には必ず原因があります。ですから発見もでき、対策も打てるのです。

またロスには大きなロスから小さなロスまで数多くの種類があります。大きなロスは大きなムダ・損失を伴いますから、まずここから原因を探り、対策を講じなければなりません。

この大きなロスとは考え方のミスであり、小さなロスは方法のミスです。

しかし現実は、この優先度を無視しがちなのです。そこで、大切なことは左図のようにロス対策の段階を踏むことです。

❖ロス対策の3段階

①考え方の改善で大きなロス対策
②構造の改善で次のロス対策
③方法改善で細かいロス対策

ロス対策にはまず、大きな成果につながる①の段階から取り組み、順次、②③の段階を踏むことが効果的です。ロスに対する意識が薄い経営者はロスによる損失に気づきませんし、対策も後手になります。ですから大きなロスを見逃すのです。

また経営とは多くの人による組織運営ですから、決めた方針に沿って、確実に守れる構造にすることが大切です。構造に問題があると、そこにロスが発生します。これが②の段階です。

次が③の方法改善です。こうした段階を間違うと成果に大きく影響します。

また、例えばロス対策のしくみを作っても経営者が実行しないとか、理解がないのは①、個人で改善提案をしてもそれを取り上げない組織は、②の問題です。

❖ロスは減らした分だけ純利益が増大

どんな組織・会社にもロスはあります。ロスに目をそむけては競争に勝てません。真実と事実は違うのです。

大切なことは、真実を知り経営を誤らないことです。

ロス金額の減少がそのまま純利益額の増大となることは経理の常識ですが、純利益の確保を何の投資もなく実現できるのですから、ここでもう一度、ロス対策に取り組んでみましょう。

ロス対策は経営の重要問題

ロス対策の３段階と成果

段階			
①	考え方の改善	リマインディング	改善成果大
②	構造の改善	リストラクチュアリング	改善成果中
③	方法の改善	リエンジニアリング	改善成果小 １つの改善度は小さくても、誰もが日常的に改善できる

経営事例に見るロスの発生と３段階

事例１

福島原発事故とロス
（膨大な損失・ムダ・ミスを生んだ経営体とロス管理）

３段階

① 津波に責任をかぶせる無責任な経営者の考え方
② 人為ミス多発の管理不在の、人任せ構造
③ 改善要求の通らない現場

➡経営を左右する大きなロスを生んだ①の経営姿勢

事例２

北海道での脱線事故とロス
（恐ろしい現実の経営とロス対策）

３段階

① 外れた線路の上を走らせる、無節操な鉄道経営者の考え方
② 外部に知らせない事なかれ主義の管理構造
③ 改善しようとしない・できない現場

➡経営を左右する大きなロスにつながった①の経営姿勢

事例３

日本一の流通業となった企業のロス管理による成功
（ロス管理の徹底による収益日本一の実現）

３段階

① 経営者の顧客対応姿勢とムダ取りを徹底する従業員の考え方
② 商品ロスの実態調査と優れた管理システムの構造
③ 現場での改善徹底と継続実施

➡経営を左右するロス削減の成果につなげた①の経営姿勢

section 3

商品ロスと商品以外のロス

ロスのとらえ方

「量的ロス」「質的ロス」というとらえ方もある

❖商品ロスと商品以外のロス

ロスは幅広く、あらゆる分野にありますが、その対象は大きく2つに分かれます。

①扱う「商品のロス」

②経営体自体で発生する「商品以外の機会損失ロス（チャンスロス）」

また、ロスは数字で表わせる「量的ロス」と数字では把握しにくい構造上、あるいは政策上の「質的ロス」に分けることができます。

①「商品のロス」は、商品から発生するロスですが、大きなロスは以下のロスです。

(1)廃棄ロス、(2)欠品ロス、(3)値引きロス、(4)配送・荷受けロス、(5)売上違算ロス、(6)万引きロス、(7)商品管理上のロス、(8)帳簿上のロス

欠品ロスは販売機会を逃すチャンスロスですが、欠品商品なので本書では商品ロスに区分しました。

②「商品以外の機会損失ロス（チャンスロス）」で、販売チャンスを逃す大きなロスは以下のロスです。

(1)構造上の機会損失ロス

しくみに問題のある機会損失です。

(2)販売促進等の不備による機会損失ロス

(3)接客不備等による機会損失ロス

❖「量的ロス（定量ロス）」と「質的ロス（定性ロス）」

「量的ロス」は数値で表わせるロスで、構造が明確ですから比較的原因発見が容易です。例えば、「売上精算時の現金過不足」などです。

「質的ロス」は、品質等数値では表わしにくいロスで、質を評価できる体制が必要ですから、原因発見も複雑になります。それだけに見落としがちなロスですが大きな成果も期待できます。

また量と質を同時に改善できることもしばしばあります。

例えば大学病院の事例ですが、入院期間を全体で3分の2に減らし、薬の投与も3分の2に減らすことで、患者が従来よりはるかによくなった実績等です。日本の医療費年額が38兆円であることを考えると改善効果は計りしれません。

ロスの２つのとらえ方と対策

1 流通・サービス産業のロスのとらえ方

トヨタのカンバン方式は製造業に限らず、あらゆる産業に時間的・空間的なロス改善で広く活用されているが、流通・サービス産業のロスは、扱う**「商品のロス」**と、**「販売機会損失のロス（チャンスロス）」**に分けられる。

2 企業でのロスのとらえ方

企業の経営は、まず、外部である競争企業に勝てることと、企業内部の管理、すなわちロスの削減を徹底することが課題である。

3 企業間競争でのロス対策の徹底

同じ目的による大義・理念の共有が不可欠になる。

大義・理念は「顧客満足」の実現であり、満足度の評価は他社との比較でわかる

↓

他社との客観的な比較評価によるロス管理

↓

ベンチマーキング（目標となる水準）

３つの競争優位と戦いの３原則

ロス対策でも企業間の競争優位を実現する

流通・サービス業３つの競争優位	戦いの３原則
① **直接対応できる（ダイレクト）** 本音を知ることができる	① 目的追求――大義が必要
② **個別対応できる（パーソナル）** 個別のアプローチができる	② 集中――対象を絞る
③ **その場で早く対応できる（リアルタイム）**スピーディーに問題解決できる	③ 奇襲――思いもよらぬ戦術

（出所：『競争優位戦略』（世界に共通する原則）秋山哲男著）

section 4

簡単な計算でわかるロス金額

ロス金額の算出法

ロス金額の算出は売価ベースでしなければ意味がない

❖ロス金額の算出は簡単

ロス金額は簡単な計算で把握することができますし、やろうと思えば毎日でも、あるいはいつでも把握するしくみを作れます。管理をしたいサイクルで算出可能なのです。ですから経営者・管理者・現場担当者の必要に応じて算出することになります。

その算出法は、

○ロス金額＝「あるべき売上額」－「実績売上額」

○あるべき売上額＝「期首在庫売価」＋「当期仕入売価」－「期末在庫売価」

○ロス率＝「ロス金額」÷「実績売上額」

事例を挙げて計算すると、

「期首の在庫売価」が１００万円あり、「当期の仕入売価」が２０００万円、「期末の在庫売価」が１５０万円だとします。

すると「あるべき売上額」は、［１００万円＋２０００万円－１５０万円＝１９５０万円］となります。

「実績売上額」が１９００万円だとすると、ロス額は、［１９５０万円－１９００万円＝50万円］となります。

ロス率は、［50万円÷１９００万円＝２・６３％］です。

❖ロス金額の算出はすべて売価ベースがポイント

ロスは、本来売れたはずの商品が売り損じたわけですから、すべて売価ベースで算出されます。原価は関係ないのです。ですから売価がわからないとロスもわからないことになります。

そこでロス管理をするためには、売価を明示する必要があります。

仕入額が決まれば自動的に売価を決める方式を取っている企業でも管理は同じです。

「逆ロス」は、通常はあり得ないロスです。例えば、売れた商品の金額より手元に残る現金のほうが多いようなケースで、こんなことが現実にはしばしば起きるのです。

これは手続き上のミスが起きている証拠ですが、怖いのはその分だけロスが消えてしまうことです。

ロス金額を算出する算式

1 あるべき売上額 − 実績売上額 ＝ ロス金額

●「あるべき売上額」＝期首在庫売価＋**当期仕入売価**−期末在庫売価

●「当期仕入売価」＝当期仕入伝票売価−当期返品伝票売価
±当期振替伝票売価±当期売価変更伝票

●「実績売上額」とは、レジスターの中にある現金の集計額で、最初からある釣り銭分を差し引いた実質売上金額の合計

2 ロス金額 ÷ 実績売上額 ＝ ロス率

3 期末あるべき在庫売価 − 期末実績在庫売価 ＝ 在庫ロス金額

●「期末あるべき在庫売価」＝期首在庫売価＋当期仕入売価
−実績売上額

※「期末実績在庫売価」は、実地棚卸を行なった際の合計在庫売価

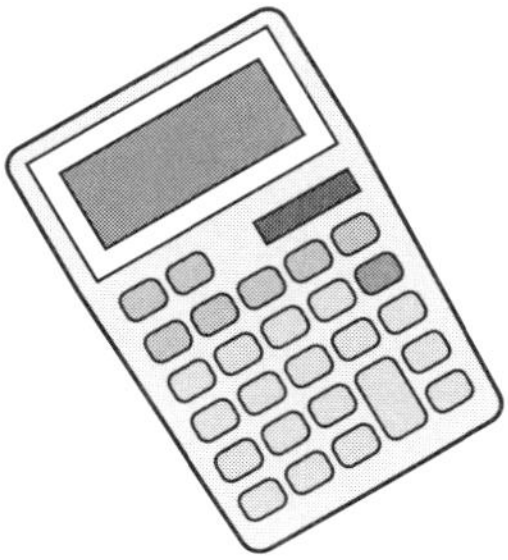

section 5

ロスの全体を知る

ロスの体系

ロスは仕入れから販促まで広範囲に及ぶ

❖ロスの全体把握と対策の集中

ロスは根深く広範囲に及びますから、対策の実施に当たっては、まずロスの体系の全体把握を行ない、次に対応方針を明確に定め、実施組織を作って、集中して取り組むことになります。

企業はロス対策にかける余力があまりないのが現実ですから、集中して取り組む必要があるのです。また成果が見えるまで徹底することも大切です。

またロスは、定量的な要因だけでなく、定性的な要因も把握する必要があります。商品ロスは万引きロス等と決めつけないことです。

❖主要ロスの区分とその内容

①商品の実質ロス

○「廃棄ロス」は、品質の劣化や賞味期限切れ等で商品価値をなくした廃棄品

○「欠品ロス」は、品切れや品揃えミス

○「値引きロス」は、商品価値を減耗した値引き等

○「配送・荷受けロス」は、配送・荷受け過程のロス

○「万引きロス１」は、社内の不正、取引先・顧客の不正によるロス

②商品の見せかけロス

○「商品管理ロス」は、商品管理が悪いこと、在庫管理等の不備による

○「帳簿上の手続きロス」は、売価変更・振替処理等のミスによるロス

③商品以外の構造上の量的ロス

○「立地不備によるロス」は、立地構造や競合状況の変化対応不備によるロス

○「設備等の不備によるロス」は、各設備の不良・故障等によるロス

○「レイアウト等の配置不備によるロス」は、死角や見にくい・取りにくい配置等によるロス

○「万引きロス２」は、国内外からの組織的な窃盗団等の万引きのため、一般の万引きとは別に構造問題として取り上げるロス

④商品以外の政策対応上の質的ロス

○「販売促進対応の不備によるロス」は、ＰＯＰや特売等、効果的な販促サービスの不備によるロス

○「接客対応の不備によるロス」は、悪い接遇によるロス

等です。

ロスの体系図

ロスの大分類		ロスの区分		ロスの内容
商品ロス	実質ロス	①	廃棄ロス	商品の廃棄による
		②	欠品ロス	品切れ・売り切れによる 品揃えミスによる
		③	値引きロス	見切り等の値引きによる 品質低下による
		④	配送・荷受けロス	配送・荷受け段階のミスによる
		⑤	売上違算ロス	レジでの違算ミスによる
		⑥	万引きロス1 （内引きロス・外引きロス）	社内の不正（内引き） 顧客の不正（外引き）による
	見せかけロス	⑦	商品管理ロス 在庫管理ロス	季節・温度・日付管理等品質管理による 実地棚卸ミスによる
		⑧	帳簿上の手続きロス	仕入伝票・返品伝票・売価変更・振替等の伝票処理による
チャンスロス（商品以外のロス）	構造上の量的ロス	⑨	立地不備によるロス	立地・競合の変更・不備による
		⑩	設備不備によるロス	冷蔵庫・ケース等の各設備故障・不良による
		⑪	レイアウト等配置不備によるロス	わかりにくい配置等による
		⑫	万引きロス2 （組織・制度等の不備によるロス）	組織的なプロの万引き集団等による
	政策対応上の質的ロス	⑬	販促対応不備によるロス	顧客誘導の効果的販促とサービスの欠如等による
		⑭	接客対応不備によるロス （顧客満足度）	接客のできない・あるいは悪い接遇によるマイナスクチコミ等による

純利益率より多いロス率の実態

ロスに目を向けないと管理不在の経営になる

❖経営数値の中のロス率の重要性

経営数値の中でよく取り上げられるのは、一般に、売上額・粗利益額・純利益額です。

売上額の中でもとくに注意すべきなのが既存店の前年伸び率ですが、これは顧客の支持実態を端的に示しているからです。

粗利益額が重要視されるのは、仕入れを差し引いた後の自分達でコントロールできる金額実績だからであり、純利益額は従業員の努力成果を知り、会社の将来を決める数値だからです。

そこでロス率の重要性ですが、この純利益額を左右するところにあります。

純利益額は経営の評価を決める重要指標ですから、それに直結するロス金額を把握しないのは大問題です。

しかしロス率を正確に把握している企業は意外に少ないのが実態です。

その理由は、ロスの把握が面倒でわかりにくいことですが、本当の理由はそんな面倒なことをしなくても会社の利益がまだ出ているからなのです。

❖純利益率1%とロス率2%

流通・サービス産業の平均的な純利益率は約1%と低いのが実態ですが、ロス率の平均は約2%から3%もあります。

ですから企業業績を決めるほど大切な指標がこのロス率なのです。

ロスの要因は、普通に項目を挙げても、２００を超えるほど様々です。要因が多いからこそ整理して取り組む必要があるし、徹底して原因を探り、対策を立てることが大切です。

❖許容ロス率とは

ロスをゼロにすることはむずかしいと先にも述べましたが、全体としてどのくらいまでなら許容できるかという経験値（＝許容ロス率）はあります。

それは概ね、売上げの1～2%です。

業種別に違いはありますが、収益率が高いとロス率も高いものです。例えば宝石店や薬品店です。

しかし、こうした高収益率の業種でも、これからは許容ロス率内で目標管理をすべきです。

ロスの構造と実態

1 ロスの構造

●ロス金額＝あるべき売上額－実績売上額
●あるべき売上額＝期首在庫売価＋当期仕入売価－期末在庫売価

●ロス率＝ロス金額÷実績売上額

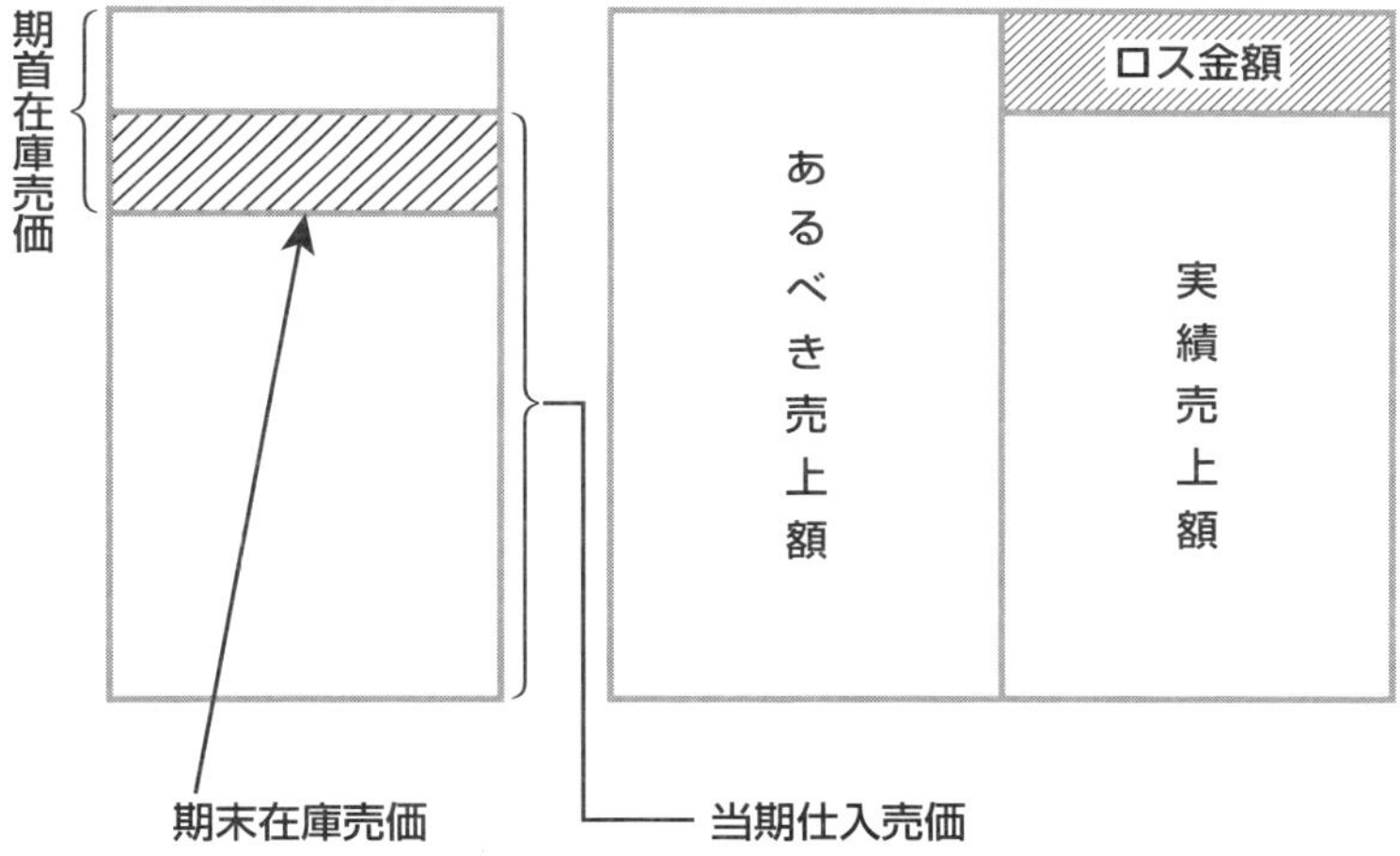

2 ロスの実態

小売業平均ロス率≒売上対比2～3%

小売業平均純利益率≒売上対比１%

section 7

実質ロスと見せかけロス

商品ロスの構造

ロスをわかりにくくしている、見せかけロスとは何か

❖実質ロス・見せかけロスとは?

①実質ロス

実質ロスは、何らかの要因で発生する実際の商品減耗で、ロス全体の約8割を占めています。その中で最も多いのは「値引きロス」、次に「廃棄ロス」、そして「欠品ロス」と続きますが、金額が大きいだけに対応成果も顕著です。

②見せかけロス

見せかけロスは、実際のロスとは言いにくいロスで、従業員の商品処理過程で起こる不注意、そして実地棚卸や伝票処理等の商品管理ミスから発生する、事実に反するロスです。

従業員の商品処理過程でのロスは不注意や未習熟から起こりやすいのですが、意図的不正も含まれます。

商品管理上のロスは、商品の在庫把握の不正確さと伝票処理の間違いから発生しますが、管理が不十分な会社ではこのロスが非常に多くなります。

❖ロスの構造から注意すべきこと

見せかけロスが多い会社は、実質ロスが見えなくなり、ロスそのものに関心が向かなくなります。

見せかけロスが意図的な不正の場合は、次第に従業員にそのことが知られ、増幅していき、そしてロスのコントロールに使われるようになります。こうなるとロス管理はますますむずかしくなります。

そこで大切なことは、このような手続き上のロスは、早くに厳密な制度を作り、発生を断つことです。

詳細は第4章で述べます。

❖「実際の在庫」と「あるべき在庫」

この違いがロスです。見せかけロスを生み出すのは、在庫の把握ミスが原因ですが、原因の1つは、実際の在庫の把握が不正確、もう1つは、あるべき在庫が不正確、の2つです。

❖「実際の売上げ」と「あるべき売上げ」

この違いがロスです。見せかけロスを生み出すのは、在庫の場合と同様に、原因の1つは、実際の売上処理のミス、もう1つは、あるべき売上げの算出ミス、の2つです。

これも詳細は第4章で述べます。

見せかけロスの２つの構造

1　実際の在庫額と、あるべき在庫額の差がロス金額

- 実際の在庫額は実地棚卸で把握する
- あるべき在庫数は伝票から集計する

2　実際の売上額と、あるべき売上額の差がロス金額

- 実際の売上額は、売り上げた現金・クレジット額
- あるべき売上額は、伝票で集計した額と、実地棚卸で把握した額

※ロス金額から見せかけロスを除いた金額が実質ロス額

見せかけロスの算出のしかた

	①伝票処理ミスが原因	②実地棚卸ミスが原因
内訳	［当期仕入伝票売価－当期返品伝票売価±当期振替伝票売価±当期売価変更伝票］ で算出する。	実地棚卸は実際在庫品の人手による集計で、期末在庫売価を算出する。
計算例	仕入伝票売価　計　2000万円 返品伝票売価　計　－100万円 振替伝票売価　計　－50万円 売価変更伝票　計　－80万円 2000－100－50－80＝1770 当期仕入売価は1770万円となるが、どこかで伝票の処理ミスがあると、それが見せかけロスとなる。	期首在庫売価　250万円 当期仕入売価　1770万円 実績売上額　1800万円 250＋1770－1800＝220 期末あるべき在庫売価は220万円だが、実際の棚卸の在庫が210万円だと、10万円が見せかけロスとなる。

section 8
ロス管理でわかる企業管理のレベル

経営におけるロス管理の位置

流通・サービス産業の特色を知り、適切な対応を図る

❖企業環境とロスへの対応

企業は変化する時代に対応しなければ生き残れませんから、経営環境の変化には敏感に反応します。しかし、環境が変化すると構造にゆがみができます。ゆがみはロスの新たな温床を生みますから、経営とロス管理は一体なのです。そこでわかることは、ロス管理状況を見ると、企業の管理レベルがわかるということです。

①情報通信技術革命とロス

この変革は従来のコミュニケーション構造を大きく変化させましたから、ロスの改善に情報精度アップという大きな手掛かりを提供してくれます。

②国際化対応とロス

国際化は、異質の組み合わせの増大を意味しますから、新たな時間・空間で発生する広範囲なロスを視野に入れた改善を迫られます。

③消費者対応とロス

作るより売ることがむずかしくなった今日、本当に消費者満足が得られるかを吟味したロス対応が求められます。

このように激変する企業環境の中では、まず足元の乱れがロスの大きな原因になりますから、足元を管理する管理レベルが問われるのです。

❖流通・サービス産業のロス管理

流通・サービス産業のロス管理に対する基本的な着眼事項は次の３点です。

①理論偏重ではなく実践現場中心
②技術偏重ではなく人間中心
③経営偏重ではなく顧客中心の発想

これからの時代は製造競争ではなく、顧客に目を向けた需要創造競争でロスを取り除く必要があります。

❖経営におけるロス管理の位置

「３つの生産性とロス率が経営診断の基盤」であることを教えてくれたのは、日本能率協会コンサルティング顧問の大橋周治氏です。氏はロス率を経営診断の中心にとらえることで、流通・サービス産業の適切な診断において数多くの成功実績を残しました。

左図は、①人の生産性、②設備の生産性、③商品の生産性で経営状況を診断し、ロス率１％以内にすることがロス管理で重要なことを示しています。

企業経営におけるロスの位置

企業経営とロス管理の原点

企業の経営は、①「顧客満足」の実現と、②「生産性の向上」双方のバランスにあるから、ロスの削減は両方の向上に作用する。
経営は「誠意」と「信義」で継続することができるから、ロス管理のしくみもこの原点に忠実でなければならない。

健全経営の指標となる３つの生産性とロス率

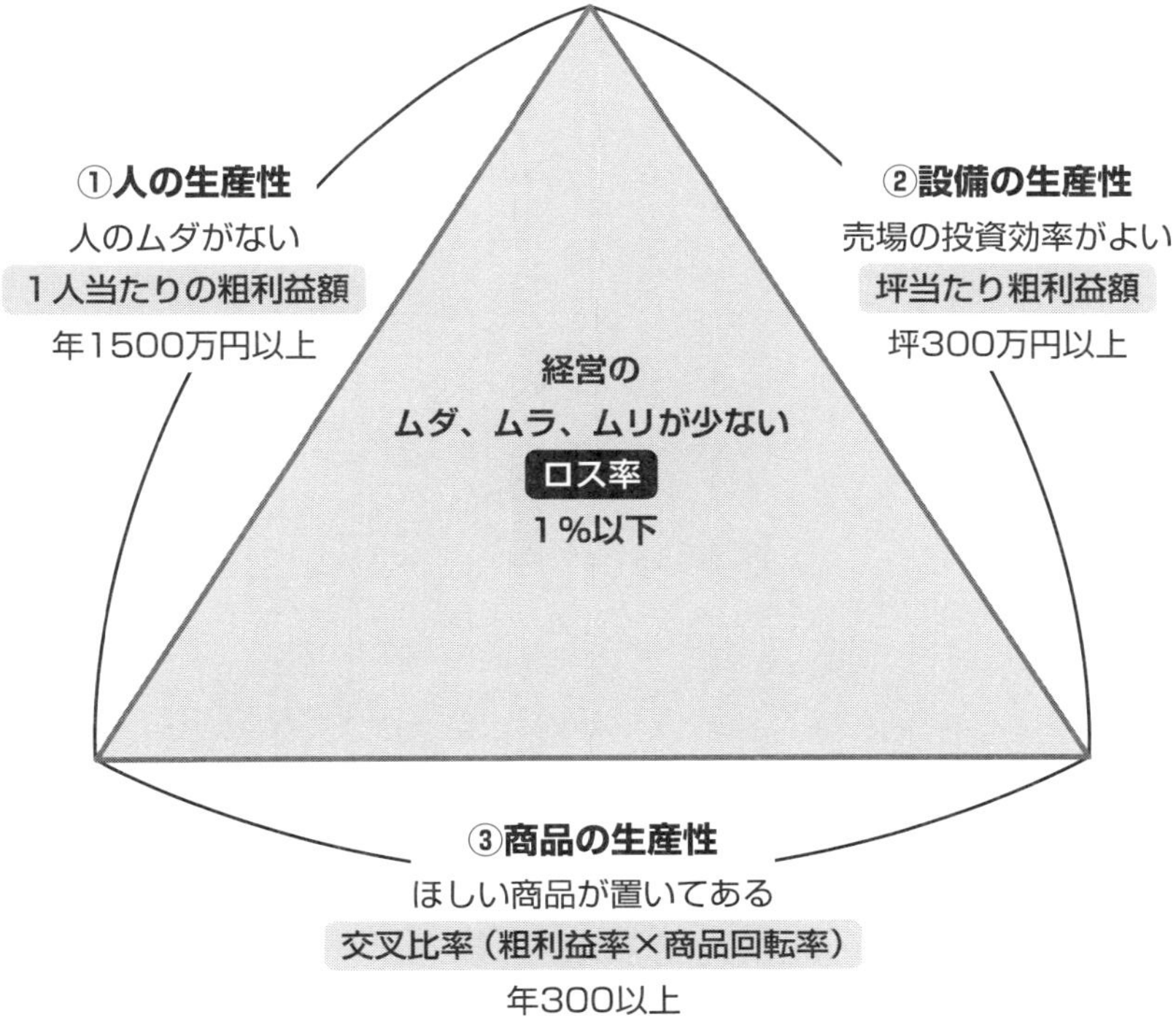

交叉比率……商品が効率よく売れ、利益を生み出しているかどうかを見る指標。数字が大きいほど効率がよいことを示す。

（出所：『小売業経営』大橋周治著　日本能率協会）

section 9

経営者・管理者はロスにどう対応すべきか

ロスと経営責任

ロスは退治するより予防が大切

❖ロスの実態と経営責任

この章ではロスの実態の全体像を見てきました。

では、日常的に発生する多くのロスについて経営者・管理者はどう対応したらよいのでしょうか。純利益を食い尽くすロスは経営の根幹に関わる問題ですから、経営者の経営責任につながります。

そこで経営改善の課題として、ロス問題をしっかり意識することが第一歩になります。経営者はロス問題を部下任せにせず、自らの責任として取り組むことが重要であり、管理者も目をそらさず、逃げず、隠さず、一体となって取り組むことです。

❖ベンチマーキングと比較基準の整備

ベンチマークとは目標となる水準のことです。その水準に目標を定めて取り組むのがベンチマーキングです。具体的な目標を持って取り組むことは、成果も明確になり効果的です。

目標の設定に当たっては、努力すれば達成できることが大切です。従業員が無理と感じたときに失敗するのです。この目標は各会社の管理体制の整備状況により異なりますが、実施には目標値が必要ですから、適切な比較基準を明示することです。

具体的には、対策の進んでいる同業他社のやり方を学び真似ることが早道ですから、自社だけでなく同業他社にも観察の目を向け、比較することです。

❖治療より予防で早期解決を

ロスをゼロにすることのむずかしさはすでに述べましたが、ロスをなくす努力をするより、事前予防のほうがはるかに楽にできます。これは病気になってからの治療より、予防のほうが楽で費用も少なくてすむのと同じです。経営者・管理者は、ロス発生の前に、発生しないしくみを作っておくことです。

経営責任とは大きな問題だけかというとそうではなく、経営に関わる様々な細かい問題も解決しなければなりません。後手に回らず、先手を打って楽に乗り切りたいものです。

経営者・管理者のロス対策

1 ロス管理体制はできているか

（1）ロス金額・ロス率は月次単位で把握されているか？	
（2）必要品目のロス金額は必要なとき、算出できるか？	
（3）算出スピードはどのくらいか？（当日にはわかることが必要）	

2 ロス率の比較基準表（ロスの許容率）

	業　種　別	比較基準
1	生鮮食品・惣菜・花	5％以下
2	一般食品・日用雑貨	1％以下
3	実用衣料品	1％以下
4	ファッション衣料品	2％以下
5	家電・住宅関連	1％以下
6	薬品・化粧品	2％以下
7	書籍	2％以下

3 ロス対策は治療より予防で対応

経営者・管理者は、ロスの事前対応（予防）が、事後対応（治療）の約10倍効果的であることを知っていること。

section 10

知っているだけでは解決できない

ロス管理の原点

ロスの予兆を示すハインリッヒの法則

❖性善説では見えないロス

ロスは元来、人間が起こすもので、不注意のミスから意図的なムダ・損失まで様々ありますが、管理の根本は、防ぐ・守るですから、「性悪説」で徹底することが求められます。

そこでロス管理の原点としては、「人は間違うもの」ととらえ、対策を立てることです。性善説で対策を立てると、抜け穴だらけになってしまうからです。

❖実践・徹底・継続でロスの解決

ロスの原因やその対策について知っている人はたくさんいます。しかし、多くの人はロス問題を解決するために何の行動もしないので、解決に至りません。

行動しない理由は、①時間がない、②お金がない、③設備・技術がない、④やり方がわからない、⑤やる気がない、がお決まりの5要素です。

しかし、それを乗り越えなくてはロス管理は絶対に実を結びません。大事なことは、実行して成果を上げることです。実行しても成果が上がらないのは、さらにやり方の工夫が必要なことを教えてくれているのです。

実践・徹底・継続こそロス管理の原点となる考え方と言えるでしょう。

❖ロスとハインリッヒの法則

問題を解決しようと真剣に考えると、不思議に知恵がわき、兆候がわかるものです。知恵とは、①知識、②技術、③経験、④素質、⑤やる気、⑥方向性、の相乗効果だと考えますが、ロスの兆候把握には、とくに経験とやる気、方向性が重要です。

労働災害の兆候については、有名な「ハインリッヒの法則」があります。これは経験則から導かれたもので、「1つの重大な事故の前には29の軽い事故があり、さらにその軽い事故の前には３００個のヒヤリとしたり、ハットする異常がある」というものです。

このヒヤリ・ハットの異常が大事故を教えてくれているのです。

ロスの把握も、意識的に目標を定めて経験を積み、本気で取り組むと、今まで見えなかったものが見えるようになります。

忘却曲線とロス対策

「人は忘れるもの、間違うもの」という前提でロス管理をしなければならない。

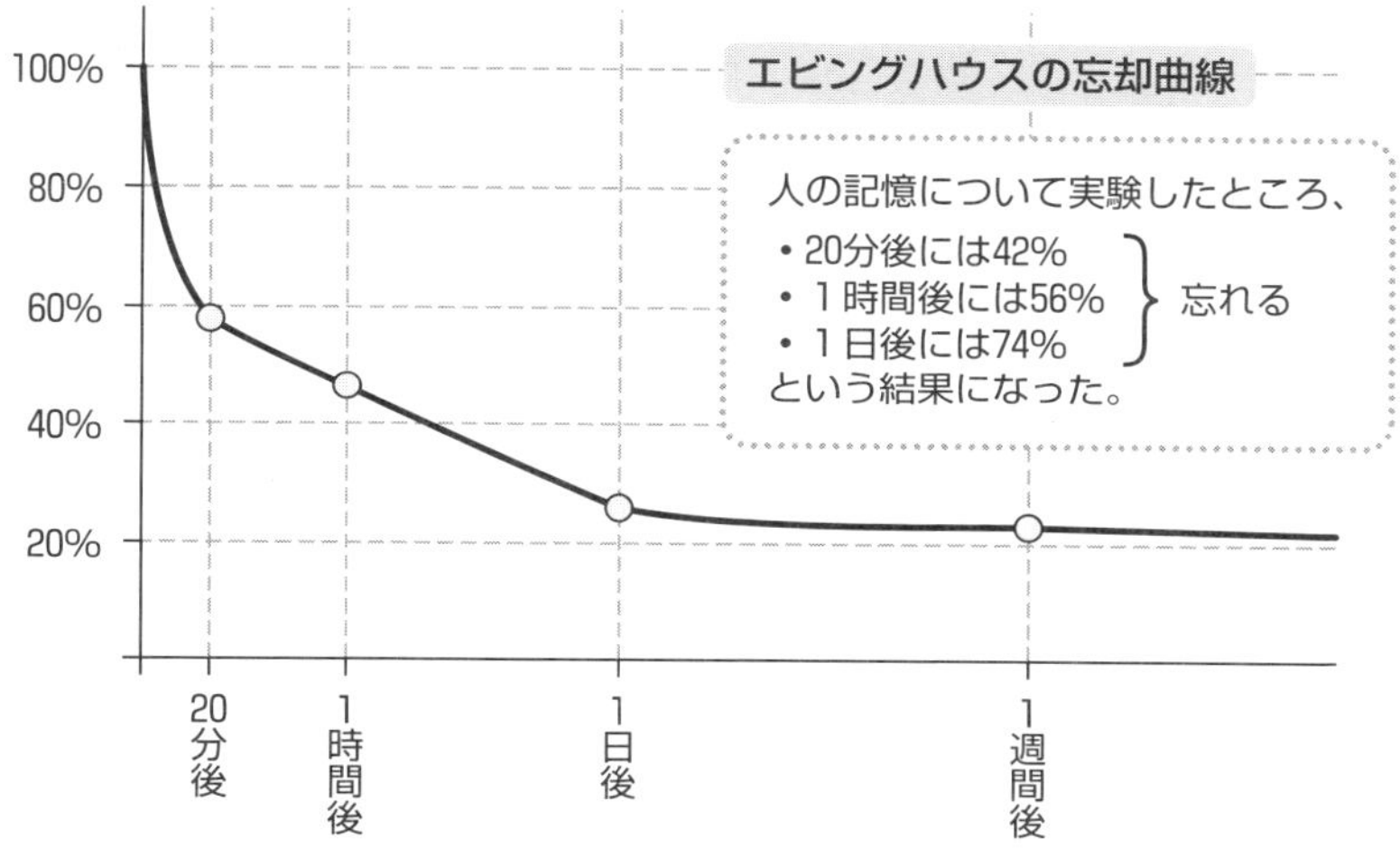

（ヘルマン・エビングハウス：ドイツの心理学者。1850～1909）

労災事故の予兆とハインリッヒの法則

ある工場の5,000件を超える労働災害を調べたところ、下図のような結果が導き出された。

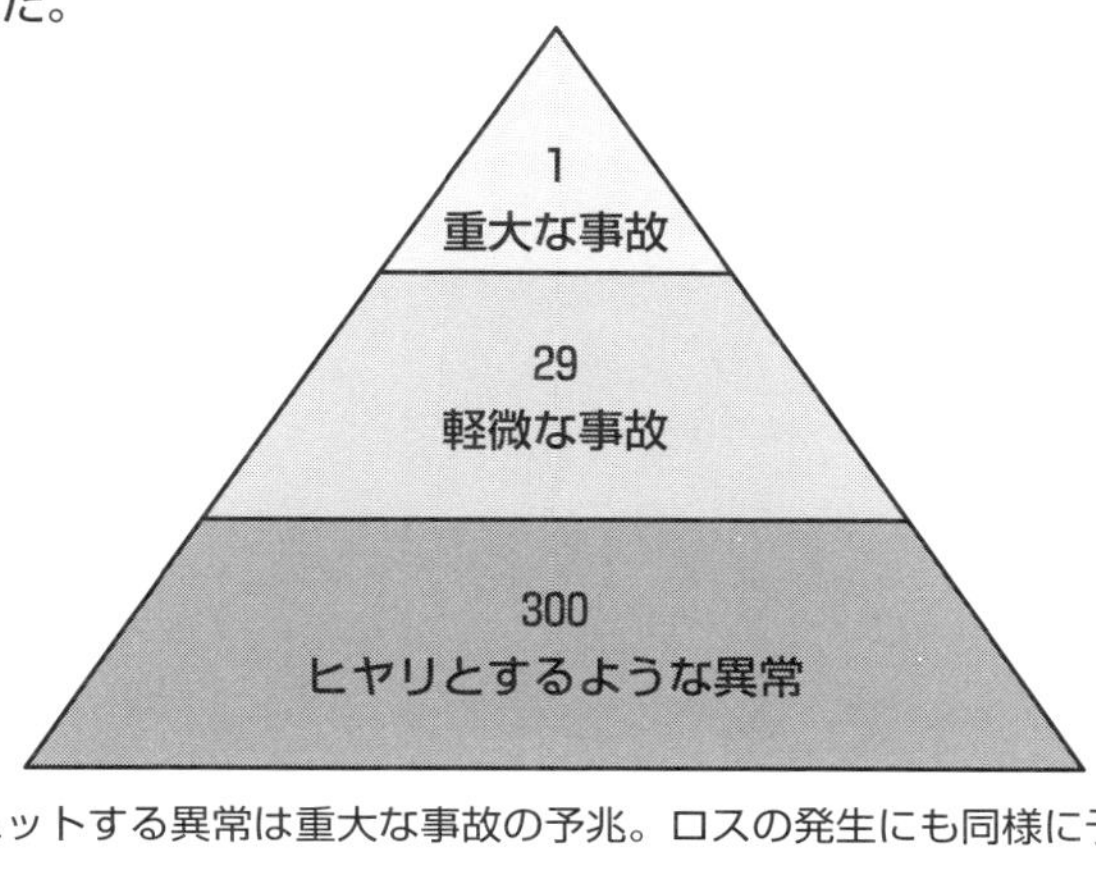

ヒヤリ・ハットする異常は重大な事故の予兆。ロスの発生にも同様に予兆はある。

（ハーバード・ウイリアム・ハインリッヒ：アメリカの損害保険会社の技術・調査部門部長。1886～1962）

感覚的にとらえていることと実際のズレがロス原因となっている

私達人間の感覚は非常に優れており、多くの経験した知識や技術を総動員して、瞬時にあらゆる判断ができる能力があります。

興味のある課題についてはとくに感覚が鋭く、統計数値に頼ることなく適切に判断できます。

世の中にはこの素晴らしい「勘ピュータ」を駆使して、適切な経営を行なっている経営者が数多くいます。

ただ、その素晴らしい「勘」も、常に最適解を出してくれるものではありません。感覚と実際にはズレが出ることもあるのです。

ロスについては、日頃あまり注意していない場合、このズレが多く出てくるのです。それはロスが目に見えないことも原因ですが、注意を怠っていることも多いからです。

ロス対策の基本は、「見えないものを見えるようにする。または、見えやすくする」ことなのです。

ここで感覚と実際のズレに関する質問を2つしてみましょう。

■質問1

1円を1日ずつ倍にすると、1ヶ月後（31日後）にはいくらになるでしょう?

■質問2

新聞紙を1日1回、半分に折って重ねていくと、1ヶ月後にはどのくらいの厚さになっているでしょう?

（新聞紙の厚さは4つ折りで1ミリとします）

（答えはコラム2の最後にあります）

感覚で浮かんだ数字と実際の答えではズレがありませんでしたか?

ロスも予想外に、感覚的にとらえるものと実際とでは、ズレが大きいものです。油断すると大切な収益をムダにしてしまいます。ロスを出すのも防ぐのも、やはり人ですから。

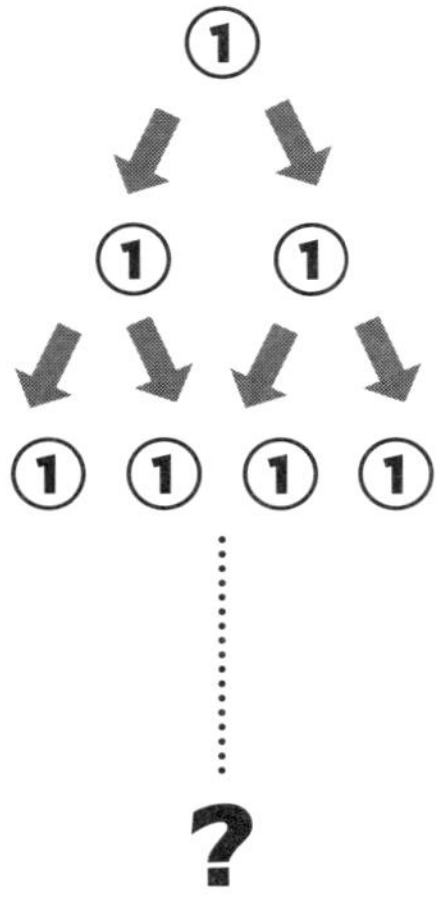

第2章

商品ロスの発見法はこれだ

section 11

商品力と商品ロスの関係

優良流通業の3条件と商品力

立地力・商品力・マネジメント力が優良流通業の3条件

❖優良流通業の3条件

一般に優良企業の条件として挙げられるのは、収益性・安全性・成長性の3点ですが、流通業ではさらに、①立地力、②商品力、③マネジメント力を具体的に挙げることができます。

流通業は立地産業ですから、①の立地の要素は重要で、80%はこれで決まると言っても過言ではありません。

次は、②商品力です。流通業の基本は、お客様のほしい商品を提供できるかどうかで決まりますから、商品は大切です。流通業は商品経営が基本と言われるゆえんです。

商品力とは、お客様が求めている商品を確実に品揃えできていることですから、ここに企業力が現れます。

売れる商品は廃棄ロスが起きませんし、値引きの必要もありません。その結果、ロスが削減されるのです。

3つ目のマネジメント力は、企業規模が大きくなるにつれて重要度が増してきます。このコントロール力で成長は決まってくるものです。

❖コンビニのロスと商品力事例

わが国のコンビニエンスストアは、世界中で支持を得ています。しかし国内での競争は、近年さらに厳しくなり、売上状況は、商品力とサービス力で大手の企業に集中化しています。

また大手企業同士は異業種も巻き込んだ総合的な競争時代となっており、そこで圧倒的な力の差を見せているのがセブン‐イレブンです。

コンビニ最大手のセブン‐イレブンの、1日の平均売上高が65万円なのに対し、他の大手企業全体の平均は46万円と大きな差があります。

これは主に商品力の差で、なかなか縮めることができません。これが長年の単品管理で培った商品力なのです。当然、収益に大きな差が生まれますし、ＴＶ広告やサービス向上にも再投資できるのです。

この差のポイントは、現場の人材育成力で、思いもよらぬ驚きの商品やこんなものがほしかったという「ウォンツ」商品の開発力でもあります。

優良流通業の３条件

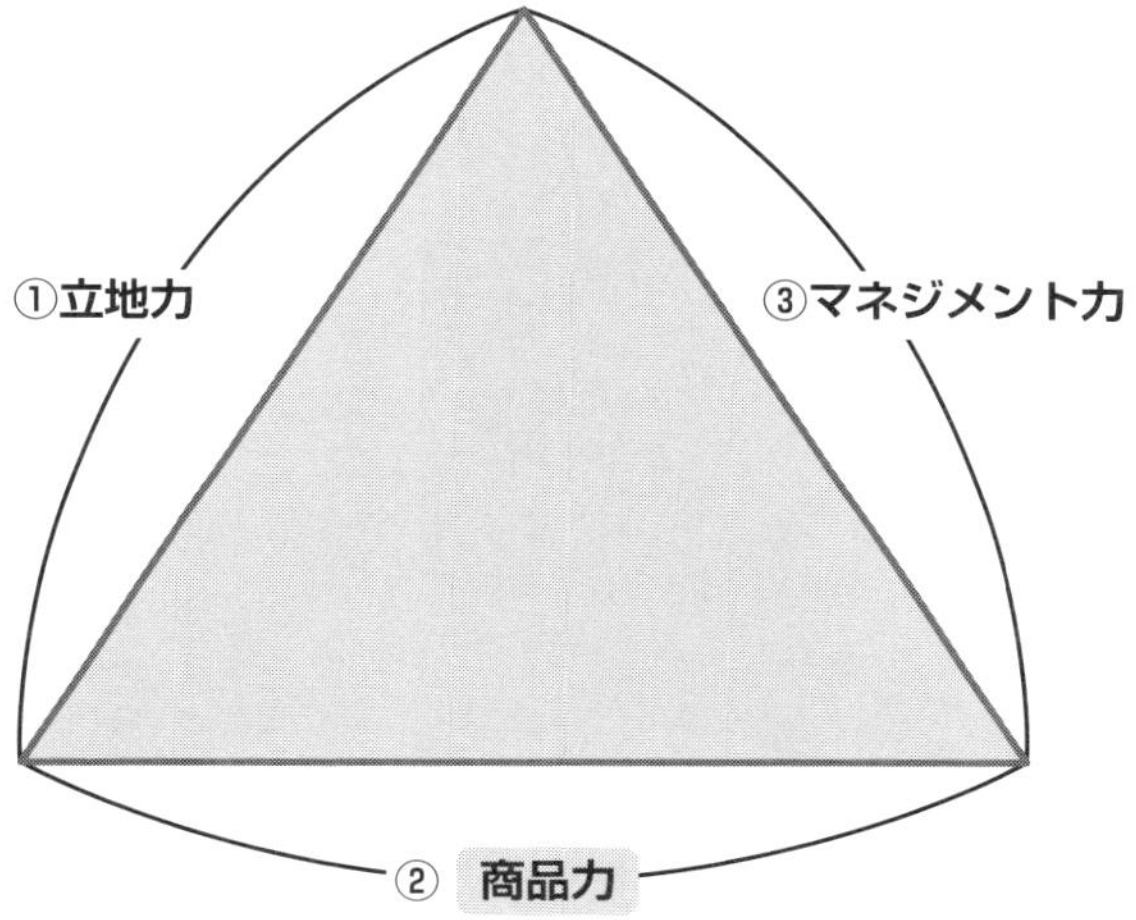

商品力をつけると商品ロスは減少する

①流通業は立地産業なので立地が最も大切。しかし、立地は変化することも忘れないでおくこと。

②流通業の基本は商品経営である。商品がだめならすべてだめ。

③流通業が企業化できるか否かは、マネジメント力による。企業化を目指すなら、マネジメント力をつけなければならない。

section 12
商品力評価の3条件と商品管理

商品管理とロス管理の関係

商品仕入力・商品管理力・商品開発力の3条件

❖商品力評価の3条件

商品力は次の3条件で評価できます。

①商品仕入力……商品仕入れの基本は、お客様のほしい商品を品揃えすることですが、現在はほしい商品を仕入れることと自体がむずかしくなりました。

それはバイイングパワーが働くからです。大量に仕入れれば安くなりますが、少ないと仕入価格で負けてしまいます。ほしい商品も、効率のよい大量仕入先が優先されるのです。

売上額で世界最大の企業に成長した米国のウォルマートや、単品販売力のあるわが国のセブン-イレブンのような大企業は、他より1割安く販売しても大きな収益が残るのです。

②商品管理力……商品の管理力は仕入れた商品をいかに高回転させ、廃棄や欠品・値引きなく販売するかのコントロール力です。ロス管理はまさにこの分野ですから、商品管理力を磨くとロスは減少します。

③商品開発力……商品に対するお客様の要望がわかると、商品の開発力をつけることができます。ユニクロ、ニトリ、イケア、セシルマクビー等、「製造小売り（ＳＰＡ）」で成功している企業は開発力に優れ、競争優位を手にしました。現在人気の高いＰＢ（プライベート商品）も開発力がある証明です。

❖商品管理力と商品ロス管理事例

商品管理の基本は、1つ1つの商品をきめ細かく観察することですが、このことにより、廃棄ロスを75%改善した事例を見てみましょう。

英国のチェーンストア・テスコは、生鮮食品の需要予測を独自に行なうことで、廃棄ロスを従来の75%削減し、約50億円の成果を上げたと報告しています。その方法は、天候・気象・曜日・行事・競合等のいわゆるコーザルデータと単品別の販売状況を関連づけて分析するもので、考え方は決して珍しいものではありません。

しかし、ビッグデータの活用が進み、気象情報等、地域別の細かいデータを取り込めるようになったことで、こうした情報活用は、わが国でもロス対策の有力な武器になると思われます。

商品力評価の3条件

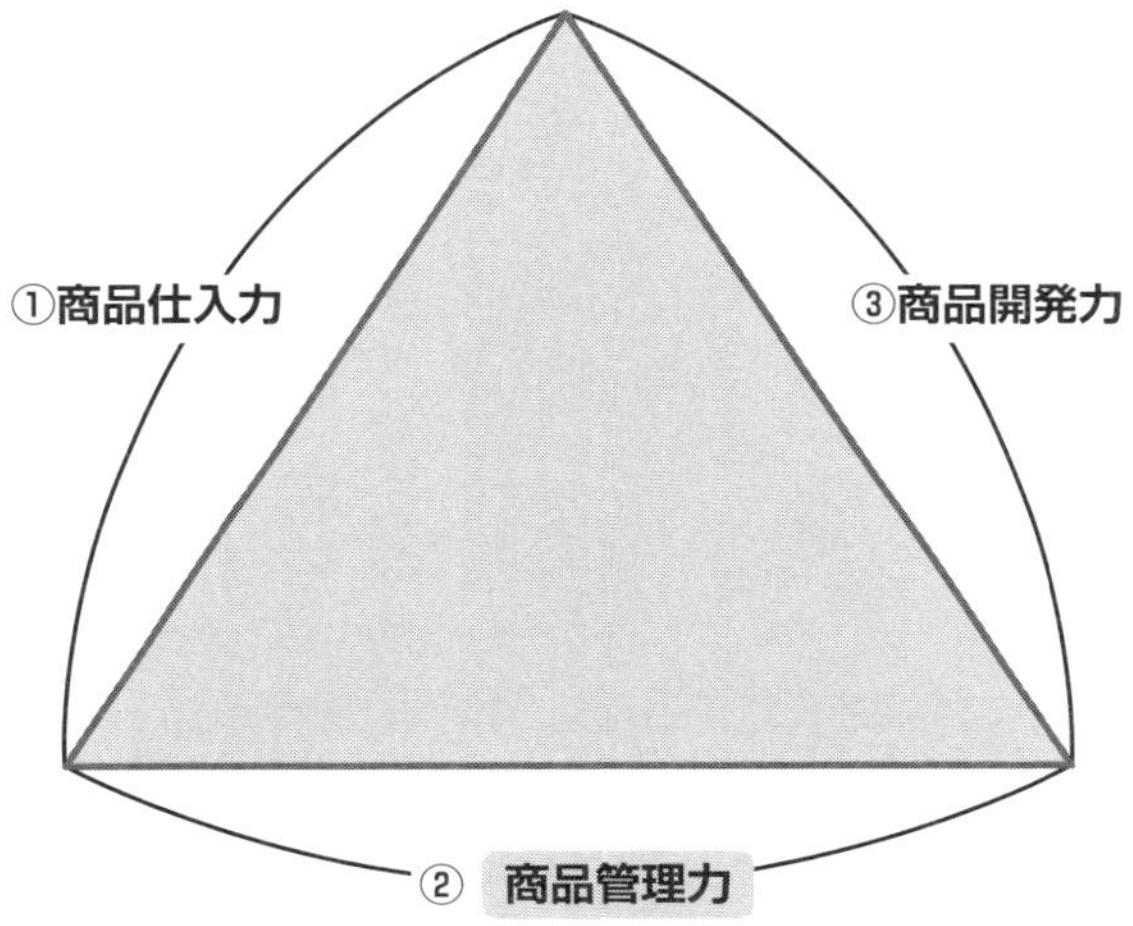

商品管理力をつけると商品ロスは減少する

①商品仕入力でバイイングパワーはアップする。バイイングパワーがつけば、基本は大量仕入れなので規模の利益が生まれる。

②商品管理力で廃棄、欠品、値引きは減少する。すなわち商品管理力は成果に直結する。

③商品開発力で競争優位となる。開発力は、お客様が教えてくれる。つまりお客様の要望をいかにキャッチするかである。

section 13

商品ロス管理の基本3条件

ロスがわかる心電図

「商品ロス把握力」「社内・外不正管理力」「計数管理の精度」が基本3条件

❖商品ロス管理の基本3条件とは

商品ロス管理の基本は、次の3条件で評価することができます。

①商品ロス把握力……商品ロスを把握していないとロス管理のスタート台に立っていないことになります。それは、「問題であるべき問題が、問題になっていない」からです。ロスが見えるようになっていないと管理はできませんから、月次あるいは週別・日別と密に管理することが大切です。

②社内・外の不正管理力……この管理力がないと正しいロスが見えません。いくら制度やマニュアルが立派でも、成果が上がらないのはこのためです。ロス対策推進のリーダーがいなかったり、徹底できなかったりすると、不正は増殖していくのです。

③計数管理の精度……計数管理の基本は、原始データが正確であることです。しかし多くの場合、これができていません。元々のデータが「ゴミ」だと、加工しても「ゴミ」しか出てこないのです。そこでまず原始データの正確度をよく観察することです。

❖ロス原因の発見と「ロス心電図」事例

心電図とは、心臓の状況を心電計の波形で表わしたもので、心臓病の診断をするものですが、ロスの診断も、時系列的な変化を観察し、原因を探る方式を「ロス心電図」と称しています。

この手法は、実地棚卸を行ない、ロス率とロス金額を期間ごとにグラフ化して比較し、ロス原因を診断する方法です。

例えば店舗の場合、店舗の各担当部門別に細分化して算出すると、より明確にロス原因がわかります。

実地棚卸の回数は、多いほど真の姿をつかむことができます。最低でも4半期に1度、生鮮食品は在庫が少ないため、毎日できればさらによい結果が出せます。

ロス原因の傾向は左ページ図の通りですが、より複雑な原因も知ることができます。

商品ロス管理の基本３条件

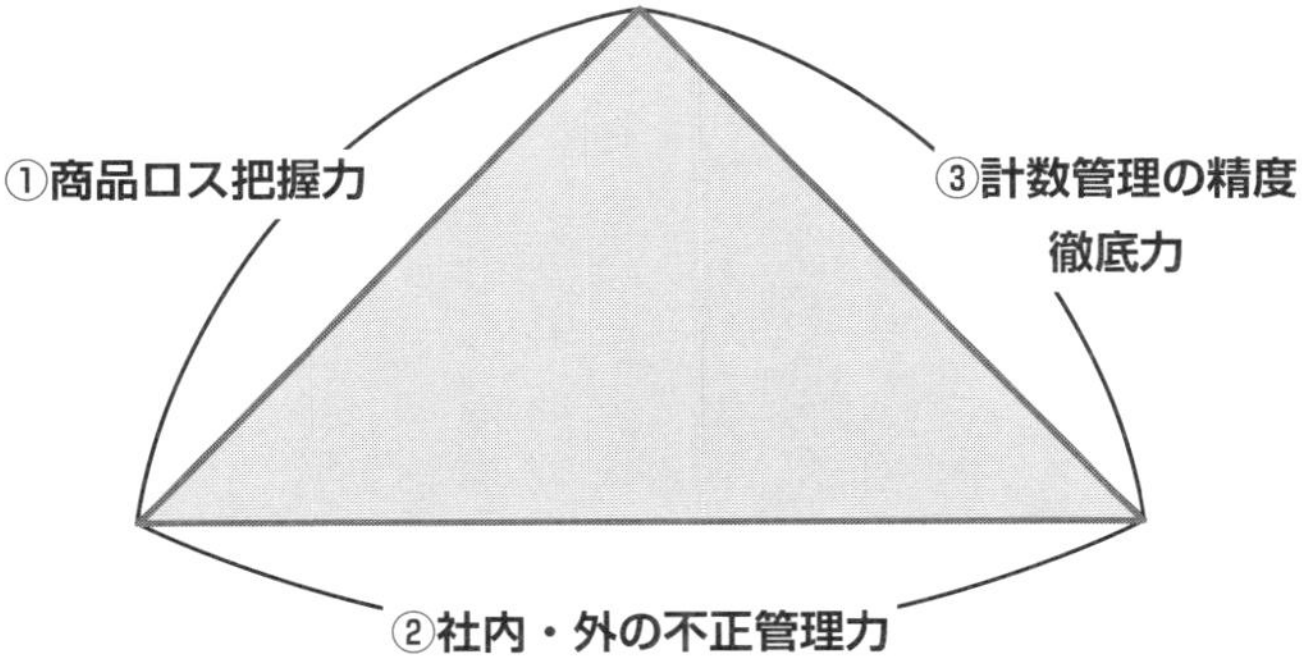

①商品ロスを把握していないとロス管理ができない。
②社内・外の不正管理力がないとロスが見えない。
③計数管理の精度が高くないと、正確にロスがつかめない。

ロス心電図の事例

凡例

※内部不正が疑われるチャート
（徐々に右肩上がりとなる）

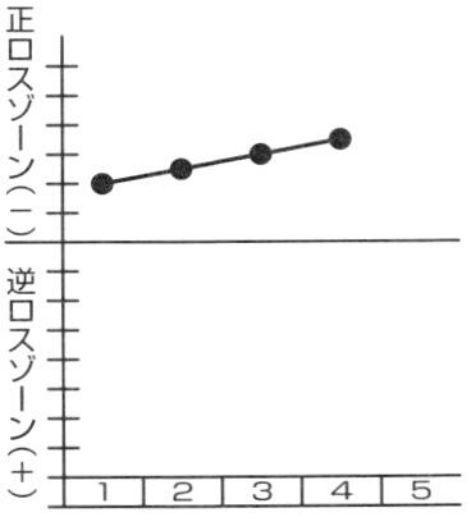

※棚卸の落ちが疑われるチャート
（正ロスと逆ロスが交互に移行する）

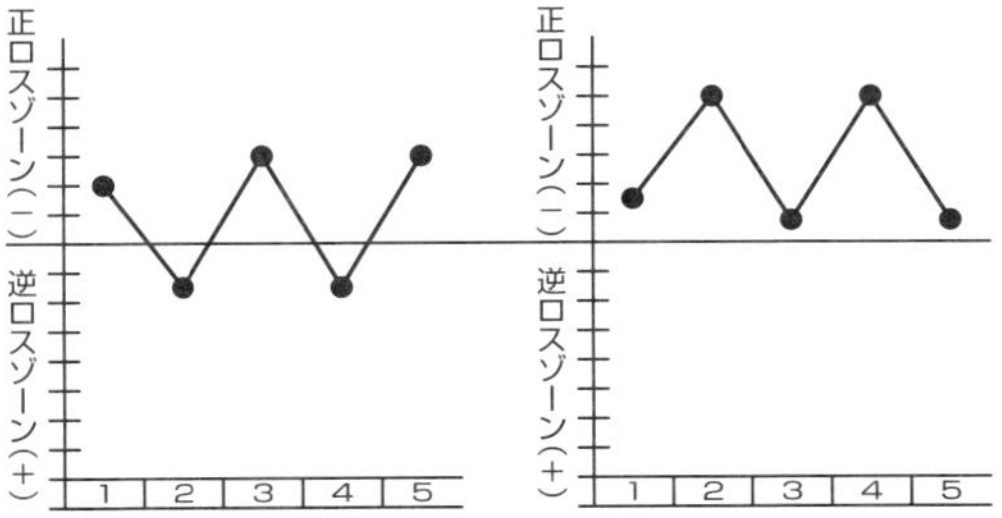

※配達先間違いが疑われるチャート
（同一企業以外でも起こり得る）

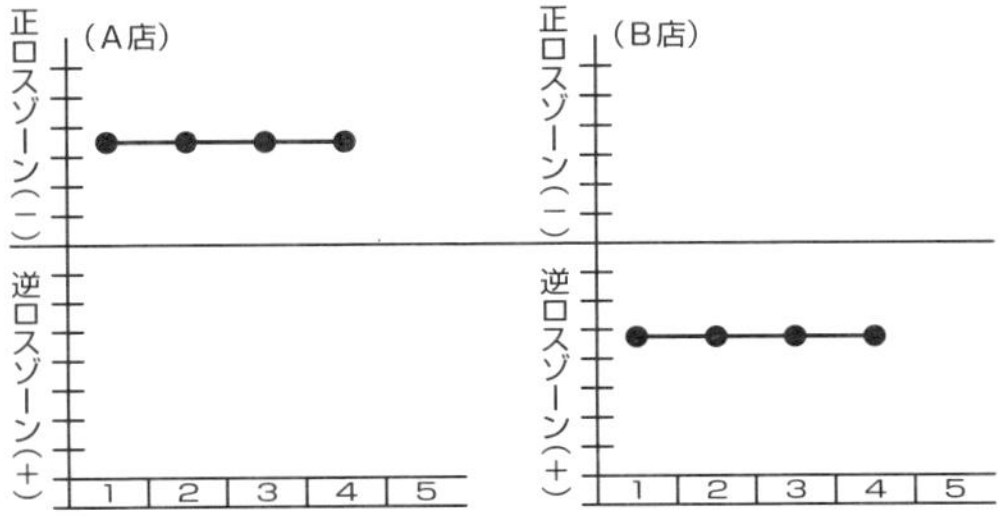

「廃棄ロス」の発見法と対策

廃棄のムダは現場が最も良く知っている

❖廃棄ロス発見法

廃棄ロスは商品を捨ててしまうロスですから重大なロスですし、金額も非常に大きくなります。多くは売れ残りですが、品質低下で返品・振替ができない場合や、減耗あるいは賞味期限切れ・破損・汚損等もあります。

このロスは、やはり現場を毎日見ている担当者が最も正確に実態を把握しています。

まず現場の仕入記録・販売記録・移動記録・在庫記録・廃棄数・金額記録等と商品現物を見比べることで量的発見はできます。

❖商品の目利きによる品質の判断

商品の品質を見極められる人を「商品の目利き」と言いますが、廃棄の判断は商品の目利きによるのが最も正確です。商品に目が利けば、見切りのタイミングがわかります。在庫の処分時期や値引金額もわかりますから廃棄に至らないのです。

目利きがいない場合は廃棄を減らせないでしょうから、自らが商品を見極められるように努力することです。

賞味期限切れはしばしば発生しますが、日付管理を怠るとお客様の信用を失い、客数の減少という大きなロスにつながってしまいます。

❖有効な目チェック単品管理法

自分の担当する商品でしたら、単品別に行なう発見法が有効です。これなら誰でも、今日から何の設備もなしでできます。手持ちのノートに単品別の期首在庫数、発注数、期末在庫数を記録し販売実績を記入すればいいのです。

販売実績は過去の発注数からかなり正確に把握できるため、単品管理をすれば適切な発注になります。適切な発注は欠品をなくし、過剰在庫のない体制が作れます。これだけで廃棄ロスがなくなるから不思議です。手持ちのノートを見るだけで発注の適正化ができ、季節ごとの推移から競合店の対応まで読み取ることができます。

単品管理と言うとコンピュータでやるものと思っては間違いです、自分がやって効果的だからコンピュータにやらせるだけなのです。

廃棄ロスの区分と対策

商品ロス→実質ロス→廃棄ロス

	ロスの対象区分	ロス対策
1	**商品廃棄によるロス （返品できない商品）**	**廃棄しなければならない商品の実質ロス**
	(1) 生鮮食品 (2) 日配食品 (3) 季節品 (4) 流行品 (5) 特売品 (6) PB商品	(1) 販売予測違い ・担当者の技能向上　・予算・実績による管理の推進　・POSの活用による単品把握 (2) 発注予測違い ・発注方式の見直し　・EOS（電子発注システム：次項参照）の徹底　・競合状況の把握　・地域祭事の把握 (3) 天候予測違い ・過去のデータ活用　・時系列データの作成・分析　・気温と商品のチェック (4) 自動発注違い ・手動調整の導入　・発注システムの見直し (5) 在庫処分違い ・見切りタイミングの習熟 ・商品別販売見込みの把握 (6) 温度管理違い ・商品別温度管理基準の設定と管理の徹底 (7) 鮮度見立て違い ・単品別見切り基準の設定と訓練実施 (8) 品質見立て違い ・品質評価・見切り判断の明確化
2	**商品廃棄によるロス （返品できる商品）**	**返品できるにもかかわらず、廃棄となる商品の実質ロス**
	(1) 汚損・破損品の返品 (2) 品質の低下 (3) 日付けの見落とし (4) 値引処理ミス (5) 作業段取りミス	返品・振替・値引き等の処理違い ・単品別商品の見極め法の基準作成と評価の徹底 ・品質・日付け・値引幅・数量等の正確な把握 ・返品忘れ等の段取り作業計画整備

section 15

商品の実質ロス発見法②

「欠品ロス」の発見法と対策

商品の品切れは売り損じのムダ

❖欠品ロス発見法

欠品は品切れですから、スピーディーな対応が求められます。しかし欠品補充ができない場合があります。それはメーカーや納入業者が欠品している場合です。そこで、どこで発生している欠品かを確認することが第一です。

自社欠品の場合は、原因の多くは発注予測の違いですから、販売予測の精度を高め、売り損じを最小にすることに集中する必要があります。

取引先が欠品している場合は、納品時にそれがわかるしくみを作ることです。発注と納品の差異が自動的にわかるＥＯＳ(※)の手法は有効です。

❖欠品が目で見てわかる棚割り

欠品を発見する方法として棚割りがあります。これは商品別に棚割りを定め、陳列量を明示します。棚札（プライスカード）の設置位置で陳列量が固定されるので、どの商品が欠品しているかを簡単に知ることができます。

欠品が発生するのはよく売れている商品ですから、絶対に欠品を起こしてはいけません。そのためにも棚割り管理で欠品の予兆を発見することです。

❖在庫管理と欠品ロス

在庫があっても欠品することがあります。それは在庫管理が不十分なため、売れ筋商品が店舗に陳列されないのです。同じ商品を別の場所に分散在庫しているとか、在庫品が積み上げられたままになっている、あるいは見落とし等が原因です。多くの場合、高回転の売れる商品は在庫も多くあるため、こんなケースが頻発します。

よく言われることですが、「倉庫を見ればその会社の管理状況がわかる」とはまったくその通りです。

ひと言で言えば、商品の売行きを把握していないから在庫が多くなり、整理ができなくなるのです。

在庫管理の適正化と欠品解消の関係は明確ですが、そのために発注サイクルを短くしたり、多頻度配送、あるいは自社配送できる配送センターを稼働させたりと様々な施策が考えられますが、この点は第3章の対策編で述べたいと思います。

欠品ロスの区分と対策

商品ロス→実質ロス→欠品ロス

	ロスの対象区分	ロス対策
1	**商品力欠如**	**販売すべき商品が揃わないロス**
	(1) 商品開発力不足	(1) 魅力商品を開発できない • 販売力の強化　• 仕入先の変更
	(2) 品揃え力不足	(2) 売れ筋商品の欠品 • 仕入力強化
	(3) 季節商品見込み違い	(3) 祭事・季節感対応力不足 • 仕入力強化
	(4) 販促商品見込み違い	(4) 特売予測の不備 • イベント対応力の向上
	(5) 補充方式の遅れ	(5) 発注システムの不備 • EOS発注の徹底 • 発注変更のシステム対応
	(6) 競合対応の遅れ	(6) 競合店調査の不足 • 競合店調査の徹底
2	**販売予測力欠如**	**販売予測の違いから発生するロス**
	(1) 売れ筋商品の把握遅れ	(1) メーカー・卸・競合店等の情報不足から発生 → 情報収集の強化
	(2) 季節変動の影響把握	(2) 顧客の単品管理情報の活用
	(3) 特売対応の正確性向上	(3) 販促企画の調査分析
	(4) 商品管理の不備	(4) 欠品のわからないしくみ・運営方法の改善
	(5) 人員不足	(5) 人手不足・人材不足等の解消

※EOS（Electronic Ordering System：電子発注システム）
オンラインの受発注システム。発注・納品等の業務をコンピュータで一元管理するシステム。店舗のコンピュータから取引先にネットで発注することで、迅速・正確に欠品を起こさない発注ができる。27項参照。

section 16

商品の実質ロス発見法③

「値引きロス」の発見法と対策

割り引かなければならない値引きと販促値引きの違い

❖値引きの内容とロス発見法

値引きの内容は大きく分けて、

①値引きせざるを得ない値引き

②計画値引き・販促値引き

に分けられます。

①の値引きはロスにつながる値引きですが、②の値引きはロスとは直接、関係がありません、ただ値引処理にミスが発生するとロスが生まれます。

そこで値引きロスの発見には、値引きの目的と内容を明確にして取り組むことが早道です。

❖値引きせざるを得ない値引き

期間の経過により商品価値が落ちて、値引きせざるを得ない商品があります。

例えば、生鮮食品や季節商品ですが、これらは商品管理上のロスですから、的確に値引きし、お客様に不安・不満を与えないようにする必要があります。

的確に値引処理した場合は、ロス金額には現れません。値引金額として処理されるだけなのです。

ですからこの値引金額が妥当か否かが、ロス発見の重要指標になります。もし伝票上の値引金額と実際が違った場合がロスなのです。

❖販促値引きとは

販促値引きは、値引販売をして売上げを伸ばしたり、顧客サービスとして値引還元提供する場合等、様々なケースがありますが、計画的に実施する販促セールは商品ロスではありません。

ロスの問題は、この実施過程で発生する多くの予測違いと不正確な事後処理です。例えば特売商品の大量売れ残りとか、競争対応上の破格の値引処理等です。

そこで大切なことは、値引きの影響がどの程度、粗利益に影響しているかを知ることです。

このことにより販促計画の予算と実際を比較し、妥当性があるかどうかをチェックします。

値引きの問題発見は、まず値引きの内容を吟味し、各項目で実績との差異を見つけることが有効になります。

値引きの実態

1	**値引きせざるを得ない値引き** ・値引きをしてロスを少なくしたい商品
2	**計画値引き、販促値引き** ・値引きそのものはロスにならない ・値引処理を間違えるとロスになる

値引きロスの区分と対策

商品ロス→実質ロス→値引きロス

	ロスの対象区分	ロス対策
1	**商品そのものの魅力なし**	**商品力不足のため値引きせざるを得ないロス**
	(1) 不良商品の値引き	(1) 賞味期限管理・温度管理・見切り管理
	(2) 販促品の売れ残り値引き	(2) 販促計画と残品数在庫管理
	(3) 非関連商品やシーズン外商品の値引き	(3) 季節商品管理・非関連商品管理
2	**値引率・量・タイミングの不備**	**在庫が過大で、期間までに値引きすべきロス**
	(1) 値引率の大きさによる必要以上のロス	(1) 30%の原則(※)と値上処理
	(2) 値引きする量の見極めミスによるロス	(2) 在庫過大と振替処理、処分量の見極め
	(3) 値引きすべき時期・タイミングの間違いによるロス	(3) 時間管理・返品対応

※**30%の原則**とは「素人でもわかる違い」のことで、30%のラインで誰でも違いがわかることを言う

「配送・荷受けロス」の発見法と対策

配送過程での損失と荷受け段階での損失

❖配送ロスの発見法

配送ロスは配送過程で発生するロスですが、原因は出荷時のミス・配送中のミスに分けることができます。

出荷時にすでに間違っている場合は出荷体制に問題があるので、ここでロスを食い止める必要があります。発注内容と出荷内容が異なることはしばしばあり、この管理状況を改善することで多くのロスを未然に防ぐことができます。

配送中のロスは、定温管理が不十分なために発生する品傷みから、荷崩れ等による商品の汚損・破損、そして商品抜き取りや転売不正等、直接商品に関わることの他、伝票の書き換え、抜き取り不正等、様々な原因があるため、それぞれの可能性を細かくチェックする必要があります。

❖荷受けロスの発見法

荷受けロスは入荷時の荷受け過程で発生するロスですが、その原因は、単純ロスと作為的なロスに分けることができます。

単純ロスはまず数え間違いです。荷受け管理の整備されていない企業は、こんな初歩的と思われるロスを出します。当然、伝票上の数より少ない納品数を放置してしまうのですが、忙しいため人任せとなり気がつかないのです。

次は伝票の紛失です、管理が悪いとよく起きます。

作為的なロスは、納品した商品を返品商品と一緒に持ち帰る場合や検品のすり抜け、伝票の書き換え等、様々あります。これもそれぞれの可能性を細かくチェックすることで発見できますが、基本的には不正行為者の目線と挙動観察でその多くがわかります。

❖問題の後追いより抜本策

そこで大切なことは発生の元を断つことです。その第一はすべての取引先に対し、「配送は信用できる」との固定観念を捨て去り、抜本策を工夫し、発生しない構造を作ることです。それがEOSによる受発注方式であり、自動ピッキングシステムや自動倉庫、あるいは自社での配送センター運営等です。具体策は第3章で紹介します。

配送・荷受けの事故タイプは下記の組み合わせ

1　発注段階ミス
2　受注段階ミス
3　伝票起票段階ミス
4　商品集荷・出荷・配送・荷受け段階ミス

配送・荷受けロスの区分と対策

商品ロス→実質ロス→配送・荷受けロス

	ロスの対象区分	ロス対策
1	**配送体制ロス**	**出荷・配送時点での不正**
	(1) 出荷段階のロス	(1) 受注体制・出荷体制の整備
	(2) 配送ルート設定のロス	(2) 最短ルート設定と効率配送
	(3) 配送過程の抜き取り不正等	(3) 責任体制の整備
	(4) 配送過程での温度管理不備	(4) 車両管理・温度管理
	(5) 誤配送ロス	(5) 車載コンピュータによるリアルタイムチェック
2	**荷受け体制ロス**	**荷受け段階での不正**
	(1) 荷受け体制の不備	(1) 検収体制の整備
	(2) 要員訓練不足	(2) 検収担当の専任制
	(3) 担当者のなれあい、架空商品の受け入れ	(3) 検収基準の整備
	(4) 部外者の管理不徹底	(4) 返品処理基準の明確化

後追いの対策より予防策の構築

ロスの起きない抜本策の工夫が大切

1　集荷の自動ピッキング、自動仕分けシステム活用
2　コード番号による受注、出荷の自動チェック
3　荷受け検収時のコード、自動読み取りと差異表示
4　物流機能は残り、さらにスピードアップが要求されるが、情報を活用し、より精度の高いシステム構築で対応

section 18

「売上違算ロス」の発見法と対策

現金売上金と精算売上金の差

❖こんな違算がなぜ発生するのか

売上金の違算など、起きようのないロスのように思えますが、中小店では日常茶飯事に発生しているのが実態です。ここにも人間の単純ミスと計画的な集団不正とがあります。

管理が甘いと誰でも気がゆるみます。その油断がミスを起こすのです。精算時には注意深く対応することは当然ですが、精算時のマニュアルや訓練がおおざっぱな会社はミスが発生しやすいのです。

このロスをなくす上で大事なことは、必ず二重チェックをすることです。マニュアルを作るだけでも改善は図れるもので、後は訓練次第です。

また計画的な不正を見逃していると次第に増殖し、同じ手口が1人から2人へ、そして全体へと広がり、ますます発見をむずかしくしてしまいます。そこで管理は、性悪説で落ちのないしくみを作り、正確に運用することが大切になるのです。

❖個人より集団が怖い

個人の不正なら額も少ないし影響も小さいのですが、集団の不正となると慢性的で高額になるから怖いのです。

当然、はじめは社内の人間による不正ですから、人間関係に亀裂が入り、チームワークどころではなくなります。不正が発覚して処分がなされても組織にしこりが残り、人員補充にも苦労します。

❖時系列に見ると発見しやすい

組織的な不正等は、過去の違算状況を時系列で見ると大方わかります。それはある時期から少しずつ増えてくるからです。

また誰と誰とが違算額が多いかでその関係の見当がつくこともあります。例えばパートタイマーとしての採用が一緒とか、以前からの友人で近所に住んでいる等です。

この種の不正がエスカレートすると、従業員だけでなくお客様が絡んできます。従業員とお客様の親密な関係が思わぬ結果になるケースです。

レジスターそのものは機能が改善されましたが、問題は人の意識です。

売上違算一発解決法

1：レジ違算はちょっとした不注意から起きる

2：ちょっとした不注意を防止するためには、以下のようなことを習慣化する

① 読みあげ登録をする
② 入金読み上げをする
③ 吟味台に紙幣を置く
④ 釣り銭読み上げをする
⑤ 万券対応をする

3：一発解決法

担当別レジ違算一覧表を作成し、社内に公表する

●利点
注意を喚起できることで、違算がなくなる

●留意点
見せしめ的な対応にならないことが大切

レジ精算の多様化・複雑化によるロスの発生と対応策

1　セルフレジ（お客様自身が精算処理）の拡大によるロスの発生と案内係の充実策
2　チェックアウトなし精算の普及とクレジット処理の対応策
3　クーポン値引き・会員値引き、期間・時間値引処理やスマートフォン連動精算等の複雑化対応による新たなロスの発生とソフトウェアのメンテナンス対応策

section 19

商品の見せかけロス発見法①

「商品管理上のロス」の発見法と対策

在庫管理ミスと実地棚卸ミス

❖商品管理上のロス発見法

「見せかけロス」を「実質ロス」と区分したのは、商品そのもののロスではなく、管理上のロスだからです。

商品管理上のロスとは、ある商品が納品されてから、その商品の販売が完了するまでに関わるあらゆる管理上のロスを言います。大きくは、①在庫の把握と、②伝票の処理です。

この項では在庫管理上のロス発見法を取り上げ、次項で、②の伝票処理上のロス発見法を取り上げます

❖在庫管理上のロス発見法

在庫商品そのものがロスになるケースより、在庫管理が不十分なため発生するロスのほうが変動が大きく、発見しにくいのです。そしてこれらは本当のロスとは言えないため、「見せかけロス」と呼ばれます。

そこでまず、見せかけロスを発見し、防ぐことが大切になります。ロスの算出には在庫の把握が必要ですが、在庫を正しく把握できないとその分がロスになります。在庫の把握は、①「あるべき在庫額」として計算上算出できます。もう1つ、②「実際の在庫額」は実地棚卸によって把握できます。

しかし、この双方の在庫額に違いが出るのです。すなわち①と②の差がロス金額なのです。

❖実地棚卸ミスの発見法

実地棚卸は、実際の在庫数・金額を実地に数えることですから、時間と経費そして労力がかかります。しかし、これが不正確だとロスとなるのです。

なぜ正確に在庫把握ができないかについては、①短時間に実施しなければならないこと、②熟練していない要員で実施すること、③アルバイト等、責任感のうすい要員を使わなければならないこと、④多くは夜間の長時間作業になること等が挙げられます。

現在は高度なシステムで正確な棚卸法が開発されていますが、基本となるミスの発見法は数える人と検査する人のダブルチェックを徹底することが有効ですし、ゲーム性を取り入れ、ミスの減少を競争させたり、表彰したりなども有効です。

商品管理上のロス区分と対策

商品ロス→見せかけロス→商品管理ロス

	ロスの対象区分	ロス対策
1	**商品の不明ロス**	**処理過程のミスによる原因不明なロス**
	(1) 従業員の不注意 (2) 従業員の未習熟 (3) 従業員の意図的不正 (4) 従業員以外の組織的不正	(1) 価格の付け間違い・付け替え ・POPの付け替えはダブルチェックで対応 (2) POSの商品マスター登録違い・不正 ・マスターメンテナンスはダブルチェックで対応 (3) 未習熟による精算ミス・不正 ・社内習熟テストの実施によるレベル向上 (4) 未習熟による商品取り違え・不正 (5) 伝票起票ミス・不正 ・マニュアルの徹底対応 (6) 棚卸ミス・不正 ・人員補強対策実施 (7) 価格表示の付け替え
2	**商品管理上のロス**	**商品管理上発生するロス**
	(1) 在庫管理ロス	(1) 実地棚卸法の未整備 ・マニュアル整備と徹底した訓練実施 ・棚卸専門会社の活用
	(2) 伝票管理ロス	(2) 意図的伝票の抜き取り・追加 ・伝票管理の徹底　・置き場管理 ・担当制の実施
	(3) 売上管理ロス	(3) 精算ミス・着服
	(4) 検収ロス	(4) 業者結託・横流し ・検収場所、担当者の管理徹底

section 20

商品の見せかけロス発見法②

「帳簿上の手続きロス」の発見法と対策

伝票関係の処理ミス

❖帳簿上の手続きロスの内容

商品ロスを把握するには、期間中の商品の動きをつかむことが基本ですが、それには様々な商品伝票を詳細に見ることです。商品伝票が正しく処理されていれば、帳簿上のミスがありませんからロスも発生しません。

しかし伝票処理、すなわち事務手続きにはミスがつきものなのです。ミスが発生する理由は様々ですが、多くあるのは、①売価変更伝票の起票ミス、②商品振替伝票の起票ミス、③納品伝票の売価記入ミス、④伝票の紛失ミス、⑤伝票の集計ミス、等々です。

❖伝票処理と見せかけロスの発見法

伝票の処理ミスはそのままロスに現れますが、本当のロスではなく、処理ミスなので、「見せかけロス」に区分します。そこでこのロスは前記した、主に5つのミス内容から発見するのです。

ロスは多くの場合、売価変更伝票の起票に問題があります。

もちろん初歩的な伝票紛失などは、金額が大きくなるためロスも大きくなりますし、伝票の売価の入れ忘れや未記入等はロス管理以前の問題です。

「伝票と商品は必ず一致する」という原則を徹底チェックすると、多くの問題を発見することができます。

他のロス発見法と共通することですが、見せかけロスは、とくに原則に照らし正確な処理が求められるのです。

❖売価変更伝票の処理ミス

帳簿上のロスで多いのは、売価変更伝票の処理ミスです。なぜ多くのミスが発生するかと言うと、①売価変更が頻発するため正しく記票ができない、②値引価格での販売数が正確でない、③「売価変更を想定した値入れをしているため記票しない」ことが実態と差が出てしまう、等が主なものです。

対策は第4章で述べますが、このロスを防ぐために有効なのが、コンピュータの活用です。単品単位で商品を特定し、リアルタイムで価格変更を自動化して正しく記録できるからです。最大の問題である人的手間を省け、正確性が飛躍的に向上するため、見せかけロスがなくなります。

帳簿上の手続きロスの区分と対策

商品ロス→見せかけロス→帳簿上の手続きロス

	ロスの対象区分	ロス対策
1	**伝票処理のミス**	**伝票の売価記入の徹底**
	(1) 納品伝票の落ち・ダブリ (2) 振替伝票の落ち・ダブリ (3) 返品伝票の落ち・ダブリ (4) 売価変更伝票の落ち・ダブリ (5) 仮伝票の落ち・ダブリ等	(1) 検収所の整備・徹底 (2) 記票の正確性向上 (3) 返品先との契約徹底。検収時の数量確認 (4) 自動起票処理による正確性の向上 (5) 仮伝票の廃止
2	**棚卸在庫の把握ミス**	**実地棚卸の多頻度実施**
	(1) 実地棚卸の頻度・方法等の不備 (2) 実地棚卸における売価把握のミス (3) 店内在庫と庫内在庫の処理ミス (4) 預け品や仮受け品等の識別ミス	(1) ロス管理の必要な分野から、多頻度で実施 ・ロスは各部門別管理のため、各担当別にも管理が可能 ・労力の軽減で正確性の維持 ・外注処理も有効 (2) 平常売価での記載と特売時の違いチェック ・売価変更の正確な実施 (3) 店内在庫と同じ区分で倉庫在庫を整理 (4) 棚卸準備の徹底による商品整備

3原則・3要素の不思議とロス削減の3要素

■3原則・3要素の不思議

世の中には3原則とか3要素で全体をわかりやすく説明している例が数々あります。選択肢が多すぎず少なすぎないのがいいのでしょう。

それに3という数字には不思議な安定感があります。いくつか例を挙げると、

○「色の3原色」ですべての色を作り出せる
○「三角形」は最高の安定感がある
○大きさは、「大」「中」「小」
○高さは、「上」「中」「下」
○濃淡は、「白」「灰色」「黒」
○評価は、「良い」「普通」「悪い」
○経営の3要素は、「人」「モノ」「金」
○小売経営の3要素は、「立地」「商品」「マネジメントシステム」
○改善の3要素は、「ムリ」「ムダ」「ムラ」
○情報処理の3要素は、「ハードウェア」「ソフトウェア」「ヒューマンウェア」
○戦いの3原則は、「目的の明確化」「集中」「奇襲」

等々です。

理解の基本はわかりやすさですから、3という数字が多く活用されるのです。

■ロス削減の3要素

「ロス削減の3要素」は、①意識、②方法、③徹底継続です。

①高い意識を持つと、鑑識眼が磨かれます。見えないものが見えてきます。

②適切な方法を覚えると、ロスがはっきり見えてきます。確実な成果につながるのです。

③何ごとにも徹底は大切ですが、ロス問題にはとくに大切で、継続することで習慣化して負担を軽減します。

コラム1の答えは、
問題1　10億7374万1824円
問題2　3355メートル

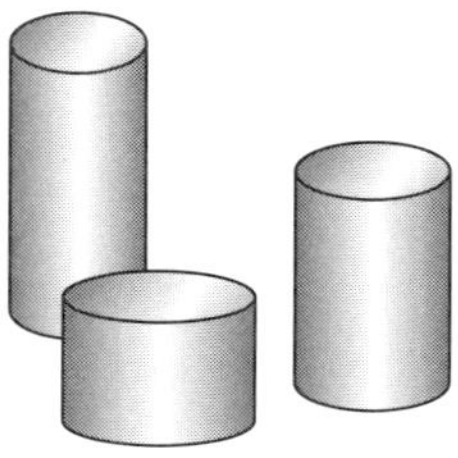

第3章

商品の実質ロス対策はこれだ

section 21

対策に取り組む前に

ロス対策の導入口は取り組む姿勢

ロス対策は取り組み姿勢が大事

❖ロス対策の前に

ロス削減効果をより高めるために、もう一度、取り組み方を振り返ってみましょう。

ロスを削減できれば、その分だけ確実に純利益が増大します。

ですからロスの削減は、経営に貢献すると同時にお客様にも還元でき、さらに自分自身の給与アップにもつながるのです。

ムダや損失を防ぐには、何より事後の治療より予防です。お客様にも迷惑がかかることですから、徹底した予防で削減に取り組むべきです。

ただロスは見えにくいのが難点です。

そこで、「見えるようにする」、あるいは、「見えやすくする」必要があります。これが原因の発見です。その原因を作るのも防ぐのも、人が関わっていますから、私達はロスを出さないように気配りと覚悟を持って取り組むことが大切になります。

覚悟とは、「取り組む姿勢」「やる気」です。まずロス対策の導入口でこの姿勢をしっかり持ちましょう。

❖やろうとする気持ちの大切さ

組織の中で自分だけやろうとしても、なかなか思うようにはいきません。しかしその気持ち、姿勢が大切なのです。それぞれの人のやる気を組織として結集できたら大きな力になります。「やる気」の増幅するステップは左ページ図の通りです。

ロスはちょっとした心の油断から増幅しますから、この「取り組む姿勢」「やる気」を大事にし、前向きに行動することです。

❖ロス対策をむずかしく考えない

対策に入る前に取り組み方について述べましたが、「備えあれば憂いなし」です。対策をむずかしく考えないことです。

答えは身近なところにあります。誰もができることばかりですから、個々の問題に1つ1つていねいに取り組めば、必ずよい成果につながります。

小さなロスでも、結局は経営のロスにつながります。ロス対策は経営対策でもあるのです。

組織としての力の結集とやる気のステップ

ロス対策はまず取り組み姿勢・やる気から

行動に至るレベルとステップ				
レベル1	知覚	知っている（表面だけ）	頭でわかる	教育と動機づけ
レベル2	理解	わかる（内容まで理解する）	〃	
レベル3	納得	十分わかる（必要性がわかる）	頭と心でわかる	
レベル4	行動	やってみせる（やり方の確認と道具の使い方理解）	頭、心、道具、体でわかる	支援と動機づけ リーダーは道具を提供して支援する やる気になる
		やってみせる（体験する） ◎意欲向上	〃	
レベル5	成果	成果なし（改善工夫するか、挫折か）	五感、心、道具の活用	支援とアドバイス リーダーは成果へのアドバイスで支援する
		成果あり（実感する） ◎意欲向上		
レベル6	評価	評価なし（改善工夫するか、挫折か） （切り捨てる）		公正な評価と支援の継続でやる気アップにつなげる
		評価あり（満足度と自ら動機づけ） ◎積極的な意欲		
レベル7	新たな工夫と行動	成果の拡大（継続的な取り組み） ◎組織全体での参画と部下の指導		自発性確立 継続的やる気の定着

商品の鮮度管理のやり方

食品の鮮度管理による品質維持策でロスの削減

❖適温流通による品質維持策

食品の品質を良好な状態に保つには、それぞれの食品について最適な温度があります。その温度帯を維持することが品質管理上大切であり、これが適温管理です。したがって商品別に適温管理をすることが廃棄ロスを防ぐ有効策と言えます。とくに鮮度が大切な保冷食品には適温維持が必須です。

❖コールドチェーンの不連続防止策

保冷管理は、生産過程から消費されるまで温度の均一管理が重要なことから、連続した温度帯管理のコールドチェーン維持が必要です。

1965年、低温流通体系を整備するために当時の科学技術庁から「コールドチェーン勧告」が出されました。

低温管理の留意点は、入出庫・加工・包装・陳列等の作業の切り替え段階で発生する温度帯の不連続で、多くは人の介在対応の不備です。また保温設備の充実と管理を伴うことから、設備の自動チェックシステムと対応マニュアルの整備も必要になります。

❖青果物の蘇生技術向上策

青果物は他の生鮮食品と違い、生きているので、より快適に生き続けられる条件の整備が品質維持のポイントでありロス対策です。

植物は温度・湿度・栄養の3要素で生きられることから、管理のポイントはまず蘇生法で、温度を各商品の適温に保ち呼吸係数を保ちます。次に乾燥した青果物に水分を補給して湿度管理をします。この対策により鮮度の維持と商品の目減り、そして食味・栄養分の維持を図ります。

❖水産物・畜産物の解凍技術向上策

近年、冷凍食品の普及がめざましく、バラエティ豊かな食生活を生み出しました。

また精肉・鮮魚・惣菜分野でも冷凍品の増加により、生鮮品しかなかったときに比べると、ロスが大幅に減少したことは事実です。

そこで重要になるのは、貯蔵と解凍技術です。貯蔵法と解凍法によって品質が大きく左右されるからで、この技術向上がロス対策なのです。

鮮度管理温度表

品目		適正温度帯	2～3日の輸送	貯蔵温度
		適温	推奨	
魚	鮮魚	0～5℃	−1～1℃	0.6～1.7℃
	練製品			
	塩干品			
肉	精肉		−1～5℃	0～1.1℃
	加工品			
青果	低温物		0～5℃	0℃が多い
	中温物	7～10℃	5～10℃	
	常温物	15～20℃		
日配品	牛乳	0～5℃	0～5℃ 0～2℃	0.6℃
	乳製品		8℃以下	0～4.4℃
	豆腐・納豆			
	一夜漬・浅漬			
	惣菜類			
	米麺類	10～15℃		
	ケーキ			
	パン	25℃		
冷凍	冷凍品	−18～−22℃	−18℃	−23.3℃～
	アイスクリーム	−18℃以下	−20℃	−17.8℃

（出所：２～３日の輸送：国際冷凍協会　貯蔵温度：Achrae Guid and Data Book　による）

生鮮食品の温度管理技術

	農産物	水産物	畜産物
温度管理技術	・冷凍技術 ・解凍技術 ・予冷技術	・冷凍技術 ・解凍技術 ・予冷技術	・冷凍技術 ・解凍技術 ・予冷技術
	・保冷貯蔵技術 ・温度帯管理技術	・氷温管理技術	・氷温管理技術
その他技術	・温度管理技術 ・糖度管理技術 ・賞味期限判定技術		・熟度管理技術

青果物の生理作用と鮮度の低下対策

- 青果は、収穫された後も呼吸と蒸散をしている
- 呼吸作用によって青果物内に蓄えられた糖分・栄養分は失われる
- 栄養分の分解は植物の呼吸量に比例する
- 蒸散作用によって植物は水分を放出し、しおれていく

【対策】

- 青果物の鮮度低下は水分と栄養分の低下によるものであるから、温度を下げて呼吸量を減らし、湿度を上げて水切り等を行なって水分の補給をすることである

section 23

廃棄ロス対策②

商品の衛生管理のやり方

営業停止を引き起こさないためのバクテリア対策と食中毒対応

❖衛生管理とバクテリア対策

生鮮食品（水産品・畜産品）の品質低下は食品の自己消化とバクテリアの付着によって起きます。そこでバクテリア対策が衛生管理の柱になります。

バクテリアはいつでもどこにでもいますが、衛生管理の対策は1つです。それは、①温度②水分③栄養素のバクテリア生存3要素をどう断つかです。

そのため低温でプリパッケージを施し、清潔な冷蔵ケース等で低温管理を行ない、バクテリアの付着を抑えて販売しているのです。しかし魚や肉は、自ら水分と栄養素を持っていますから、品質の低下は時間とともに進みます。

しかし、動物が生きているときは体内のバクテリアは少ないですから、その後の作業の管理が重要です。そこで最大の対策は作業段階における人の衛生管理・健康管理となります。衛生管理の進んだ企業では、低温無菌工場で、洗浄された機器を用いて作業を行ない、工程は自動計量・自動パック・自動値付け・自動保管と進みます。

その後の店頭での衛生管理は、冷蔵ケースの洗浄や温度管理を行ない、短時間に販売できるように単品別の在庫確認を自動化して実施し、短サイクルの補充を行ない、できるだけお客様と商品の接触を減らします。

このように衛生管理は販売終了まで低温で進みますが、その先は消費者の責任です。

食中毒防止策は衛生管理の基本ですが、企業側で起こることは、ほとんどが従業員からの感染ですから、とくに従業員の徹底した衛生教育と実践が求められます。このロスは営業停止等の大きな損失にもつながるため、日頃の周到な対策が必要になります。

❖小動物被害の防止策

衛生管理の不十分な企業は、様々な形でその兆候が現れます。例えばハエやゴキブリ等の虫、ネズミ・猫等の小動物の痕跡です。

これらは客離れを促進させますから、大きなロス要因になります。対策は発生させないように予防の徹底をすることです。

作業場内の器具と細菌数

（1㎠の細菌数）

	よい例	悪い例
• カッティング台の上	46	3,630,000
• バンドソーの台	5	57,000
• ミートトレー	69	11,700
• 包丁	4,790	107,000

（出所：日本生産性本部、食品包装技術便覧）

衛生管理で廃棄ロス削減

上表は作業場の衛生環境によって、いかに細菌数に差が出るかを示している。作業場を60～70℃の温湯でよく洗い、肉片や脂肪を取り除いた後でアルカリ洗剤で洗い、次に次亜塩素酸ナトリウム溶液で消毒した後、全体をよく乾燥させなければならない。

①細菌をつけない方法

細菌管理の第一は、予防として商品に細菌をつけないことであり、そのためには以下の方法が有効である。

（a）施設を常に清潔にしておく
（b）商品を常に衛生的・清潔に取り扱う
（c）調理器具を適切に使い分ける
（d）動物（人間も含む）や昆虫（ハエ等）を入れない
（e）衛生的にパッケージを行なう

②細菌を増やさない方法

（a）温度を下げて保存する。高温の場合は70℃以上の温度を保つ
（b）速く作業を行ない、短時間で販売する
（c）十分な洗浄で滅菌する

③細菌を殺す方法

（a）物理的な殺菌法
熱や光線、ガスなどを利用して殺菌する方法で、（イ）低温殺菌、（ロ）煮沸消毒、（ハ）蒸気消毒、（ニ）日光消毒、（ホ）殺菌灯消毒、（ヘ）オゾンガス消毒　等がある
（b）化学的殺菌法
消毒剤を使用して殺菌する方法で、殺菌効果があり、かつ毒性が少なく、食べ物に変化を与えず、臭気を残留しない必要があり、一般に、（イ）塩素剤、（ロ）次亜塩素酸液、逆性石鹼、（ニ）アルコール　等がある

section 24

廃棄ロス対策③

商品の歩留まり管理

生鮮食品・加工食品・製造商品の歩留まり管理策

❖歩留まり管理とは

歩留まりとは、原料に対する製品量の割合のことで、製造業では一般的に用いられますが、完成品を販売する小売業ではなじみのうすい言葉です。

しかし、商品を加工する鮮魚・精肉・惣菜部門等では、この歩留まり管理で利益のコントロールもできる大事な指標なのです。

食品は、仕入れたときの原型物に対する可食率の比率を歩留まり率と呼びます。例えばマグロを仕入れて刺身と切り身を作り、その他の頭・骨等のあらを廃棄した場合、可食率が60%なら歩留まり率60%と言います。

そこで仕入額の60%に基準を合わせ、利益分を乗せて価格設定をするのです。この率が実際は55%であった場合、価格設定を60%を基準にすると、ここに歩留まりロスが発生します。

❖ロスの削減と廃棄率低下策

歩留まり率の向上は、仕入れた原型物を有効に使うことで達成することができますから、原型物の利用率を最大に上げ、廃棄物の低下を図ることが大事です。このことで仕入品のムダをなくし廉価で販売することができます。

次に正しい歩留まり率を算出し、歩留まりロスの防止につなげます。

歩留まり管理の難点は、同一品名の商品でも、歩留まり率が異なることです。昨年の商品と今年のそれでは歩留まり率が異なったり、産地や時期でも異なるので、しっかりした内容吟味と最新の情報を確認することが大切です。

❖二次加工によるロス削減策

生鮮食品は鮮度が大切ですが、様々な事情で在庫となり売り残しが出ます。その際、廃棄せずに適時加工することは有効な廃棄ロス対策です。

担当者は二次加工の方法を十分に身につけ、付加価値を高めて消費者に提供することが有効です。その際、素材の見極めがポイントですから、日頃から加工の訓練をすることです。

例えば、スーパーの鮮魚部門の平均廃棄率は7%ですが、時間に応じて、刺身、切り身、煮物へと加工し、廃棄率０・０５%にした企業もあります。

カツオの歩留まり推移表（例）

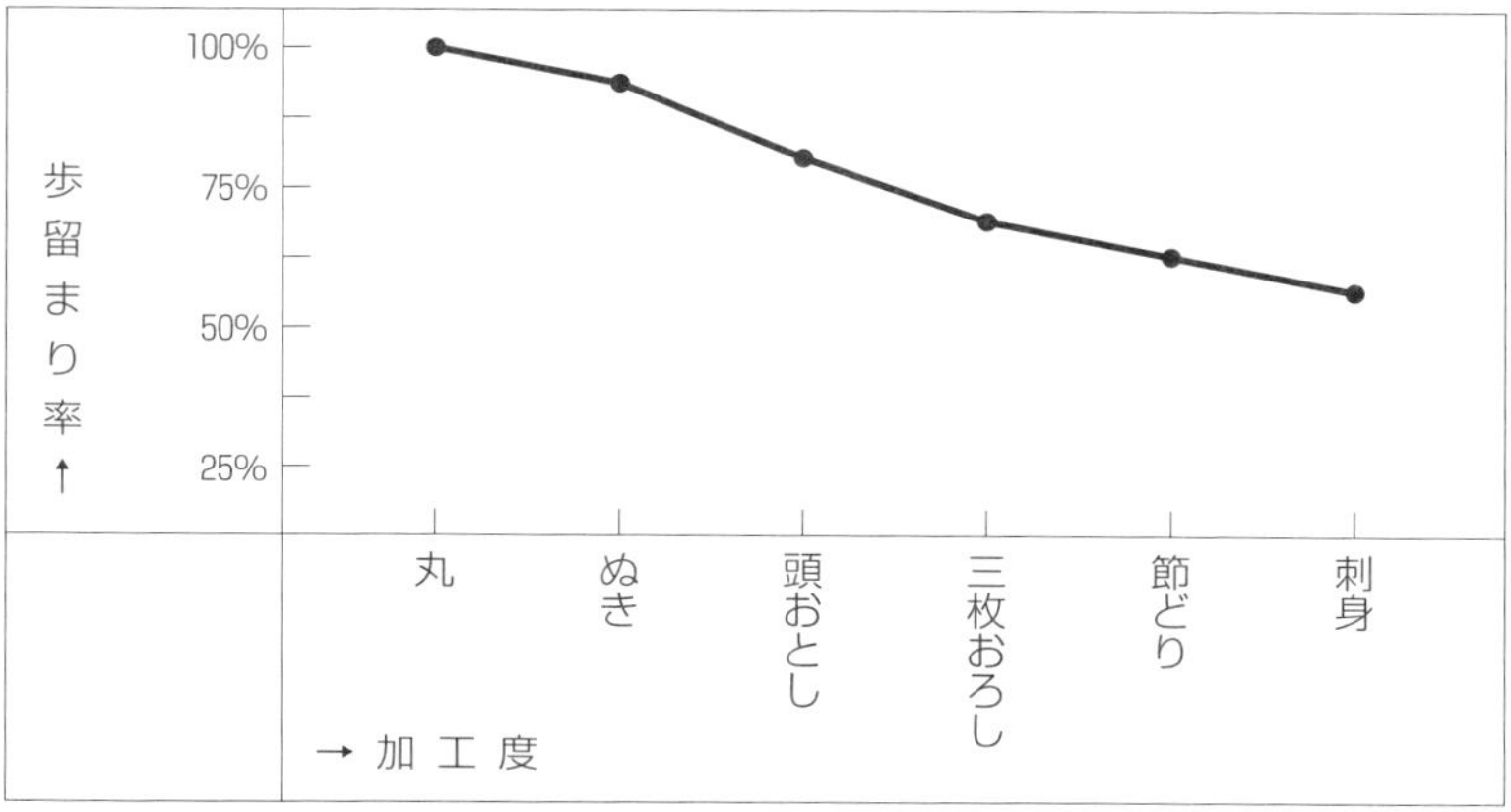

牛部位別歩留まり表（例）

乳用肥育（去勢）、枝肉重量：350kg

大分割名		ロース		もも		かた		ばら		合計	
大分割名	部分肉品名	重量(kg)	歩留まり(%)	重量(kg)	歩留まり(%)	重量(kg)	歩留まり(%)	重量(kg)	歩留まり(%)	重量(kg)	歩留まり(%)
ロース	ヒレ	6.4	8.9							6.4	1.8
	リブロース	13.8	19.2							13.8	3.9
	サーロイン	16.9	23.5							16.9	4.8
もも	うちもも			18.3	17.6					18.3	5.2
	しんたま			14.9	14.3					14.9	4.3
	らんいち			16.2	15.6					16.2	4.6
	そともも			18.4	17.7					18.4	5.3
	ともずね			5.2	5.0					5.2	1.5
かた	かたロース					36.4	29.3			36.4	10.4
	かたばら					22.5	18.1			22.5	6.4
	うで					32.0	25.7			32.0	9.2
	まえずね					4.8	3.9			4.8	1.4
ばら	ばら							39.3	78.7	39.3	11.2
部分肉計		37.1	51.6	73.0	70.2	95.7	77.0	39.3	78.7	245.1	70.0
副産物	小肉	1.1	1.5	1.7	1.6	1.2	0.9	1.4	2.8	5.4	1.5
	脂肪	24.0	33.4	8.4	8.1	4.8	3.9	0.9	1.8	38.1	10.9
	スジ	0.5	0.7	0.6	0.6	1.5	1.2	0.3	0.6	2.9	0.8
	骨	7.2	10.0	19.2	18.5	20.1	16.2	7.5	15.0	54.0	15.5
	その他	1.0	1.4							1.0	0.3
減耗		1.0	1.4	1.0	1.0	1.0	0.8	0.5	1.0	3.5	1.0
合計		71.9	100.0	103.9	100.0	124.3	100.0	49.9	100.0	350.0	100.0

（出所：全国食肉学校編集、小売全科より）

section 25

廃棄ロス対策④

日付管理・賞味期限管理のやり方

企業姿勢として評価される一般食品の品質管理策

❖日付チェック員の対応

ほとんどの食品には賞味期限があり、その表示を義務づけられていますから、期日の厳守は当然です。しかし管理がずさんになり、期限切れを見逃すと、大きな機会損失を招きます。お客様が購買後に気がつき、次からその店に来なくなるのです。対策は担当を決め、こまめに日付チェックを行なうことです。

このチェック業務を外部に依頼しているのがルートセールスのしくみです。１つ１つの商品への対応が面倒なことと人手がないため、納入業者に在庫整理と日付チェック、同時に返品処理と次の発注を委託するのです。

この方式は納入業者にもメリットがあるため長年定着してきましたが、基本的な点で問題が残ります。それは店に力がつかないことと無責任になることです。今日ではこの日付チェックを専門にする企業もあり、こうした企業を活用するのも効果的です。

❖自動管理システムの活用

日付の自動管理は生鮮品等をバックヤードで自動パッケージする場合などに有効です。パックした商品と数量を記憶しており、ＰＯＳレジで商品別の販売数量がわかりますから、差し引きして現在の在庫数と日付が自動的にわかるのです。人による不正確な対応より効果的で、例えば夕刻５時時点で何がいくつ陳列されているかがバックヤードでわかりますから、これからいくつ作るべきか予測できると同時に、廃棄しない体制も作れます。

❖賞味期限管理策

食品の賞味期限設定には様々な対応のしかたがありますが、根拠を持った期限を定めるべきです。最近は、保健所で定めた期限より短く設定する企業が増えてきました。

それは食の安全に対して厳しく管理している姿勢をＰＲする意味もありますが、企業姿勢としてはよいことです。ただコンビニエンスストアの弁当問題のように、廃棄が多くなると社会問題化することもあり、管理体制や期限の見直しは必要でしょう。

鶏卵管理温度と日数によるハウユニットの低下割合表

ハウユニットのロス（%）							
温度	1日	2日	3日	4日	7日	10日	14日
4.4℃	% 3.9	% 4.3	% 6.3	% 6.9	% 7.6	% 13.7	% 15.9
13℃	5.5	10.3	12.4	15.3	15.9	19.3	20.1
21℃	9.2	16.4	23.5	27.5	29.2	34.3	37.8

ハウユニット（HU）とは米国の学者であるレイモンド・ハウの考案による卵の鮮度数値。

産みたての卵のHU数値は90前後だが、30低下して60HU未満になると、米国農務省の格付けで不良限界値となり、家庭で消費されるのは不適当とされる。賞味期限管理はロス管理でもある。

HU値	格付け
72以上	ＡＡ級（最高級品位）
60～72未満	Ａ級（高級品位）
31～60未満	Ｂ級（中級品位）
31未満	Ｃ級（低級品位）

section 26

廃棄ロス対策⑤

季節品・ファッション品・催事品等の管理

シーズン商品やイベント商品の管理策

❖季節品管理策

季節品は販売時期が限られているため、商品の選定から仕入れ・販売がむずかしいものです。逆に、だからこそ特色が出せて面白く、利益貢献も大きいのです。季節品のむずかしさは多くの廃棄ロスを伴うことで、この成否はいかに市場を読むかにかかっています。

近年は季節商品といえども追加補充がかなり利くようになり、一括大量の仕入れでなくても対応できるため、販売経過を見ながらきめ細かく仕入れることが大切です。

季節品はそのときの天候や気温等で大きく売行きが変動するため、気象状況にはとくに注意を払って仕入れることです。そのためには情報の収集が欠かせないので、経験だけに頼らず、今の判断を大切にすることです。

また季節品はその時期しかないことが多いため、取引先の開発や価格設定も重要となり、競合各社の市場調査を十分に行なって対応することです。

❖ファッション品管理策

ファッション品は流行期間だけの勝負ですから、仕入れを適切に、販促も早めに実施することです。見切りはできるだけ避けるべきですが、在庫の状況によってはこの対策も必要です。返品できないことを前提に慎重な対応が必要になるのです。

また提供方法の工夫・接客技術等でも販売に大きな差が出るため、人材の訓練が必要です。

❖催事品管理策

催事は売場に変化を与え、楽しみを増幅しますから、今後は各店でさらに面白い催事競争になるでしょう。

催事の商品は非定番商品も多いため、原価の確認や販売数を正確に予測し、実施後は催事期間ごとの評価を残しておくことです。ここでも大切なことは単品管理です。

商品の返品に関しては、第一に返品しない方針と覚悟が大切で、「返品できないからロスにつながった」と言い訳できない体制で臨むことです。これは仕入れの正しい判断をするための教育にもなります。

季節催事と前年対比による適正仕入例

<table>
<tr><th rowspan="2"></th><th rowspan="2">季節催事イベント</th><th colspan="5">前　年　実　績</th><th rowspan="2">本年
企画</th></tr>
<tr><th>商品名</th><th>売価</th><th>販売数</th><th>残数</th><th>粗利益
%</th></tr>
<tr><td>1月</td><td>

・あけましておめでとうセール

・成人式おめでとうセール（前年実績）
◦期日１月12日（木)～15日（日）
◦天候、気温、客数

<table>
<tr><th></th><th>天候</th><th>気温</th><th>客数</th></tr>
<tr><td>12日（木）</td><td>晴れ</td><td>8℃</td><td>1710</td></tr>
<tr><td>13日（金）</td><td>くもり 12:00～小雪</td><td>2℃</td><td>1920</td></tr>
<tr><td>14日（土）</td><td>雪　　15:00～小雨</td><td>0℃</td><td>1410</td></tr>
<tr><td>15日（日）</td><td>くもり 12:00～晴</td><td>5℃</td><td>2200</td></tr>
</table>

◦競合店　販促情報
Ａ店　商品数（セール）　75点
同一商品数 5点
価格（3点安・1点同・1点高）
◦地域イベント、変化等
道路工事 12日まであり
成人式セール

・冬物クリアランスセール

・鍋物セール
≀
</td>
<td>1 ケーキ デコレーション 大
2 酒〇〇日本酒
3 〇〇ビール
4 チューハイ〇〇
5 オードブルセット
6 △△チーズ
≀</td>
<td>2300
1800
980
98
1480
280</td>
<td>50
43
85
300
80
112</td>
<td>10
9
15
20
8
10</td>
<td>30
8
6
10
25
30</td>
<td>中型で

縮小する

力を入れる
力を入れる</td></tr>
<tr><td>2月</td><td>・冬物見切りセール
・バレンタインセール
・ひなまつりセール
・入学・卒業・就職セール
・春のおしゃれセール
≀</td><td></td><td></td><td></td><td></td><td></td><td></td></tr>
</table>

section 27

欠品ロス対策①

EOSによる単品仕入予測管理

仕入予測ミス防止によるロス対策

❖EOSのシステム

ＥＯＳは、エレクトロニック・オーダリング・システムの略で、電子発注システムとして流通業に定着しています。このシステムは受発注が正確で、速く、廉価に実現できることから広く活用されています。とくに取引間相互で通信回線を活用して、24時間無人で受発注できるため、スピードと正確性は格段に向上しました。

このシステムの最大の特徴はターンアラウンド処理ができることで、発注段階で一度入力した情報は最終の支払い段階までデータが生きており、中間の記入ミス等のロスが防げることです。

❖EOSの活用と効果

欠品ロスを起こす最大の原因は、仕入予測が不正確なため、品切れすることです。そこで対策としては、単品目別に正確な仕入れを行なうために、ＥＯＳの単品情報を時系列的に分析して活用するのです。

過去の実績から次の仕入れはある程度予測できますから、まず予測値を出力し発注担当者に示します。後は担当者の判断にゆだねます。担当者が異動等でその店の状況を把握していない場合は予測修正ができませんが、現場に明るい担当者ならば修正を加えて発注を確定できます。この、人を介するステップは、予測をさらに正確にする点で効果的です。

もし欠品ロスが削減できないときは、発注予測のシステムを見直す必要があります。来店客の志向は常に変化し、立地状況も変わりますから、変化に応じたシステムの変更が必要です。現場の担当者は発注の最終責任を持つため、予測システムの内容を知っておく必要があるのです。

❖多頻度発注と当日納品策

時代の変化と情報技術の高度化で、様々な仕入予測対応が可能になりました。多頻度の発注（例えば毎日発注）が可能になると、それだけで欠品対策になりますし、当日納品のようにスピーディーな入荷でも欠品を防げるため、情報機器を有効に活用することが求められます。

EOS全体の流れ（例）

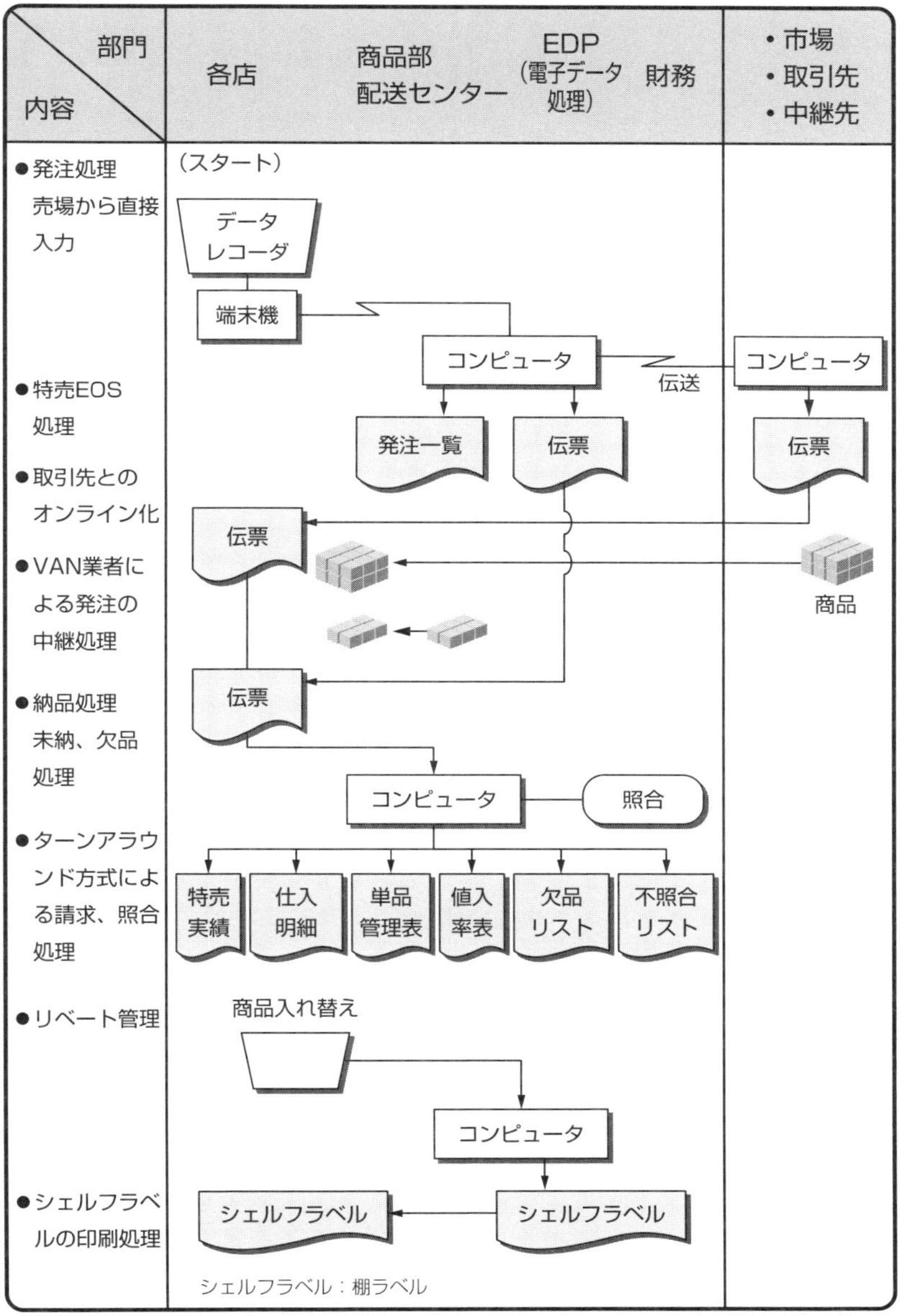
部門
内容
各店
商品部
配送センター
EDP
（電子データ
処理）
財務
・市場
・取引先
・中継先
●発注処理
売場から直接
入力
●特売EOS
処理
●取引先との
オンライン化
●VAN業者に
よる発注の
中継処理
●納品処理
未納、欠品
処理
●ターンアラウ
ンド方式によ
る請求、照合
処理
●リベート管理
●シェルフラベ
ルの印刷処理
（スタート）
データ
レコーダ
端末機
コンピュータ
コンピュータ
伝送
発注一覧
伝票
伝票
伝票
商品
伝票
コンピュータ
照合
特売
実績
仕入
明細
単品
管理表
値入
率表
欠品
リスト
不照合
リスト
商品入れ替え
コンピュータ
シェルフラベル
シェルフラベル
シェルフラベル：棚ラベル

section 28

欠品ロス対策②

POSによる単品販売管理

販売予測ミス防止によるロス対策

❖POSシステム

POSは、ポイント・オブ・セールスの略で、販売時点情報管理として広く定着しています。最初は精算時におけるレジスターの機能が中心でしたが、販売予測ミスを防止するうえで大切な情報提供ができるシステムに発展してきました。単品ごとの販売状況をリアルタイムに把握できるため、販売予測に有効だからです。

❖POSの活用と効果

欠品ロスは的確な販売予測ができないために売れるべきものが品切れしてしまい、重要な販売機会の損失を起こすと同時に、優良顧客を逃がす原因になります。そこでこのPOSシステムの活用が有効なのです。

POSシステムにより商品の販売状況がリアルタイムでわかり、前項のEOSで単品別に仕入量がわかりますから、今どれだけ在庫があるかを自動的に把握し、欠品が起きそうか否かを出力してくれます。

このデータにより欠品を事前に把握し補充できれば、欠品は起きません。これがPOS活用の成果です。

❖仮説検証によるロス防止策の徹底

販売予測をより正確に行なうために、POSのデータベースを活用することは、販売戦略として欠かせない条件になりました。

POSの持つ特性は、①絶対単品での詳細性、②即時性、③網羅性、④自動的という省力性、⑤安いという経済性、⑥簡便性、⑦事実という信憑性、などです。

POSはビッグデータの活用ですから、人の持つ勘に加え、データ解析によってより精度の高い予測力をつけ、競争優位を確立するのです。

このシステムの課題は、第一に商品台帳のメンテナンスを正確に行なうことですが、そのためには決められたルールは必ず守ることです。

またデータの活用段階では担当者がしっかりした仮説が立てられることで、そのためには販売に対する問題意識をしっかり持つことと、それを検証する行動力が大切になります。

POSシステムの概念図と相互関連

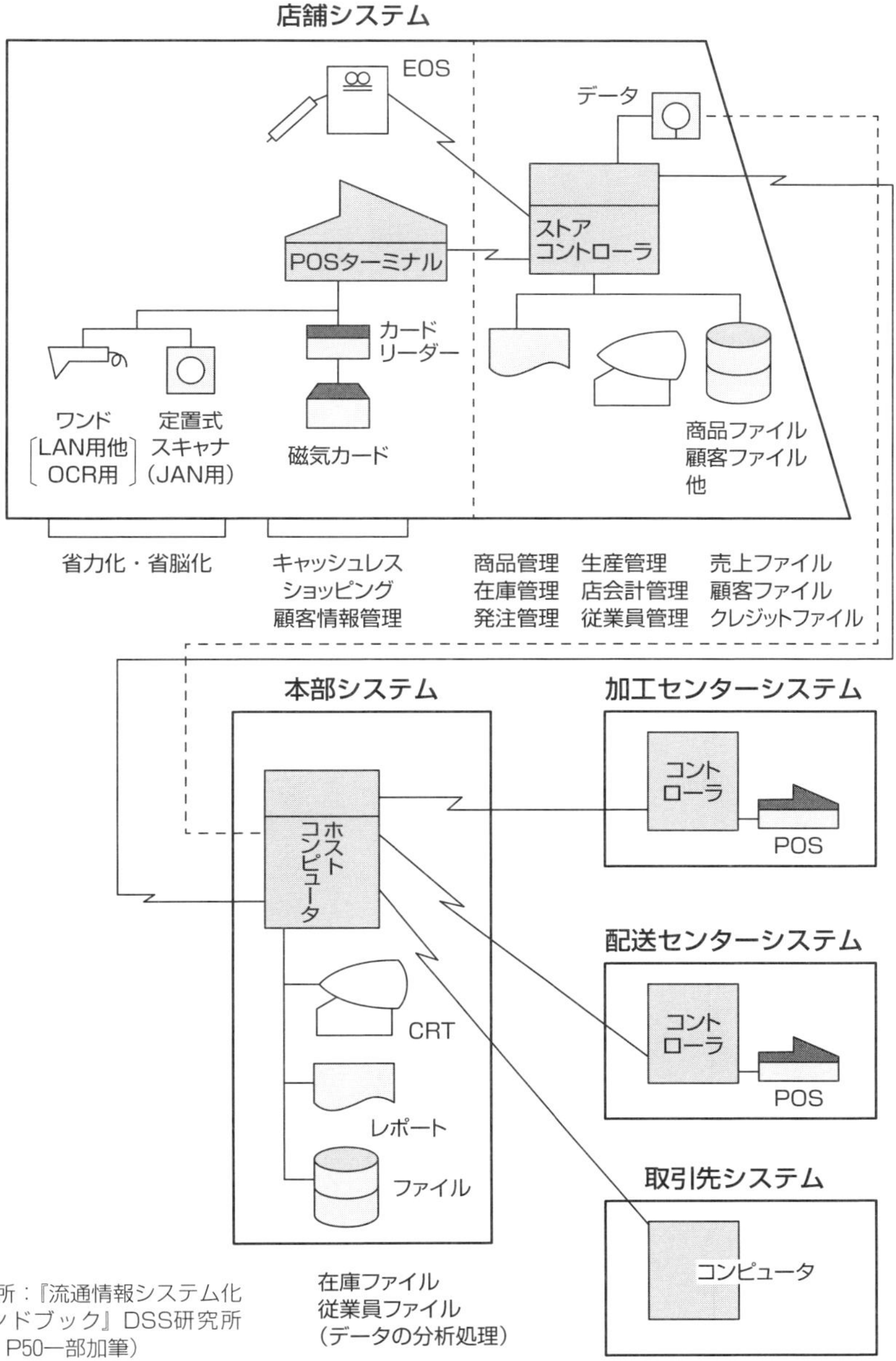

(出所:『流通情報システム化ハンドブック』DSS研究所編　P50一部加筆)

section 29

欠品ロス対策③

社内欠品・取引先欠品の補充法

欠品が起きてしまったときの商品の緊急調達策

❖社内欠品の補充法

欠品を起こさない方法とは別に、欠品が起きてしまった際の対策も重要です。欠品はどうしても起きてしまうからです。

欠品が起きた場合、会社の方針がどうなっているかが大切なところです。もし方針が不明確なら対策もまちまちになります。例えば特売商品が品切れした場合、補充をしないケースと、期間中の来店なら事後でもその価格で販売するケースがあります。どちらを選択するかは経営方針ですから、経営者が明確にすべきです。方針があいまいだとそのつどトラブルになります。

特売商品は、お客様がそれを目当てに来店する場合が多いため、欠品は極力避けることがサービスの基本です。欠品による緊急仕入れの対策は事前に取引先と合意を得ておく必要があり、これは取引契約の内容です。

社内振替策も有効ですが、どうしても入荷が遅れる場合は、いつごろ入荷予定かをお客様に明示すべきですし、代替商品があれば、自店の負担でサービスすべきです。

❖取引先欠品の補充法

欠品の原因が仕入先にあり、補充が間に合わないことが考えられる場合は、事前に月間販売予定を取引先に示し、商品を確保してもらうことです。

仕入先が欠品した場合、ペナルティを課すなど、様々な対応がありますが、基本は相互の信頼をベースに情報を共有し、速い補充を推進すべきです。

しかし、仕入先が原因で欠品が頻発するのは、取引先としての適性を欠いているわけですから見直しが必要でしょう。仕入先ルートの開発はバイヤーの重要な仕事であり、現状に安住せず、広く仕入先を開発すべきであり、同時にそれは有効な補充法にもなります。

情報化の進んだ今日では、取引先が必ずしも在庫を持っているわけではありませんから、情報武装を強化し、速い納品体制を作ることです。

そこには配送のルート開発が欠かせません。緊急小口配送も活用すべきです。

誰でもできる単品管理法（目チェック単品管理）

発注担当者の力が最もつく方式で、欠品をなくし、適正在庫を実現できる。

		1	2	3	4	～ 300
	商品名	A	B	C	D	
①	在庫数（発注日）	10				
	発注数	50				
	販売数	(51)	←10＋50−9＝51		暗算で記入（赤色で記入する）	
②	在庫数（発注日）	9				
	発注数	55				
	販売数	(54)	←9＋55−10＝54			
③	在庫数（発注日）	10				
	発注数	57				
	販売数	(59)	←10＋57−8＝59			
⟆	在庫数	8				

- 担当商品群を自分で記入
- どんな店でも、誰でも記入でき、販売数を見れば次の発注数が決められる
- 在庫の時系列データを見ると、欠品防止ができ、過剰在庫がなくなる
- 小さな手持ちのノートに記入すればよい

仕入業者別欠品管理表

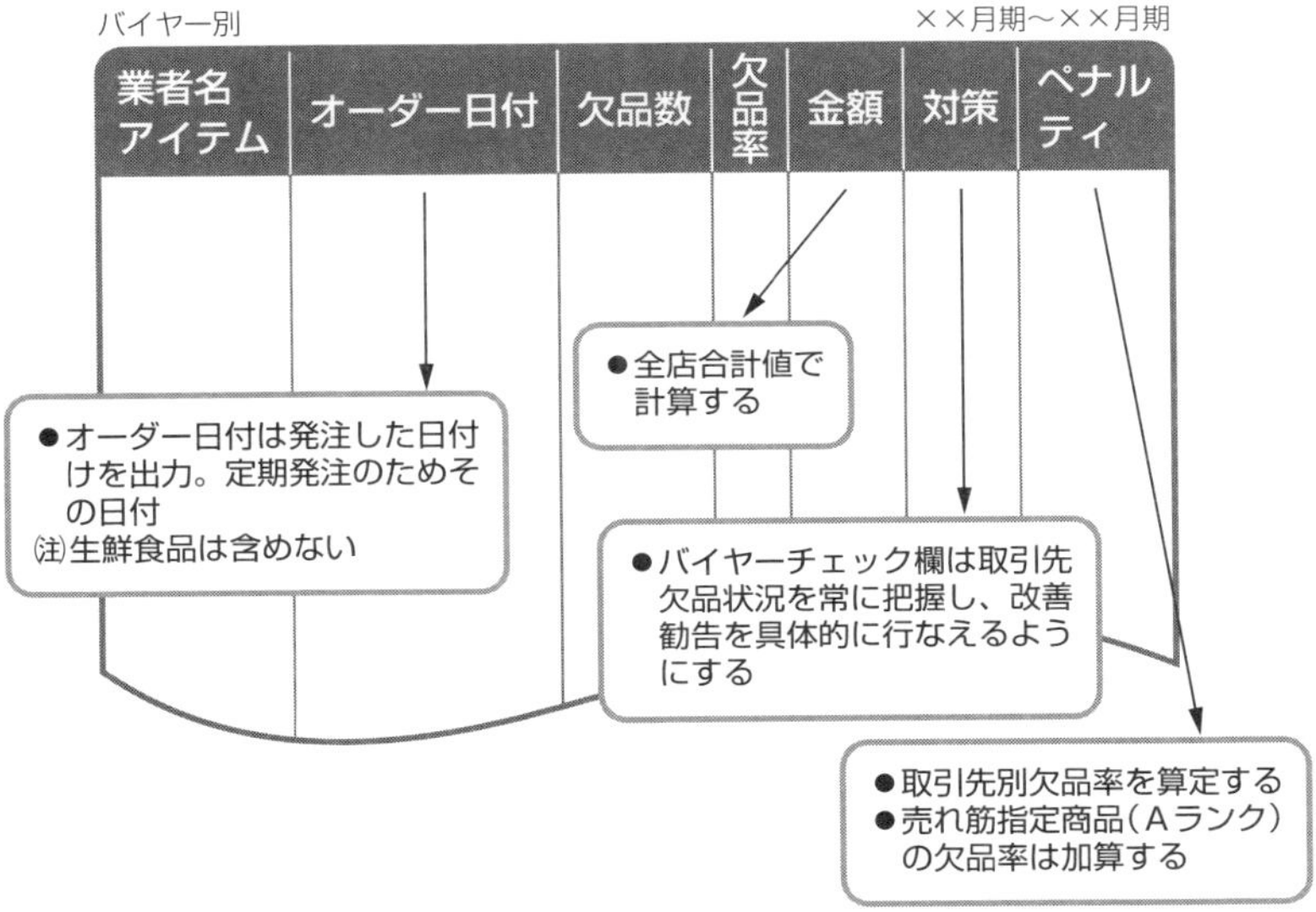
バイヤー別
××月期～××月期
業者名
アイテム
オーダー日付
欠品数
欠品率
金額
対策
ペナルティ
●全店合計値で計算する
●オーダー日付は発注した日付けを出力。定期発注のためその日付
㈿生鮮食品は含めない
●バイヤーチェック欄は取引先欠品状況を常に把握し、改善勧告を具体的に行なえるようにする
●取引先別欠品率を算定する
●売れ筋指定商品（Aランク）の欠品率は加算する

section 30

欠品ロス対策④

欠品発生時の顧客対応策

顧客対応で変わる顧客の離反

❖欠品発生時の対応方針

欠品の発生は常に起こり得ることですから、対応方針をしっかり決め、具体的な行動レベルまで、社員全員に周知徹底する必要があります。

顧客の離反は、来店してもほしい商品がないことが大きく影響していることをまず自覚することです。逆に欠品対応がよい場合は、顧客の固定化につながるケースも多いのです。

例えば、その商品の正確な入荷時期をお知らせするとか、お詫びも含め違うサービスを提供するなど、ていねいな対応が印象をよくするのです。再来店をお願いするわけですから、思い切ったサービスで対応すべきです。

❖顧客離反ロスの削減

お客様のほしい商品がなく、その後の対応も悪ければ、店からの離反は避けられません。しかし現実は、お客様から聞かれると、「それは品切れしております」と告げるだけの対応が大部分です。これは大きな欠品ロスです。

新規顧客の獲得には既存顧客維持の5倍の費用がかかると言われます。既存顧客維持の対策をもっと推進すべきです。特売に頼り、何とか前年を超える程度の来店客獲得では長続きしません。客数の減少は致命的なダメージですから、対応可能な欠品はどうしても避けなければなりません。

第一の対策は、欠品になりそうな商品が事前にわかるシステムがありますから、そのデータを活用することです。これはＰＯＳデータから普通に知ることができるので有効です。

第二は顧客への早い告知です。例えばセルフサービス店の場合、店頭掲示や店内放送で欠品への対応を広く知っていただくことです。とくに特別サービス品の限定販売などは、ていねいな対応が不可欠です。

第三はお客様に対する接遇の改善です。この接遇が離反するか固定客化するかの分かれ道になります。これも会社の方針が重要で、欠品もしかたないと考えるか、お客様の迷惑を何とか補塡したいと考えるかで、まったく逆の結果になります。

経験則に基づく顧客に関する数値

①既存顧客は年に25%離反し、減少していく

店からの離反率が25%もあるため、常に販売促進を図り、店の存在をアピールする必要がある。これは特売実施の必要性でもある。

②新規顧客１人を獲得する費用は、既存顧客維持の約５倍かかる

日本における日常生活用品のケースで、米国では８倍かかるとの調査結果もある。これは顧客の固定化の必要性でもある。

③既存顧客の中でもロイヤル客（上得意客）は、クチコミにより新規顧客の増大をもたらす

ロイヤル客は１人平均28人にクチコミで広め、クチコミされた人の約50%は来店する。

クチコミは最も信頼度の高い情報で、約72%の人が信じる。テレビ情報は約42%である。

マイナスのクチコミも同様に広い伝播性を持つため、顧客の不満解消は大切なロス対策となる。

④ロイヤル客の利益率は全体平均より18%高い

平均粗利益率も５%高く、ロイヤル客の全体構成比が20%だと、全体利益率を１%高める（ロイヤル客は価格志向よりサービス志向のため）。

実績値事例

◦平均粗利益率28%・ロイヤル客33%（33−28＝5）、（5÷28≒0.179）

◦ロイヤル客構成率20%のため、利益率は１%アップ（5×0.2＝1）

（出所：『Harvard Business Review』W・R・サッサー教授他）

section 31

値引きロス対策①

特売・販促管理のやり方

計画対応値引きと処理ミスによるロス対策

❖特売販促計画と実績差異の把握

特売は計画値引きですから、本来ロスとは無縁のものです、しかし、ここから多くのロスが発生するのです。

特売による販促計画は仕入額・販売額も決まっており、計画通り推移すればロスは生まれません。ロスが発生するのは、販売残品の処理・再処理や追加補充の際の原価違い、在庫把握違いなどです。そこで対策としては、期間中の特売の販売結果を算出して、当初の計画値と比較分析することです。

計画と実績の差は、売上げ・粗利・経費・利益に直接影響しますし、店舗全体の予算管理上にも大きな影響力を持ちます。そこで特売1回ごとの成果を即日算出して成果の評価を行ない、失敗をくり返さないことです。

❖値引きの自動処理策

特売後の在庫処理にはいくつかの対応策がありますが、通常商品の場合は、通常の価格に戻すのが普通です。

特売用商品の場合は、売り切るのが原則ですから、多くは継続販売です。陳列スペースとの関係もあるため、可能なら他店への振替もよいでしょう。

ロスの原因はこの際の処理に起因します。有効な対策は自動処理を行ない、人の介入を抑えることです。具体的には売価の変更処理や振替処理・在庫確認処理等を自動化します。これによりロスの発生を抑え、同時に省力化されて正確性の向上にもなります。

❖在庫処分法

在庫処分にかかるロスは、ある程度見込み済みですが、売れない商品を在庫していても改善しませんから、早い処分が必要です。処分は通常、大幅な値引きを伴うので利益減になります。元来この利益減を正確にデータに反映すべきですが、ここで見せかけの数字づくりが発生しロスが生まれるのです。

そこで在庫処分については第三者が立ち会う等のルールを定め、公正な対応を図ることです。このことによりロスの発生は激減し、データも正確になるのです。利害関係者が独断で処理まで決定しないしくみですが、本部の役割はこんなところでも発揮できます。

特売管理表

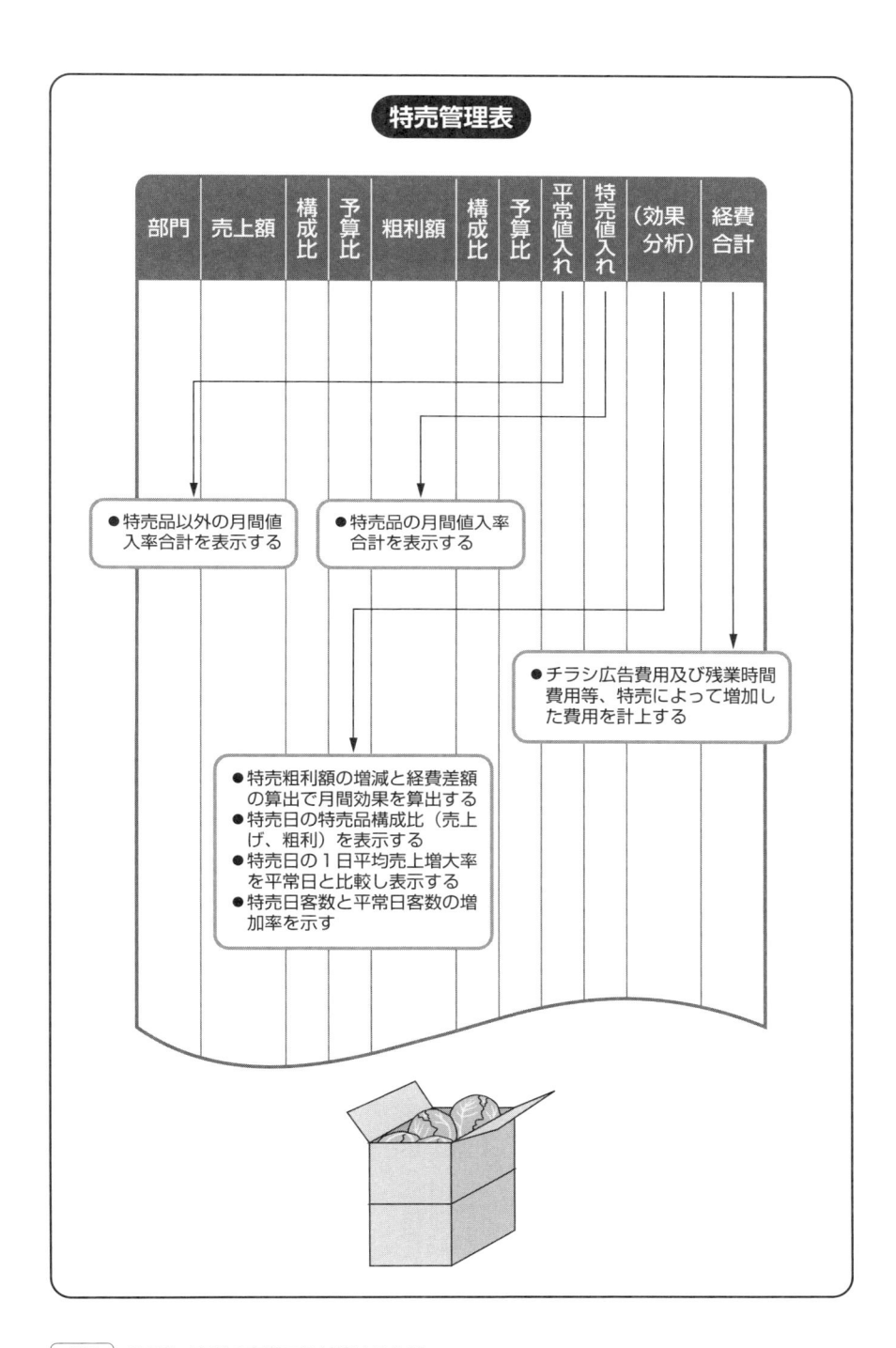

部門	売上額	構成比	予算比	粗利額	構成比	予算比	平常値入れ	特売値入れ	（効果分析）	経費合計

平常値入れ：
- 特売品以外の月間値入率合計を表示する

特売値入れ：
- 特売品の月間値入率合計を表示する

（効果分析）：
- 特売粗利額の増減と経費差額の算出で月間効果を算出する
- 特売日の特売品構成比（売上げ、粗利）を表示する
- 特売日の１日平均売上増大率を平常日と比較し表示する
- 特売日客数と平常日客数の増加率を示す

経費合計：
- チラシ広告費用及び残業時間費用等、特売によって増加した費用を計上する

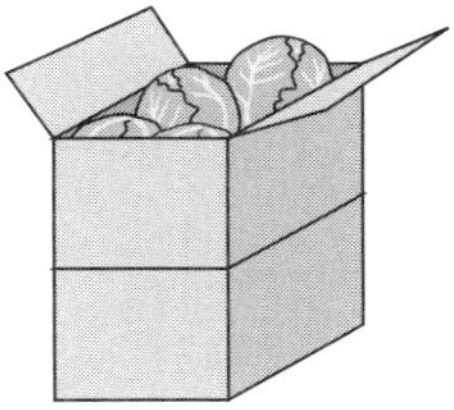

section 32

値引きロス対策②

時間値引き・全品値引き等のスポット値引き対応処理

販促対応値引き処理の対応策

❖端末機での売価変更処理の徹底

値引きを区分すると、①事前に計画して値引きをする計画値引き、②その場に応じたタイムリーなスポット値引き、に分けられますが、ここでは②の対処法を取り上げます。

販売促進策としてのスポット的な値引きは、お客様にとって魅力にもなっていますから、これを続ける場合、ロスを出さない対応が必要です。

スポット値引きは、例えば急な大雨で廃棄商品が見込まれた場合等、突発的に発生しますから、従業員の対応時間も限られていることもあり、伝票等の処理の不正確さなどがロスの原因になります。

この対策として携帯の端末機を用いれば、値引き処理をしながら同時に伝票処理もしてしまうことが可能です。

❖特売なしの実施策

特売はせず、毎日廉価で提供する販売方式で成功している企業もあります。これも販促策の一形態ですが、基本的に値引きをしないので、値引きロスを最小に抑えることができます。

通常、値引きロスは、値引きの頻発により正確な対応ができないことから発生するため、特売そのものをなくした「ＥＤＬＰ」（毎日が特売価格）は対策として有効なのです。特売がなくなると仕事が平準化でき、作業計画もスムースになるので、多くの経営者はクーポンによるサービスと併用するなど、工夫を凝らしているのが実態です。

❖販売実績のリアルタイム処理策

スポット的な値引きは商品の在庫処理に有効な場合がありますが、課題は値引き結果が全体成果にどの程度影響したかを早く知ることです。

そこで端末機に変更処理と同時に成果をリアルタイムに出力させることで、有効な利益コントロールが可能となりました。これは値引きロスを防ぎ、なお利益コントロールを可能にした点で画期的です。

今後はますます現場対応の情報機器が開発されると思われるので、業務もそれに合わせて改善することが必要です。

値引き販売と値引きなし販売の比較表

	値引き販売	値引きなし販売
1 売上額	売上額は落ちる。 ただし在庫が多い場合、値引きせざるを得ないことがある。 比較は状況による。	値引きしないので変わらない。 適正在庫で目標通りの状況なら値引きなしでもよいが、不良在庫になると廃棄ロスとなる。
2 粗利率	落ちる。 計画内の利率ならよい。	落ちない。
3 粗利額	売上げによる。	売上げによる。
4 ロス金額	値引き分を正しく処理すればロスにはならないが、売価変更処理を誤るとその分、ロスになる。	在庫が残っても廃棄にならなければロスにはならないが、在庫の処理がむずかしくなる。
5 在庫処理	見切って在庫をなくすため、適正になる。	在庫が継続的に販売できればよいが、デッドストックになると廃棄ロスとなる。
6 品質維持	生鮮食品等、日持ちのしない商品は見切って販売し、品質維持を図る。	在庫が多いと品質低下となり、廃棄ロスとなる。
7 流行品・季節品の販売	期間中に売り切り、廃棄とならない。	売れ残ると不良在庫となり、廃棄ロスとなる。 発注が適切だと粗利の確保ができる。
8 見せかけロス	見せかけロスは発生しやすい。	売価変更がないので、見せかけロスはわずかしか発生しない。
9 人的労力	人的労力が多くかかり、人件費がかかり、利益を圧迫する。	労力は少ない。

※EDLP：Everyday Low Priceの略

section 33

値引きロス対策③

在庫処分値引きの対応

品質低下値引きの見直し策

❖廃棄防止と値引き幅の確定

商品は品質が低下する前に完売するのが理想ですが、鮮度を要求される商品は、その処分の判定に苦労します。

早めの在庫処分は値引きロスや廃棄を低く抑えることができるためよいのですが、予定利益の確保に難が出てきます。逆にぎりぎりまで引き延ばした在庫処分は品質低下と廃棄、ならびに大幅な値引きの原因となります。

この兼ね合いは微妙な判断を伴い、長く課題となってきました。解決策は第一に、先のリアルタイムデータにより正しく実態をつかむことです。第二に、生鮮食品であっても廃棄しなくてよい品質管理の徹底です。これは前述しましたが、鮮度管理技術の向上で乗り切ることができるようになりつつあります。課題は維持コストがまだ高いことですが、近く導入可能な技術となるでしょう。第三が値引き時期・価格の最適化策です。どの店でも直面している課題ですが、数値だけでなく経験値も重要であることから、経験を積んだ従業員の意見を聞くことです。

❖顧客の満足と利益目標の達成

在庫処分値引きへの取り組みは、第一にお客様のお得感や満足感を正しくとらえること、第二に品質の十分な吟味、第三は在庫量の把握、第四は利益目標の達成、第五はデータと現場担当者による最適解の追求です。

この5つをバランスよくミックスし、相乗効果を発揮させることです。

❖判定基準を持つ人材養成策

在庫処分の適不適の判定は、最終的には人の仕事です。先に述べた5つのバランスコントロールやデータと経営価値の融合判定も人の判断になりますから、これをできる人材育成が決め手になります。流通業の人材とは、これができる人なのです。知識や技術・経験も大切ですが、正しい方向性と本人のやる気が大事なのです。

問題は身近に、しかも無数にあるため、それらの瞬間的な解決力が必要であり、これをできる人材を育てるためには、まず本人の意欲が必要であり、そのための動機づけが大切です。

２種類の値引きの対比

1 値引きせざるを得ない値引き （ロスにつながる値引き）	2 計画値引き （特売等の販促値引き）
①商品管理上のミスでロスになる ②処分品対応 ③商品の発注管理・品質管理に注意が必要 ④ロス管理表でコントロール（94項参照）	①販売促進で売上げ増大が図れる ②ロスリーダー（限定的対応） ③コントロールを誤ると利益をなくす ④特売管理表でコントロール

ロスリーダー：集客を目的として値引きされた商品

↓　　↓

対応策

単品管理の精度向上	特売計画の精度向上
• 必要単品の把握 • 単品の時系列実績の分析 • ロス管理表の作成	• 過去の実績活用 • 単品の正確な把握 • 数値による記録の徹底

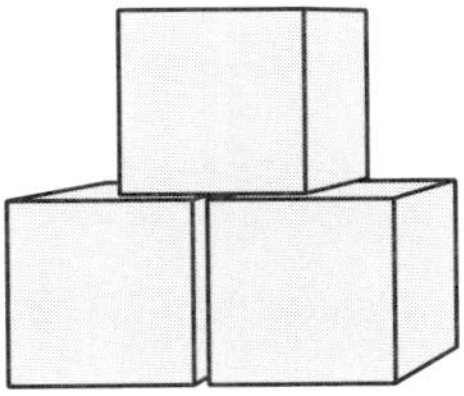

section 34

配送・荷受けロス対策①

配送センター・加工センターの自動化策

設備の拡充と検収なし体制の推進

❖ロジスティックスと配送センターの運営

ロジスティックスは、必要な原材料の調達から生産・在庫・販売まで、物流を効率的に行なう管理システムであり、配送・荷受けも含めた広い概念で物流をとらえています。

配送過程や荷受け過程で発生するロスも、全体最適を目指す視点でとらえると、より大きな改善につながることから、まずここから対策を考えます。

配送はできるだけ滞留することなく、短時間に目的地に到着することが大切ですが、品質とコストの最適解を求めて、備蓄は少なく、高回転で物流させることを工夫すべきです。

配送ロスは荷役の非効率と不適切な備蓄から起きますから、時代の流れは大規模な配送センターの運営による効率的な自動化を志向しており、今後も中小卸売りの配送から、直接配送へと転換が進みます。

❖加工センター運営とロス対策

近年、商品の加工比率が高くなり、原材料を高度に加工して付加価値を高めて販売されることが多くなりました。

女性の社会進出と相まってお客様の食習慣も大きく変化し、自宅での調理時間の削減希望からも、食品加工センターの役割が増大しています。

加工センターの運営にはロスが伴いますが、効率的な分別と廃棄で、最終消費に至るトータルロスは減少させることが可能です。これは各家庭内における食品廃棄率と比較すると明らかですから、さらに普及するでしょう。

❖直接配送とリアル&ネット対応

配送でのロス削減には積載率向上が大切ですが、小口多頻度配送の場合は多くのロスが発生します。

今日、ますます小口の宅配が要求されるようになると、これらのムダをシステムとして改革することが求められます。すなわち、ネットスーパーの配送有料化や、逆に宅配だからできる顧客の新たな需要開拓、またリアル&ネットの業態開発等、前向きに時代対応を図るべきです。

生鮮加工センター工程及びシステム関連図

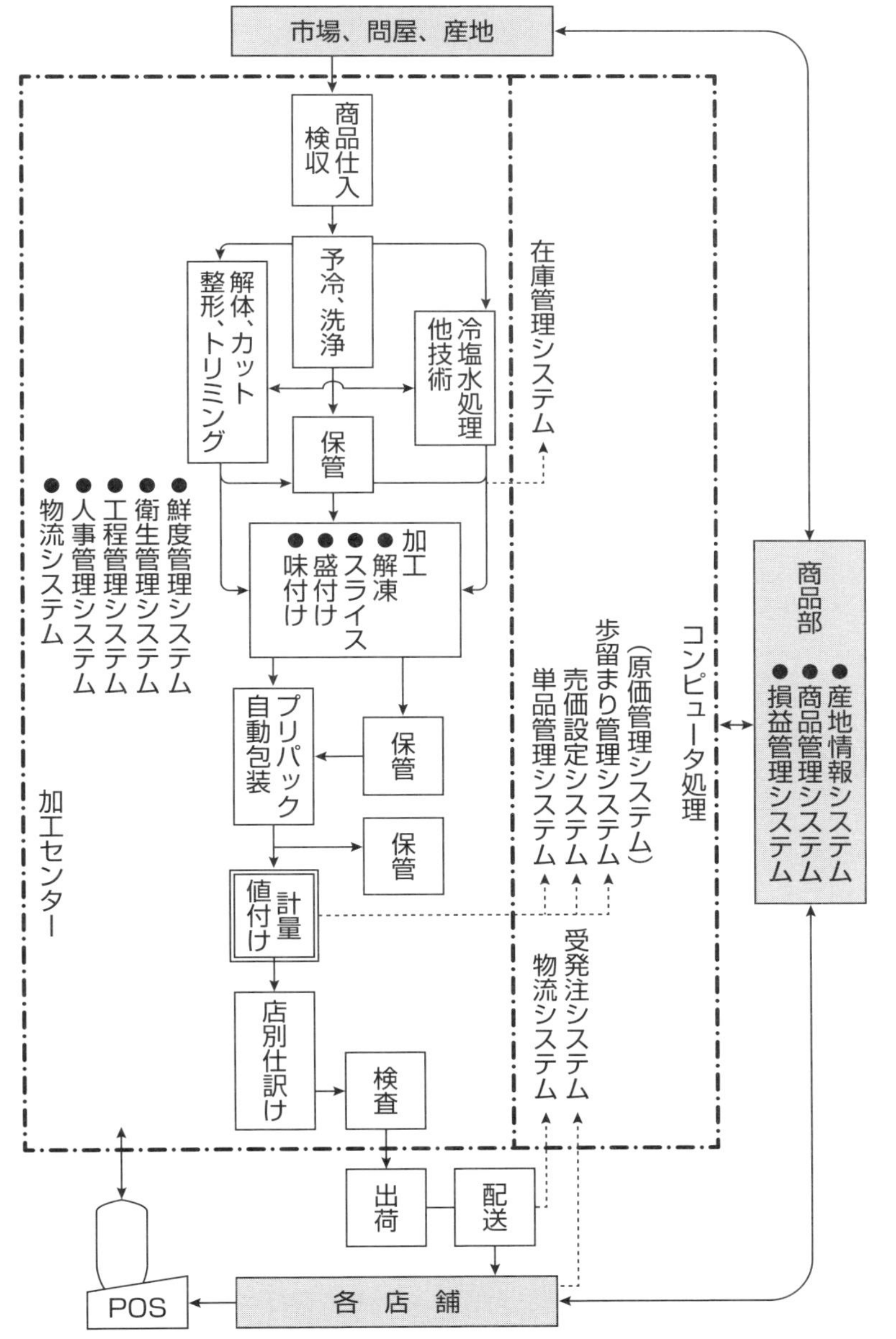
市場、問屋、産地
商品仕入
検収
予冷、洗浄
解体、カット
整形、トリミング
冷塩水処理
他技術
保管
在庫管理システム
加工
●解凍
●スライス
●盛付け
●味付け
●鮮度管理システム
●衛生管理システム
●工程管理システム
●人事管理システム
●物流システム
プリパック
自動包装
保管
保管
計量
値付け
店別仕訳け
検査
加工センター
コンピュータ処理
(原価管理システム)
歩留まり管理システム
売価設定システム
単品管理システム
受発注システム
物流システム
商品部
●産地情報システム
●商品管理システム
●損益管理システム
出荷
配送
各店舗
POS

section 35

配送・荷受けロス対策②

荷受けの一元化・責任担当制の実施

現品と伝票のノーチェック体制

❖検収マニュアルの徹底から

検収業務とは、商品納入の際、正しく納品されたかどうかを検査する仕事で、資産管理の基本となる業務です。ここに多くのロスが発生しますが、これが「荷受けロス」です。

原因は、流通過程で抜き取りや数量違い、伝票との不一致等が起きているからで、なれあいと惰性を排した厳しい検収体制が必要です。これは、チェックの甘い客には甘い対応をするといった、配送業者の昔からの悪癖があるからです。

そこでロス管理は、まず厳しいマニュアルを作成し、徹底して運用することから始まります。検収の担当者も専任者を決め、責任体制を取ることで精度は増します。片手間の体制ではロスを防ぐことはできません。

❖検収者の教育と養成

検収業務は、数が合えばよいだけではありません。品質のチェックも含んでいます。そこで課題は誰がそこまでできるかです。販売担当は品質がわかりますから、検収を兼任するのも1つの方法です。しかし、やはり品質についても研修を積んだ専任の検収担当者が適任です。理由は専門化して検収に集中できるからです。

❖配送と連動した無検収方式

しかし、販売額が大きくなってチェーン店として拡大すると、物流改革も必要となり、自社で物流センターを運営するようになります。自社で一元的に物流管理をするには、ロスの管理も従来とは異なった体制が必要になり、それが検収のムダを省いた無検収方式、ノーチェック体制です。

この方式は、自社の責任で商品調達から配送まで行なうため、検収の必要がありません。ノーチェック体制はそのつど検収をしないため、効率的で品傷み等も防ぐことができます。近年は工場で店頭陳列できる形で出荷しますからなおさらです。

ただ、受け渡しのルールは明確に定め、確実に実行しなければならないことは当然です。

検収ロスを起こす検収伝票事例

検収印＋担当者印

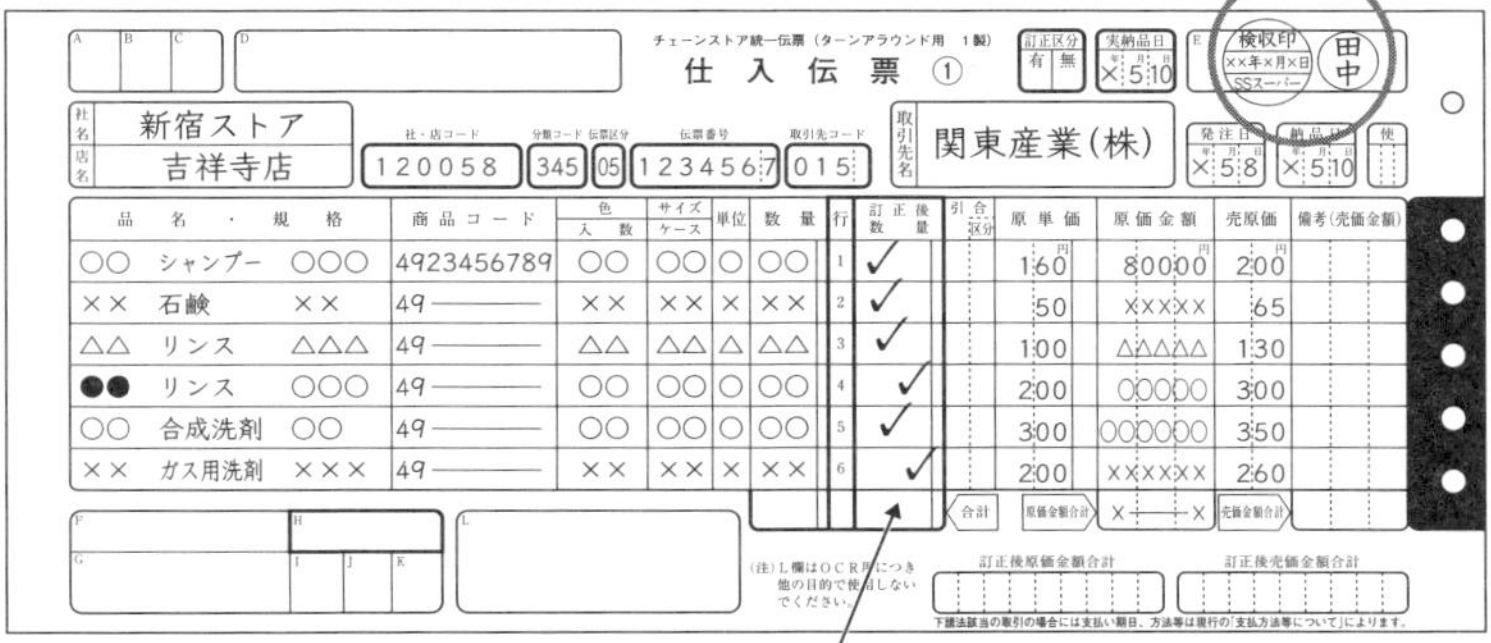

チェーンストア統一伝票（ターンアラウンド用 1製）

仕入伝票 ①

訂正区分：有 無　実納品日：× 5 10　E：検収印（××年×月×日 SSスーパー）田中

社名：新宿ストア　店名：吉祥寺店

社・店コード：120058　分類コード：345　伝票区分：05　伝票番号：1234567　取引先コード：015

取引先名：関東産業（株）　発注日：× 5 8　納品日：× 5 10　使

品名・規格	商品コード	色 入数	サイズ ケース	単位	数量	行	訂正後数量	引合区分	原単価	原価金額	売原価	備考（売価金額）
○○ シャンプー ○○○	4923456789	○○	○○	○	○○	1	✓		160	80000	200	
×× 石鹸 ××	49 ——	××	××	×	××	2	✓		50	×××××	65	
△△ リンス △△△	49 ——	△△	△△	△	△△	3	✓		100	△△△△△	130	
●● リンス ○○○	49 ——	○○	○○	○	○○	4	✓		200	○○○○○	300	
○○ 合成洗剤 ○○	49 ——	○○	○○	○	○○	5	✓		300	○○○○○○	350	
×× ガス用洗剤 ×××	49 ——	××	××	×	××	6	✓		200	××××××	260	
								合計	原価金額合計	X——X	売価金額合計	

（注）L欄はOCR用につき他の目的で使用しないでください。

訂正後原価金額合計　訂正後売価金額合計

下請法該当の取引の場合には支払い期日、方法等は現行の「支払方法等について」によります。

目視検品している

サインのみ

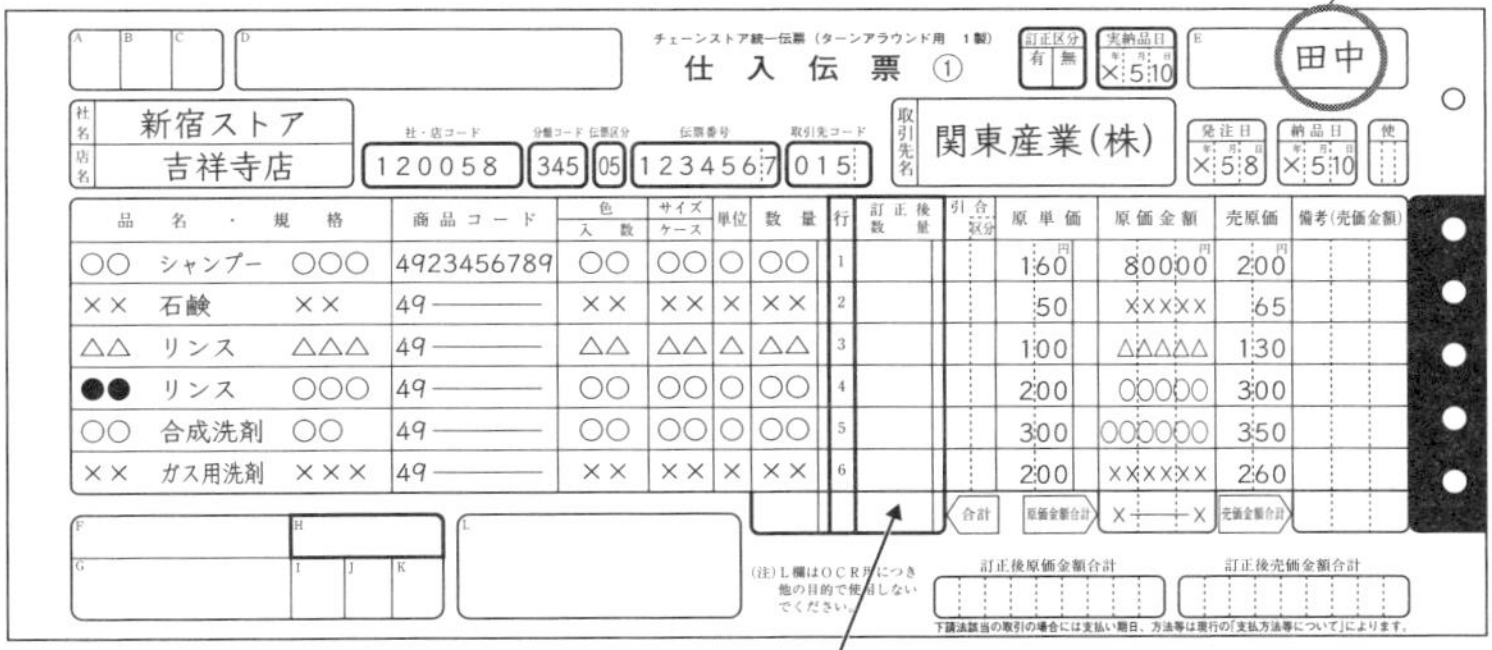

チェーンストア統一伝票（ターンアラウンド用 1製）

仕入伝票 ①

訂正区分：有 無　実納品日：× 5 10　E：田中

社名：新宿ストア　店名：吉祥寺店

社・店コード：120058　分類コード：345　伝票区分：05　伝票番号：1234567　取引先コード：015

取引先名：関東産業（株）　発注日：× 5 8　納品日：× 5 10　使

品名・規格	商品コード	色 入数	サイズ ケース	単位	数量	行	訂正後数量	引合区分	原単価	原価金額	売原価	備考（売価金額）
○○ シャンプー ○○○	4923456789	○○	○○	○	○○	1			160	80000	200	
×× 石鹸 ××	49 ——	××	××	×	××	2			50	×××××	65	
△△ リンス △△△	49 ——	△△	△△	△	△△	3			100	△△△△△	130	
●● リンス ○○○	49 ——	○○	○○	○	○○	4			200	○○○○○	300	
○○ 合成洗剤 ○○	49 ——	○○	○○	○	○○	5			300	○○○○○○	350	
×× ガス用洗剤 ×××	49 ——	××	××	×	××	6			200	××××××	260	
								合計	原価金額合計	X——X	売価金額合計	

（注）L欄はOCR用につき他の目的で使用しないでください。

訂正後原価金額合計　訂正後売価金額合計

下請法該当の取引の場合には支払い期日、方法等は現行の「支払方法等について」によります。

目視検品していないので検収ロスが起きる

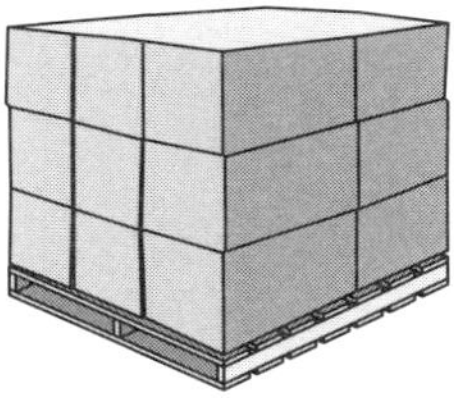

section 36

社内不正ロス対策

従業員の不正・商品着服対策

不正のチェックシステムと防止策の実際

❖従業員不正のタイプと対応

社内従業員の不正はそのままロスにつながります。不正は個人的な段階と複数の組織的段階に分かれますが、不正のタイプは、①商品の意図的廉価値付け、②量目の量り込み、③持ち出し、④価格貼り替え、⑤精算時の無登録・低登録・一括取り消し操作、⑥すり替え、⑦伝票操作、⑧在庫操作、など多岐にわたります。

個人的な段階はロス金額も比較的少額ですが、組織的になるとお客様・退職者も含めて大掛かりになることも珍しくありませんし、ロス金額も継続して大きくなります。対応の基本は社員のモラル教育ですが、性善説では解決できないのが現実です。

❖商品着服対策

社内での商品着服は入退店の前にすでに準備されているので、とくにレジでの対応と備蓄スペースのある冷蔵庫・倉庫・事務所・休憩室・個人ロッカーに注意し、対応を集中させます。ここは専門家の鑑識眼が冴える場です。第一に従業員の挙動で不正はわかります。ポイントは目線観察ですが、内部の社員ではわかりにくいところです。

店長等の管理責任者ができるのは、冷蔵庫や倉庫・事務所・休憩室等の状況観察ですが、これだけでも有効な対策になります。また同僚の忠告や指導も欠かせません、職場の「スキ」が不正に導くからです。日頃のコミュニケーションを大切にし、仕事へのやりがい作りを進め、楽しい職場となるよう全員で取り組むことが対策の基本です。

❖入退店管理対策の徹底

不正を防止・牽制するために多くの企業で入退店管理を実施しています。私物チェックをして不正行為を牽制するのですが、形式化して実効を伴わないことがほとんどです。そこで緊急抜き打ち検査を実施する等、対策をマンネリ化せずに行なうことが必要です。

対策としては、不正を許さないという徹底した方針が全従業員に伝わることが重要です。そのために厳しい罰則も必要ですし、継続した社内への伝達も大切になります。

不正対策は性善説では解決できない現実がある

- 不正は起きる前提でしっかりした予防策で対応することが大切
- 性悪説でしくみを作り、厳しくその場で対応することが再発防止の決め手

社内不正の実態

	不正実施区分	構成比	問題と対策
社員	①管理職社員（店長・主任以上の役職者） ②一般社員	20% 20% 小計40%	意外に多いキーマン • 外部専門機関の調査対応 管理のずさんな体制 • 綱紀の粛正・意識教育徹底
パート	③中高年パート ④若年パート	40% 10% 小計50%	管理のずさんな体制 • 身元保証書の提出と確認 • なれあい人脈のチェック指導 • マニュアルの徹底指導
アルバイト	⑤男子アルバイト ⑥女子アルバイト	7％ 3％ 小計10%	管理のずさんな体制 • 身元保証書の提出と確認 • なれあい人脈のチェック指導 • マニュアルの徹底指導

（出所：エスピーユニオン・ジャパン調査部　10社・年間累計調査）

section 37

社外不正・事故のロス対策

窃盗団・取引業者の横流し・事故対応策

検収所での管理と高価品の現物在庫チェック

❖窃盗団対策

社外不正で大きなロスになるのは窃盗団等の組織的犯罪です。綿密に計画されて現金や高額品を大量に盗まれるケースでは、店舗でどう防衛・管理するかはむずかしいところです。

売上金の現金輸送は毎日発生しますが、保険加入による補償の問題より、人命に関わる場合も多いので、この対策は急務であり十分に行なう必要があります。そうした犯罪対策の1つとして、窃盗団から店舗を防衛する専門の会社があります。わが国の犯罪組織への対応は世界の中でも進んでおり、先進各国（米・英・仏等）の報道機関でも紹介されているほどです。詳細は59項で紹介します。

❖取引業者の横流し対策

社外不正でロスの大きいものに商品の横流しがあります。

問屋から入荷する商品で、配送は問屋が直接行なわず、運送業者に委託するケースも多いのですが、その際、運送業者が返品を装って店舗から商品を持ち出すのです。検収担当が手薄か、多忙なときを狙って大量に運び出し、密売ルートを通じて横流しするのです。

対策は検収所でしっかりした商品管理を行なうことですが、販売が忙しくなると管理がおろそかになるのが常です。当然ながら納入問屋の責任で、悪質な運送業者は使わないようにすべきですが、このような場合は納入問屋を変えることです。

❖様々な事故への対策

商品ロスにつながる事故は様々なものがあります。夜間の盗難・火災・水害・台風等の災害から、停電による冷蔵庫の停止等です。多くの店舗では、警備保障会社の無人警報システムを活用していますが、事故の通報を受けた後、対応が不備ではロスを増大させてしまいます。対策はマニュアルを重視し、それに基づく早い対応が求められます。これからはスピードが重要になります。とくにリーダーの役割が大切ですから、管理者は日頃から、これらの危機管理に注意を払い、行動につながるよう訓練をしておく必要があります。

社外不正の実態

	不正実施区分	構成比	問題と対策
納入取引先	①管理職社員	4%	取引先の見直し ・外部専門機関の調査対応
	②担当社員	30%	管理のずさんな体制 ・なれあい人脈のチェック指導
	③配送係	9%	管理のずさんな体制 ・目視検査徹底対応
		小計43%	
委託配送先	④委託先社員	20%	管理のずさんな体制 ・なれあい人脈のチェック指導
	⑤委託先 パート社員	32%	管理のずさんな体制 ・目視検査徹底対応
		小計52%	
窃盗犯	⑥窃盗団	0.5%	日頃の管理徹底 ・外部専門機関の調査対応
	⑦単独窃盗犯	4.5%	日頃の管理徹底 ・外部専門機関の調査対応
		小計 5 %	

（出所：エスピーユニオン・ジャパン調査部　10社・年間累計調査）

section 38

単品把握対策

顧客の潜在ニーズをとらえる商品力強化策

販売実績からの単品対策と商品力強化策の実際

❖商品力強化が決め手

商品のロス問題を追及すると、必ず行きつくのは販売力・販売予測力の不足です。それだけむずかしいとも言えますが、解決に必要なのは単品別の管理と商品自体の魅力向上です。商品の魅力は販売力をつけますから、商品力が決め手になります。

例えば、長年単品管理を推進してきたイトーヨーカドーは、次第に商品力をつけ、メーカーを主導できるようになりました。この政策はコンビニのセブン-イレブンでも継続し、圧倒的な力を発揮しています。商品力の差は当然、収益力の差につながりますが、ここに見えないロス対策があるのです。

❖単品管理による「死に量」の発見

「死に量」とはデッドストックと同意ですが、資産が寝るわけですから、これが多いと資金効率が非常に悪くなります。

単品管理の成果は、この「死に量」の発見と「死に筋商品」のコントロールにあります。単品管理により不良在庫の改善につなげるのです。単品管理は、単品別に売れ数を把握し、ストックになる前に対応することでロスを防止します。

❖ABC分析の考え方

パレートの法則は、80・20の法則とも呼ばれますが、「活動に大きく影響を与える因子は全体の一部でしかない」というもので（例えば全体の20%の商品で売上げの80%を占める等）、重点管理の考え方を教えています。

単品管理も売れ筋商品をきめ細かく管理することで、多くの欠品・値引きを防止できるのです。限られた労力で効率的な業務を行なう基本になります。

❖定量・定性分析のミックス策

商品力の強化策は、もちろん単純ではありません。コンピュータ等から出力されるデータは定量データですが、商品の販売力はそれだけでは把握できません。定性データである競争環境とか地域の催し、あるいは顧客の思い等、複雑な関連で販売に至ります。したがってこれらをミックスした適切な判断につなげることが必要です。

単品分析に必要な情報

問題発見情報	POSの結果情報		主観情報
売上規定要因データ	自店の経過データ	他社の比較データ	顧客相対データ
コーザル・データ (Causal Data)	わかりやすく コントロール・データ	客観化できるデータ	事実深耕データ
行動との一体化	時系列化	客観化	顧客満足度
●陳列場所、形式 ●欠品時間 ●商品日付、品質 ●POP ●特売、価格 ●天候、気温 ●競合店 ●地域の行事	●傾向グラフ ●集計、まとめ ●グループ関連 ●他部門比較	●メーカー、取引先データ ●競合店比較 ●データ解析専門家 ●併売データ	●クレームのポイント ●満足の度合 ●意見の本質 ●意識状況 ●ロイヤルティ

ABC分析事例

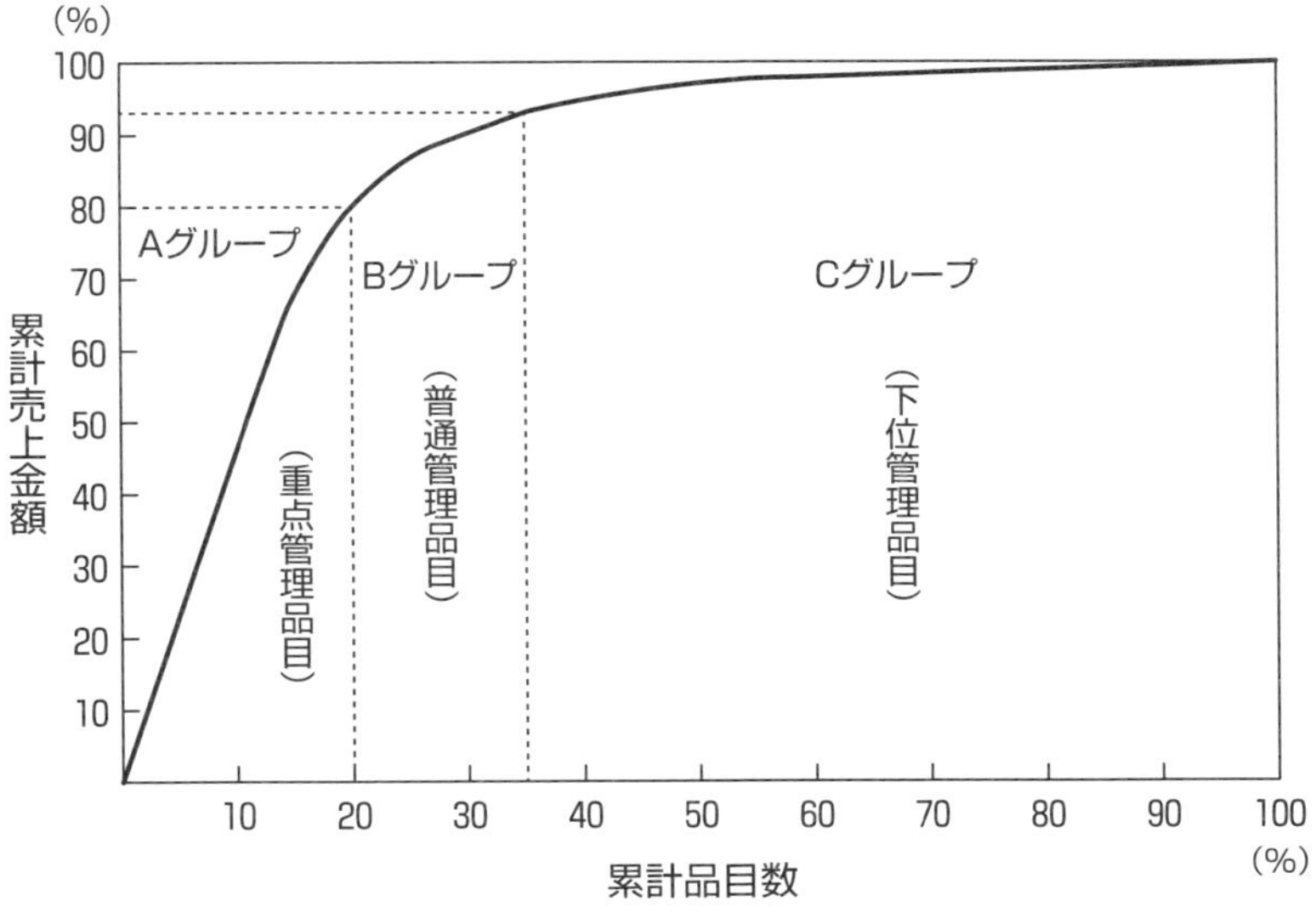

section 39

商品開発対策

製造小売り・ＰＢ商品開発によるロス対策

商品の生産から販売までの一元管理によるロス最小化策

❖製造小売り（ＳＰＡ）とマーチャンダイジング力の強化策

「製造小売り」（ＳＰＡ）はいつの時代でも魅力ある一元管理の方式です。これは誰がチャネルキャプテンになるかが課題ですが、近年はようやく顧客に最も近い小売業者が主導権を持つようになりました。顧客の要望をいちばん把握できるためです。

一元管理は、生産管理・品質管理・配送管理・在庫管理・販売管理等を全体最適にまとめることができるため、ムダ・ムラ・ムリが少なく、ロスが少ないのです。これを成功させるにはマーチャンダイジング力（商品化計画力）が求められますが、この成功は小売業者が力を蓄えた証左になります。

❖ＰＢ商品開発力と販売予測策

ＰＢ（プライベートブランド）商品の開発は、相当マーチャンダイジング力が備わらないと失敗するものですが、近年の大手小売業はＰＢ商品で高収益を上げられるようになりました。それは商品開発力がついたということで、当然に販売予測力もついたことになります。これがロスの削減に大きな成果をもたらすのです。

ではどのようにして商品開発力をつけたかと言うと、ハードウェア・ソフトウェア・ヒューマンウェアの三位一体で取り組んだ成果です。①コンピュータを用い、②有効なデータを解析し、③顧客の潜在ニーズを探り出して商品化につなげたのです。

❖サプライチェーンとデマンドチェーン対応

「サプライチェーン」（供給連鎖）は効率追求をベースに組み立てられているので成果がわかりやすく、多くの企業で定着しています。しかし、必ずしも顧客志向ではないため、顧客満足にはほど遠いのが実態です。

これからの時代は生産性だけでは競争できません。大切な顧客の要望を反映するためには、「デマンドチェーン」（顧客の要求に応じた連鎖）が必要です。この需要視点での構造変革が、結果として多くのロスを排除することになるのです。

日本の食品スーパーマーケット上位3社の経営数値とPB商品政策

（2013年度決算数値　単位：億円）

	1位　R社	2位　Y社	3位　M社
年間販売額	5349	3340	3260
前年比	102.9	104.5	103.3
経常利益額	77.0	120.0	30.3
前年比	105.5	108.0	180.8
◎既存店舗販売額			
前年比	101.5	101.2	101.7
◎PB商品政策	ニチリウ共同開発	セブン＆アイブランド	イオン・ブランド
		生鮮食品強化	生鮮食品強化
ブランド名	くらしモアスターセレクト	セブンプレミアム	トップバリュ
			単独、フーデックス
アイテム数2012年度	食品　1450	食品　1000	食品計　3400
グループ全体販売額	690	5200	8000
2012年度伸び率	120	135	152
次年度開発方針	拡大方針明確化	1300へ拡大	拡大方針明確化

（出所：『2014年日本の小売業』日経MJ　『業界新地図2015年版』（三笠書房））

商品ロスを防ぐ商品力とは

■商品力がロスを防ぐとは

商品力とは、お客様が求めている商品を確実に品揃えできていることですが、ここに企業力が現れます。売れる商品は廃棄が起きませんし、値引きの必要もありません。その結果、ロスが削減されるのです。

■東急ハンズに見る商品力

東急ハンズの商品力は、品揃えの点で群を抜いています。都市型ホームセンターとして大型店展開し、「ないものはない」ほど充実した品揃えは、マニアックなお客様にも対応しており、２０１１年からは地方中核都市のキーテナントになるほど人気を高めています。

東急ハンズの成功の秘訣は品揃えですが、しかし、「あそこに行けばきっとある」といった商品への信頼感は、なかった場合の対応が大切なのです。

■ウォルマートの商品力

ウォルマートの商品力は、巨大な販売力と、世界中をネットで結んだ物流力で廉価に仕入れられることです。ＥＤＬＰ（毎日が低価格）政策は、売上げの2%ほども占める販促経費を大幅に削減でき、管理コストも低いため価格競争力は格段に優れています。

また価格だけでなく、例えば有機栽培の独自商品をＮＢ商品より25%近く安く開発するなど、商品開発力でも支持を得ています。わが国では系列の西友が、グレープフルーツ・バナナ・パイン等の青果物を大幅安売りしていますが、牛肉でも従来の仕入価格の3割削減に成功していることも商品力の成果です。

■楽天に見る商品力

ネット通販で成功した楽天は、無店舗のため間接ですが、最大の品揃え力を持ち、９０００万人の楽天会員と５０００億円もの売上げを持つに至りました。とくに若年層の10代はネットクチコミを大切にすることから、Ｏ２Ｏ（Online to Offline）サービスで75%の支持を得る等、将来にも期待が持てます。

■商品力の高め方

お客様の求めている商品は、お客様の必要としている商品（ニーズに合う商品）ばかりではありません。思いもよらぬ驚きの商品やこんなものがほしかったといった（ウォンツ）商品等、様々です。

ですから「商品力を高める」とは、お客の反応をキャッチできる場と、いつでもキャッチできる人材が必要です。店舗の現場の強さとはこれができることです。これからは、ますますネットと店舗の融合化（オムニチャネル）の重要性が増してきます。

第4章

商品の見せかけロス対策はこれだ

section 40

見せかけロスの成り立ち

在庫と伝票で変わるロス金額

見せかけ上のロスはすべて人為的に作られたミス

❖見せかけロスは在庫と伝票処理から作られる

「見せかけロス」は、実際のロスと対比させると、まさに見せかけ上のロスです。しかしロスの金額は、実際ロスと合算されて算出されるため、管理上は厄介なロスになります。

見せかけロスは、在庫把握のミスと伝票処理のミスから発生します。ともに人為的に作られたミスですから、対策は処理の正確さであり、正確な処理ができる人の管理となります。

❖正確な在庫把握策

在庫の把握ミスは、直接ロスにつながります。正確に在庫を把握するための対策は、①余分な在庫を持たないこと、②商品を整理整頓しておくこと、③多頻度に実地棚卸を実施すること、④棚卸の事前準備を十分しておくこと、⑤棚卸に時間と人員の余裕を持つこと、⑥ダブルチェックを行なうこと、⑦集計処理を正確に行なうこと、⑧棚卸マニュアルに基づき従業員教育を徹底すること、などです。

管理責任者は棚卸の重要性を従業員全員に指導することが基本ですが、近年の従業員はほとんどがパートタイマーやアルバイトですから、なかなかルールの徹底ができません。

商品ロス金額は、「実際在庫売価」と「帳簿上の在庫売価」の差額ですから、棚卸をやらないとロス額は把握できません。そこで棚卸の実施頻度が重要なのです。頻度を多くする利点は、注意がロスに向くこと、問題の発見が楽になること、そしてロスが減ることです。

商品群別の棚卸頻度については、ロスの多い生鮮食品は商品回転が速く、在庫が少ないため、毎日あるいは毎週実施します。一般食品・日用雑貨品・衣料品等は毎月、季節商品等はその期間単位で棚卸を行ないます。

❖正確な伝票処理策

伝票は商品納入と一体となり、正確に実態を確認するために必要ですが、近年は情報処理も進化し、伝票レスが普及しています。これは前述したターンアラウンド伝票と自社配送等で可能になりました（詳細は43項以降）。

見せかけロスを防ぐ検収体制の整備

1　返品処理対応

①**返品禁止方針** → 返品が発生しないため、検収の必要なし商品力強化となる

⬇

②**不良品の返品のみ認める** → 不良品のみのため、起票が少ない

⬇

③**返品処理マニュアル化に基づくダブルチェック実施** → 二重チェックでミスを最小にする

2　売価変更処理対応

①**売価変更伝票の自動化実施** → リアルタイム処理で正確になる

⬇

②**その場で完了する売価変更処理** → 起票落ちをなくす

⬇

③**当日完了する当日売価変更処理** → 起票落ちを最小にする

実地棚卸の実施頻度とロス金額

実地棚卸の実施でロスに目を向ける

1　毎日ロス管理できる方法

売価管理をしっかりし、実際在庫を把握できれば、毎日でもロスの把握が可能

在庫の少ない → 回転率の高い生鮮食品は毎日ロス管理ができるし、ロス管理の必要性も高いので有効

2　正確にロス管理できる方法

実地棚卸を正確に行なえるか否かがポイントのため、アウトソーシングして専門業者に依頼するのも有効

社員の業務平準化と負担減少に効果的

section 41

見せかけロス対策①

在庫管理の正確性向上策

在庫は店内・店倉庫・外部倉庫等にもある

❖店内在庫の盲点

　同一商品が店内の複数個所に陳列されることがあります。関連商品の演出上必要なことですが、これが在庫把握の際に落ちてしまうことがあります。また陳列できないため、商品を棚の奥や上に置く場合もあります。これも棚卸の際に忘れやすいのです。

　また陳列在庫量の適切さを決めるために、プライスカード（シェルフラベル）を商品フェイスの左端に設置しますが、これが不正確な場合、欠品しても気がつきません。とくに売れ筋商品が欠品してしまうのです。

　店内の在庫で問題が多いのは、ゴンドラ・エンドの特売商品等の在庫です。エンド商品はしばしば商品が入れ替わるため管理もむずかしく、在庫把握や仕入価格も違いますから、在庫管理上の盲点になります。

❖倉庫在庫の盲点

　倉庫を見れば管理体制がわかると言われるように、倉庫の管理は重要です。まず在庫量に注目します。前述した「死に量」が多いのは致命的です。これは売れる商品が何かわからないことを表わしているからです。

　次に商品の整理状況ですが、在庫が多いと整理もしにくくロスも多くなります。倉庫内在庫は発注頻度にも関連しますが、できるだけ今行なっている特売品程度で、他は在庫を持たないようにすべきです。これで倉庫は整然とします。

　最後は搬入・搬出体制です。商品の置く位置・関連商品との関係・陳列との関係など、商品に関することと搬出入器具の整備状況です。人件費が最大の経費ですから、省力機器を整備し、使いこなすことが大事です。

❖外部倉庫の盲点

　自社商品でありながら、外部の倉庫に在庫する場合があります。ときに外部に点在した在庫であったり、一時預かりであったりと様々なケースがあるでしょうが、管理に目が届きにくいためロスが発生しがちです。

　棚卸の際も日付け管理を忘れず、正確に把握することが大切です。

在庫管理表

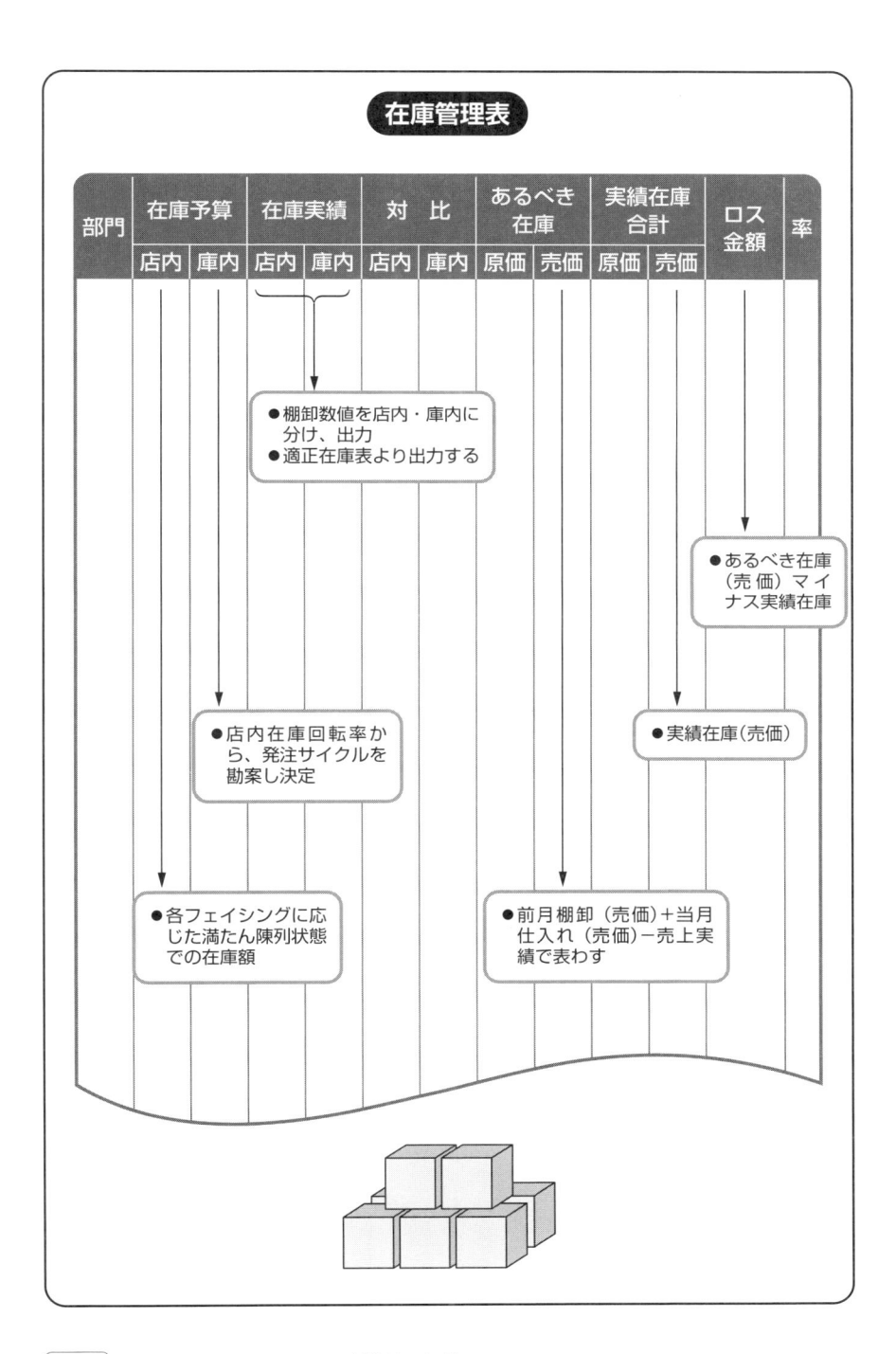

部門	在庫予算		在庫実績		対比		あるべき在庫		実績在庫合計		ロス金額	率
	店内	庫内	店内	庫内	店内	庫内	原価	売価	原価	売価		
	●各フェイシングに応じた満たん陳列状態での在庫額	●店内在庫回転率から、発注サイクルを勘案し決定	●棚卸数値を店内・庫内に分け、出力 ●適正在庫表より出力する					●前月棚卸（売価）+当月仕入れ（売価）−売上実績で表わす		●実績在庫(売価)	●あるべき在庫（売価）マイナス実績在庫	

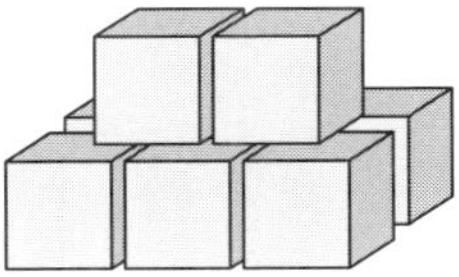

検収管理の正確性向上策

検収業務は意外にロス発生の温床となっている

❖責任区分の明確化

商品の検収業務は自社資産受け入れの最初の関門ですから、厳密な内容チェックを行ない、間違いを見逃さない必要があります。しかし多くの場合、ずさんな管理体制でロスの発生原因となっています。とくに取引先欠品等の対応は甘く、大きな問題です。

その第一の原因は、責任区分が不明確なことです。誰が入荷商品を検収したのかは納品伝票の押印でわかるようになっていても、真実かどうかはわかりません。とくに担当者が多数で対応した場合は責任も不明確になります。

検収の基本は、「商品はお金である」ことを全員でしっかり認識することから始め、責任体制を明確にすることです。具体的には検収場所を明記し、検収責任者を決め、マニュアル通り正確に実施することです。

❖入退店管理の形骸化対策

従業員や取引先の人が入退店できる場所が決められており、それ以外での出入りを禁じている店舗は多くあります。管理を厳格に行なっている企業の普通の姿ですが、中小の店舗ではそうもいかないのが実態です。対策としては、記録帳を作成し、入店バッジ等を付けますが、それだけでは不十分です。大切なことは退店時の対策や行動チェックです。例えばバッジは入店した場所で返却しますが、そのとき、しっかり車両や行動をチェックしたり、不審の場合には声掛けをするなどです。

❖返品持ち出しの管理明確化策

取引先が多い場合、多くの取引先が倉庫の内部や店内に出入りします。補充や陳列の補助のために必要なことですが、管理がずさんだと商品持ち出しのロスになることがあります。

取引先は不良品の返品等も行なうため、商品の持ち出しはしばしばあります。その際、他の商品も持ち出すケースが頻発しているのです。取引のある会社だけでなく、詐欺グループの犯罪も多いため、管理をしっかり行なうことが必要です。例えば、入店台帳への記載や担当者サイン等も明確にし、未然に防止する策を講じることです。

検収ロス比較表

A社　検収徹底企業

月間納品伝票の不照合率（納品伝票と実数）

納品伝票1700枚中 14件　　不照合率 0.8%

B社　検収不備企業

月間納品伝票の不照合率

納品伝票1600枚中 103件　　不照合率 6.4%

上記の例は、検収を徹底することによって、大きく不照合率が改善したことを実証している

（出所：エスピーユニオン・ジャパン調査部調査）

商品の動きを押さえる入口と出口管理

●商品ロスを減らすためには、必ず入口の管理と出口の管理を行なう必要がある

○出口管理は、チェックアウト管理と商品返品、振替管理で正確性の向上

○入口管理は、検収管理で正確性の向上

○検収をすべて無人化することはできないから、**商品管理**と**人の管理**を欠かすことはできない

⬇

1：徹底した商品数（量）管理と商品品質（質）管理を行なう

2：徹底した入退店（量・質）管理を行なう

section 43

見せかけロス対策③

実地棚卸の正確性向上策

実地棚卸が正確な会社は少なく、ここでロスは生まれる

❖事前準備の重要性

実地棚卸は面倒であると同時に時間もかかる業務です。ですから安易に取り組むと失敗します。

大切なことは実施担当者全員が目的意識をしっかり持ち、事前準備をして取り組むことです。40項の留意点に加え、ここでは棚割りと棚卸表の連動による合理的な実施策を解説します。

まず商品の棚割りを明確に行ない、棚に値札を確実に付けます。次は実際行なう棚割りに合わせて棚卸表を作り、準備をします。この準備ができていると速く正確な実地棚卸ができるのです。

❖棚卸表のコンピュータ出力

棚卸表の作成は人が行なうと多くの手間がかかり、同時に不正確にもなります。そこで棚卸表をコンピュータで作るのです。作成は簡単で、棚割りに基づいて値札のバーコードを読み取り（スキャン）ます。これをプリントして棚卸表ができあがります。

この方式の利点は、棚割りさえ正確にできていれば速やかに正確な棚卸表ができることと、あるべき在庫数や売価が自動的に印刷されることです。

これによりあるべき在庫と比較し、実際在庫をチェックできますし、販売売価と実際売価を瞬時にチェックでき、未然にロスを防ぐことができるのです。最大の効果は棚卸集計が瞬時にでき、同時にロス金額も算出できることです。

庫内の在庫集計は店内と連動させ、店内と同じ棚割りにすると効率的ですが、在庫の持ち方や量が異なるので、やりやすい方法でいいのですが、庫内在庫も棚割り管理をすると能率的です。

❖外部専門業者の活用策

実地棚卸は大切ですが、面倒なことは先に述べた通りです。そこで近年は、実地棚卸を外注する企業が増えています。

棚卸の外注は仕事の平準化のためにも有効ですが、何より専門集団に依頼するので、正確で速く処理できます。事例は本章のコラムでも紹介していますが、専門会社は情報機器を有効に活用して、的確な処理をしています。

EOSと連動した実地棚卸の流れ（ターンアラウンド化）

棚卸表の自動作成

①実地棚卸５日前までに各店舗、ゴンドラ（陳列棚）別のシェルフラベル（棚札）のバーコードをペンスキャナーで読み取り（発注処理と同一方法）伝送する。

②伝送された内容は、最も実地棚卸日に近い各店別品揃えの実態を表わしているため、ゴンドラ別にそのまま棚卸表を出力し、２日前までに各店に届くようにする。

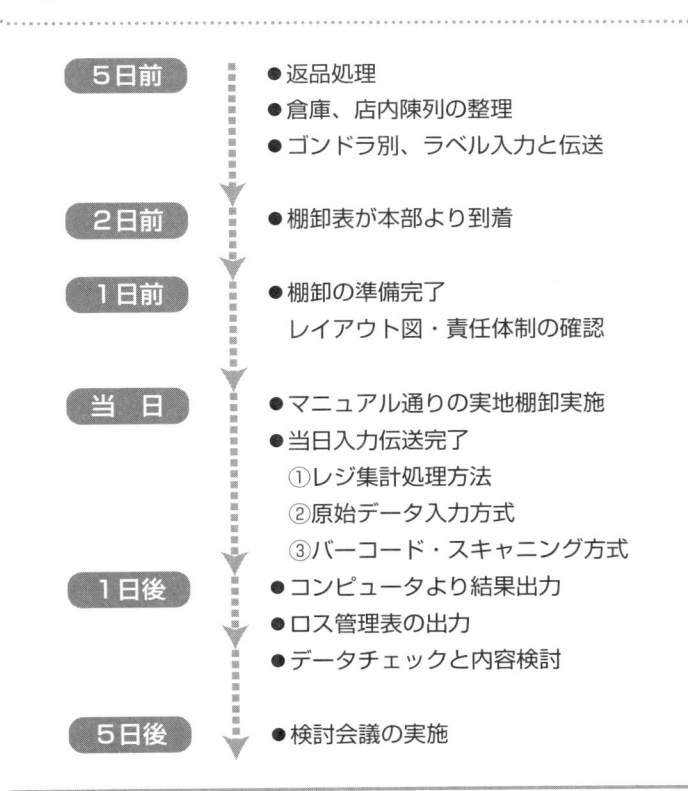

５日前
- 返品処理
- 倉庫、店内陳列の整理
- ゴンドラ別、ラベル入力と伝送

２日前
- 棚卸表が本部より到着

１日前
- 棚卸の準備完了
  レイアウト図・責任体制の確認

当　日
- マニュアル通りの実地棚卸実施
- 当日入力伝送完了
  ①レジ集計処理方法
  ②原始データ入力方式
  ③バーコード・スキャニング方式

１日後
- コンピュータより結果出力
- ロス管理表の出力
- データチェックと内容検討

５日後
- 検討会議の実施

実地棚卸を正確に行なうことは、正しい業績を把握することであり、ロスを確定することでもある。

section 44

見せかけロス対策④

納品伝票処理の正確性向上策

値入れの正しい記入と自動化策、ＥＯＳの徹底による正しい運用

❖売価記入の徹底策

伝票処理のミスによるロスの発生は発見もむずかしいものですが、発注をＥＯＳ（電子発注システム）で運用することで大きく改善が図れます。

ＥＯＳでの発注は、数量・仕入価格・販売価格が確定していますから、入荷数量が正しければ仕入金額が確定できますし、伝票と商品の齟齬も起きません。

大切なことはロスの原因となる売価の記載が最初から正確にできていることで、これで納品伝票の正確性がかなり維持できるのです。ただ発注数と納品数が異なる場合は、誤差を修正する必要があります。ＥＯＳ伝票はこれらの誤差を一覧表にして表示することも可能なため、欠品把握も簡単です。

❖ターンアラウンド伝票の徹底策

この方式はＥＯＳ発注から自動的に納品伝票を作成するケースですが、この伝票を「ターンアラウンド伝票」と呼びます。この方式は発注してから最終の支払い完了まで、最初の入力が生きるので、中間での人の介入がないだけ正確性が保たれます。このシステムの徹底活用によりロスの削減が可能ですが、システムを徹底するには、すべての発注をＥＯＳで行なうことです。

課題は商品の緊急的な追加補充の場合ですが、これも取引先との取り決めができれば、リアルタイムでの処理なので従来方式より正確に対応できます。近年はデータ交換に「流通ＢＭＳ（流通ビジネス・メッセージ標準）」を活用する企業が増えてきましたが、これはインターネットを活用するため、スピード対応に優れたシステムです。

❖リアルタイムの買掛集計策

一般に納品伝票の集計処理には時間と費用がかかるものですが、ＥＯＳを用いると、納品が終わった段階でリアルタイムに当日値入れや累計値入れが、単品別あるいは分類別に算出できます。経理上の買掛管理は流通業にとっては大切な業務ですが、この分野の正確性向上と省力化は効果的で、資金繰りの早期対応も図れますし、早期のロス発見にも活かせます。

オンライン受発注とターンアラウンド化概念図

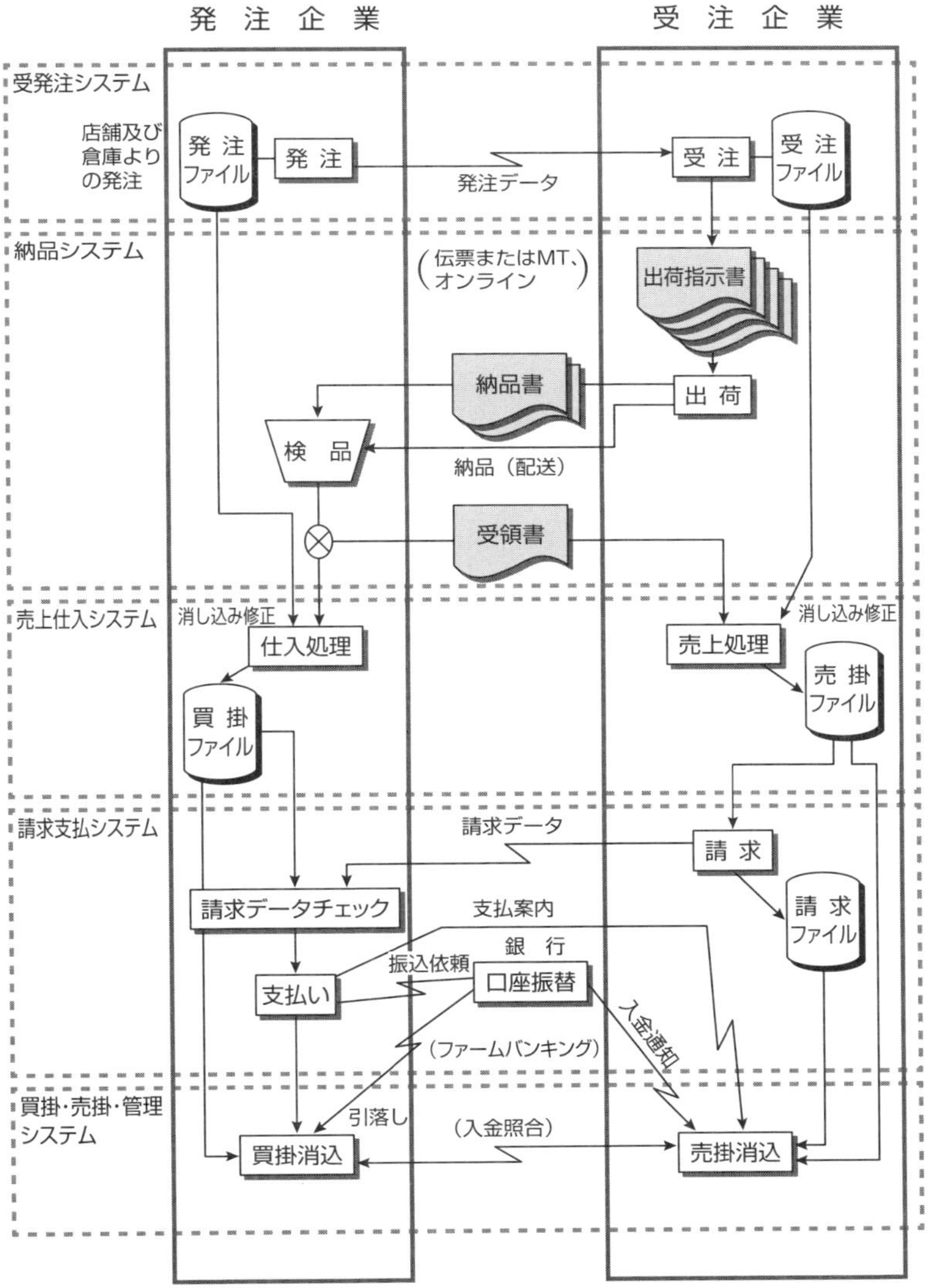

（出所：㈶流通システム開発センター　卸売業情報ネットワーク化研究報告書）

section 45

見せかけロス対策⑤

売価変更（値引き・値上げ）伝票処理の正確性向上策

値引処理はタイミングの勝負。そこでロスも多発する

❖伝票処理の自動化推進策

売価を変更した場合、必ず売価変更伝票を起こし、その内容を明確にしなければなりません。もし値引きしてそのまま放置すると、売上げたはずの金額（あるべき売上額）と実際の売上額に差が発生します。これがロス金額です。

しかし値引きするときの多くは繁忙期であり、伝票処理は後回しになりがちです。そこで発生するのが伝票作成の落ちによるロスです。それを解消する重要な対策が自動化です。

自動化による処理方法は、値引きした商品と数を、値引処理に合わせて伝票処理まで同時に終えるのです。

ポイントは、別々の業務ではなく、値引処理と連動して伝票処理まで自動的に済ませられることです。これは商品の台帳管理（マスター管理）ができていれば、端末機を用いて対応できます。

❖リアルタイム集計によるロスの予防法

この方法で処理すると、リアルタイムで売価変更の金額集計と値入率・額がわかります。この実施により値入れコントロールができると同時に、正確な値引処理ができるので、ロスは発生しません。

❖見込み値引きがロスの元

売価変更でロス・逆ロスがなぜ発生するのかと言うと、変更した売価と伝票の売価が違うからですが、現場ではここがうまく対応できないのです。

売価変更は、「全品１日５％引き・指定品目の時間サービス20％引き・続いて半額」等々めまぐるしく変化するからです。これを手作業で対応するのはむずかしく、先に述べた自動処理の工夫が必要なのです。

自動化ができない場合、見込みで処理することが多くなります。そこで見込みが違うとロスになるのです。

実績処理の場合、商品に貼付した値引きシールの数で売価変更伝票を起こしますが、見切り等で価格がしばしば変わることも多く、この正確性確保が課題になります。

端末機による売価変更処理法

ハンディ端末機を用いることで、「時間限定サービス」「天候異変等による見切りサービス」等々、変化に対応した売価の変更を、簡単・正確に行なうことができる。

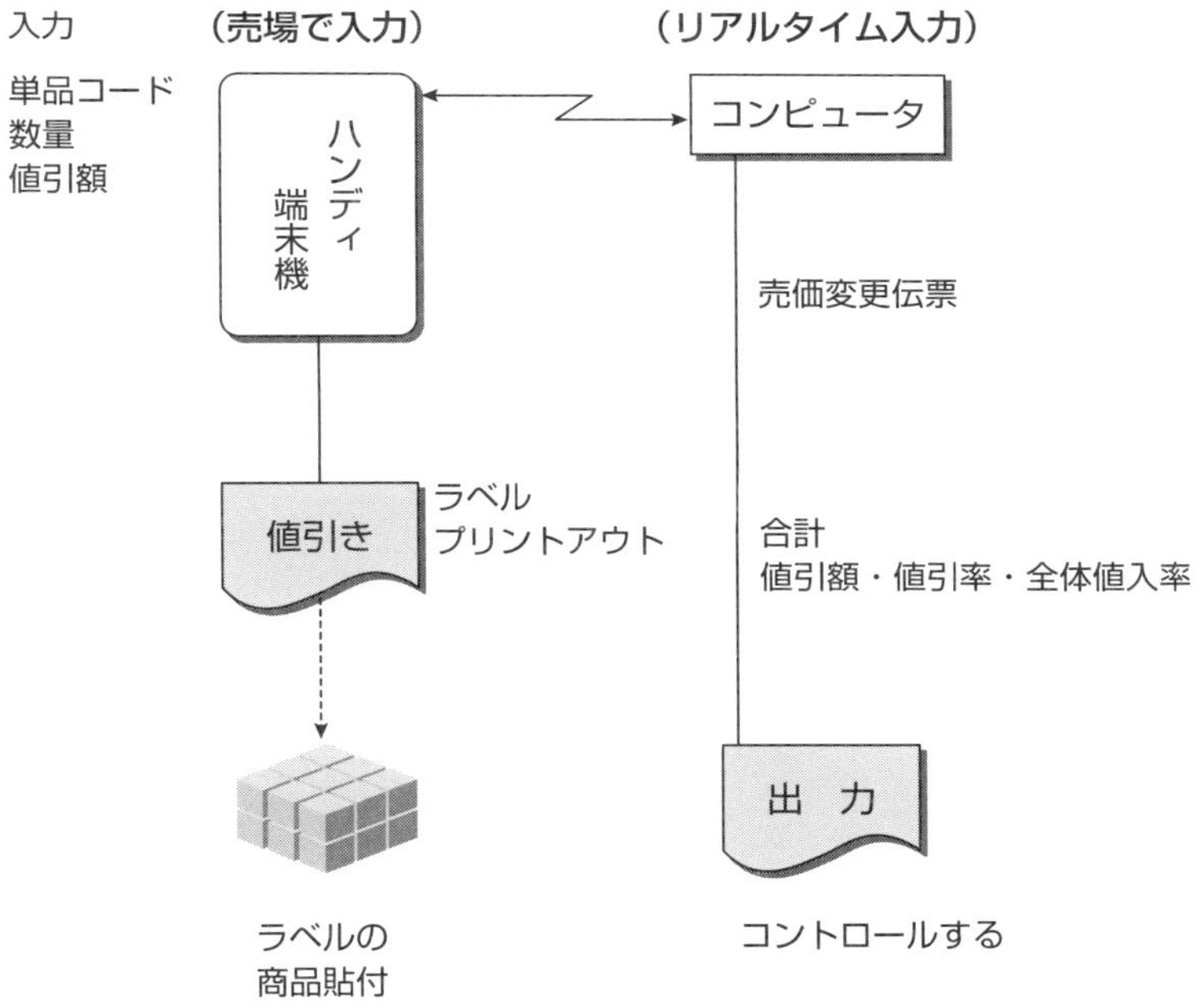

返品伝票処理の正確性向上策

商品と伝票の一致が大原則

❖返品をしない社風の醸成

返品は企業姿勢の現れるところです。まず第一に返品をしない方針を貫くことが大事でしょう。返品ができないとなると発注の気構えから変わります。商品の売行きを正確に把握する訓練になりますし、真剣に顧客のニーズ把握にも取り組むようになるからです。

もし返品がなければ、その伝票処理もありませんし、ロスも発生しません。

企業の大切な競争力の1つである商品力を安易に手放すべきではありません。しかし返品は相互の取引契約ですし、業界のルールもまちまちですから、一概に返品はだめとは言えません。今でも慣行化しているデパートの消化仕入方式などは、売れた商品のみの仕入計上ですから返品もありません。小売りに販売力があると返品可となり、販売力が弱いと不可になるのも実態です。

❖返品処理の見直し

やむを得ず商品の返品が発生する場合もあります。それは、「入荷が発注より多すぎた場合」「入荷時点で不良品が発覚した場合」「後で不良品と判明した場合」「他店・他企業の誤納がある場合」などです。当然ながら返品しますが、ここでは返品伝票の処理が発生します。また取引先との契約にもよりますが、売れ残り在庫を返品するとか、破損・汚損等も返品対象にしている企業もあります。この場合、金額も大きいため正確な処理ができないと大きなロスになります。

❖商品・伝票一致の原則再チェック

商品と伝票の一致は大原則ですから、これをチェックするとロスの原因もわかります。近年のように伝票レス化になると従来からの伝票はありませんが、取引先との間では必ず納品を証明する記録があります。

事務処理の合理化でこれらを相互の伝送処理でデータ交換していますが、チェックすべき点は伝票と同じです。

ただ注意する点は、返品商品の現物が出入りするのは一度だけなので、そのときの正確な検収とダブルチェックが必要だということです。

返品制度と商品力の関係

返品の可否		対応		結果	
		業態	政策	商品力	人材力
1	返品なし企業	GMS（総合スーパー） 一部専門店	PB、 自社	高い	人が育つ
2	返品あり企業	専門店 一般店	問屋依存	中	中位
3	消化仕入企業 （売れた商品だけ仕入れたこととする）	百貨店	問屋依存	低い	人が育たない

1の返品なし企業例

PB（プライベートブランド）商品は基本的に返品はできない。しかし近年、非常に普及しているのは、お客様の支持があるため。このことは、支持を得られる商品を開発できたことで、商品力がつき、開発できる人材も育った証拠。

3の消化仕入企業例

伝統的な百貨店の消化仕入方式は、問屋依存方式のため、場所貸し業となり、人材が育たず、競争力で大きな差がついてしまった。自らの商品力が大切な証拠である。

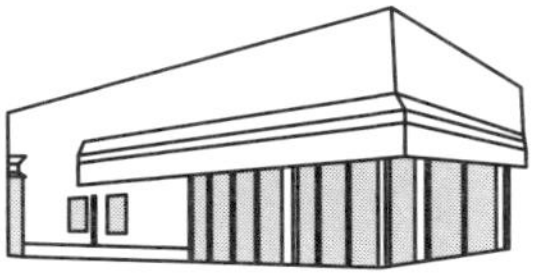

section 47

見せかけロス対策⑦

振替・転送伝票処理の正確性向上策

振替は金額が大きいので大きなロスが発生しやすい

❖振替・転送伝票とロス

商品在庫のバランス調整のために振替処理や転送は日常的に行なわれています。振替先のない単独店ではできませんが、複数店を経営している場合は便利な在庫調整の方法です。振替や転送も伝票処理が欠かせない手続きですが、不正確だと双方（振替元・振替先）にロス・逆ロスが発生します。

振替を受ける必要性とは、売る商品の在庫がなく、仕入先より早い納入が可能なことや仕入価格が安いため、多少の備蓄をしたい等です。

逆に振替で商品を出荷する必要性とは、過剰在庫の削減や本部等での有利な一括仕入れの転送、あるいは全体効率の追求です。

処理の方法は、出荷元で伝票を起票し、他の伝票処理と同様、出荷先で検収しますが、内部処理のため処理に甘さが出るとロスにつながります。

自社の配送センターに備蓄された商品の振替は、無人体制で処理される場合も多くなりました。無人での振替は入出庫管理を厳密にすることで十分可能ですし、ロスも軽減されます。この方式はコンビニの配送が一例ですが、配送車両の削減や積載効率の向上、そして24時間フル活動やロスの減少等の利点があります。

❖起票者と検収者の利害不一致

商品振替は必ずしも振替元と振替先で利害が一致しているとは限りません。一般的にはどちらかが有利で、片方は協力する関係なので、行き違いも多いのです。とくに数量の違いや納品時間が多いのですが、中には品質の問題もあります。大切なのは起票者と検収者相互のコミュニケーションで、一方通行にならないよう気をつけることです。

❖振替元・先の数量不一致チェック

振替や転送は、必ず配送を伴いますから、配送過程でのロスを考えなければなりません。配送は自社でも外注でも必ず検収は必要です。商品の抜き取り・転売等ができないように、荷台の施錠は普及してきましたが、まだまだ体制は不十分です。入荷したら必ず内容チェックをすべきです。

振替・転送処理とロス

起票ミスによるロス・逆ロスが多発する	
①	**商品の振替**や**社内転送**は商品在庫のコントロール上有効な手段だが、見せかけロスも多く発生する。振替は出荷元で起票し、商品につけるのが原則だが、検収時、同一企業内のために管理が甘くなるケースが多い。
②	**企業外転送**は担当者が処理することが多いため、不正につながることも多いことから、必ず複数の人間の検収チェックが必要になる。

1　振替処理不備の企業例

特売商品の振替依頼が他店からきて、担当者は自店の在庫から必要振替数量を他店に転送した。自店でも特売のため、問屋便で配送を依頼したが、数量の正確なチェックが双方ともできず、伝票内容も不備のままの処理となり、大きなロスを出すこととなった。

2　企業外転送不備の企業例

商品の検収・出荷は担当者にまかされているため、担当者は自由に企業外へ商品の持ち出しを行ない、起票も不正確であるため、大きなロスを出すこととなった。

section 48

見せかけロス管理法

見せかけロスをなくす体制をつくる

見せかけロス対策は、勝手に調整できないしくみ作りから

❖ロス管理は全体バランス管理で

ロスを管理するのはやっかいです。それはロスだけをとらえては解決できないからです。しかし、例えば上司が、「来月はロスをなくせ！」と指示すると、すぐになくせるのです。なぜできるかと言うと、見せかけロスでコントロールするからです。

すなわち、伝票と在庫で調整するのです。ですから、①見せかけをしない、②させない、③できないしくみ、が大切です。そこで大事なのが、仕入れから販売までの全体の管理のバランスを取ることです。ロスだけを厳しく管理するのではなく、全体を網の目を絞るようにバランスを取って密度を高くしていくのです。ですから逆に言えば、ロス管理のできていない企業は経営管理の体制が甘いと言えるのです。

❖責任追及より管理実態の指導

管理法としてはロスの責任追及の前に、そうなった原因を、①考えさせ、②気づかせ、③させてみる、ことです。成果を自分で気づくと継続できますし、応用もできるようになります。「管理をする・される」の関係では問題が見えなくなるばかりです。

例えば数値化すると客観的でわかりやすいことから、当事者自らが必要性を感じれば、新たな改善・工夫も出してくるものです。管理者は全体を見て、実態を正しく知り、担当者の動機づけに力を入れることが早道です。

❖自動化で見せかけロスをなくす

見せかけロスの発生は人為的な伝票処理と棚卸で決まりますから、抜本的な対策は人の介在をなくした自動化です。これにはＩＣＴ（情報通信技術）を活用し、伝票レス・検収レス、棚卸の省力化を進めることで大幅に縮小できます。

自動化を成功させる秘訣は導入ステップが重要で、まず決め事を守れる社内風土の醸成が必要です。ルールが守れる企業なら成功します。伝票レス・検収レス方式は、的確な発注精度があることと納品時の欠品がない取引業者が必要です。実地棚卸は自動化が不可能ですから43項を参照してください。

ロスのコントロール・ステップ

正確なロス把握の3ステップ	
ステップ(1) ↓	ロス（正ロス）と逆ロスでコントロールすると本当のロスが消える。 そのため逆ロスを出さないように徹底する。 （値入れの正確性） 対応策は逆ロスペナルティを課すこと。
(2) ↓	ロスを正確に算出するために、見せかけロスの防止を徹底する。 対応策は、正しい伝票処理を行なうため、各伝票落ちをなくし、検収を確実にすること。
(3)	ロス算出に必要な条件は実地棚卸だから、実地棚卸を正確に行なってロスを知り、原因追及・対策へと進む。

対応策の解説

1　正確な値入法

伝票値入れと実際売価が違うと、すべてロスになるから、実際売価に合った値入れを行なう必要がある。売価決定は、市場（競合店）をよく見て戦略的に決め、伝票値入れとする。特売等の局地戦で値入れを変更したときは、必ず売価変更伝票で修正すること。

2　算出されたロスを見ると、どこに問題があるかがわかり、対策までわかるもの

ロス金額を算出してみると、担当者にとって思いもかけなかった大きなロス金額であったとする。担当者は、自分の行動に直結しているため、ロス管理のサイクルが短ければ、その原因がわかるもの。原因がわかるとコントロールができる。そこで見せかけロスはなくなる。

section 49
逆ロス対策

逆ロスもロスのうち

逆ロスで本当のロスを見えなくしている

❖逆ロスの発生

逆ロスとはロスの逆で、ロスが普通、損失を生むのに対し、逆ロスは計算上の利益より、多くの利益が出てきます。ですから本来達成されるはずもない売上げ・利益が計上されるのです。

明らかに間違いなのですが、原因がわからずそのまま見過ごすと、その分、全体ロスも減少したかに見えます。

この現象は、担当者にとっても企業にとってもよい数値に見えるため、原因追及に至らないケースが多いのです。原因は、伝票の落ちか在庫の数え違いによる見せかけロスで、次回の棚卸で大幅なロスとなって現れてきます。

❖値入れミス防止策

値入れにミスがあると、逆ロスが生まれます。例えば95円で伝票値入れを行ない、実際には98円で販売したような場合です。１個販売するたびに３円の逆ロスが発生します。

伝票売価と実販売売価を一致させることが原則ですが、値引きも考慮してこのような処置を取る企業もあります。その場合は、すでにロスが消えているので本当のロスが把握できませんし、担当者が自由にロスを操作できることになります。

値入れは顧客に対する重要な決定であり、決まったルールで厳密に対応することが求められます。

❖過剰在庫の把握とミス防止策

逆ロスの原因として、実在庫売価より多い棚卸売価の報告がなされると、その分が逆ロスになります。

例えば、期間中の売上げが、期首在庫売価１００万円、当期仕入売価１０００万円、期末在庫売価50万円とすると、あるべき売上額は１０５０万円ですが、期末在庫売価を60万円にしたとすると、あるべき売上額は１０４０万円となります。実際の売上額が１０４３万円とすると、７万円のロスが消えて、３万円の逆ロスになります。

こうしたミスの防止策は、正確な実地棚卸の実施となります。この期末在庫売価60万円は次の期首在庫売価となり、次期に10万円のロスを招くのです。

ロスと逆ロスの関係

逆ロスは本来起こり得ないロスだが、現実にはしばしば発生し、本当のロスをわからなくしている。

ロスも逆ロスも算式は同じだが、逆ロスは計算上の売上額が実際の現金売上額より少ない場合と、計算上のあるべき在庫が、実際在庫より多い場合などがある。

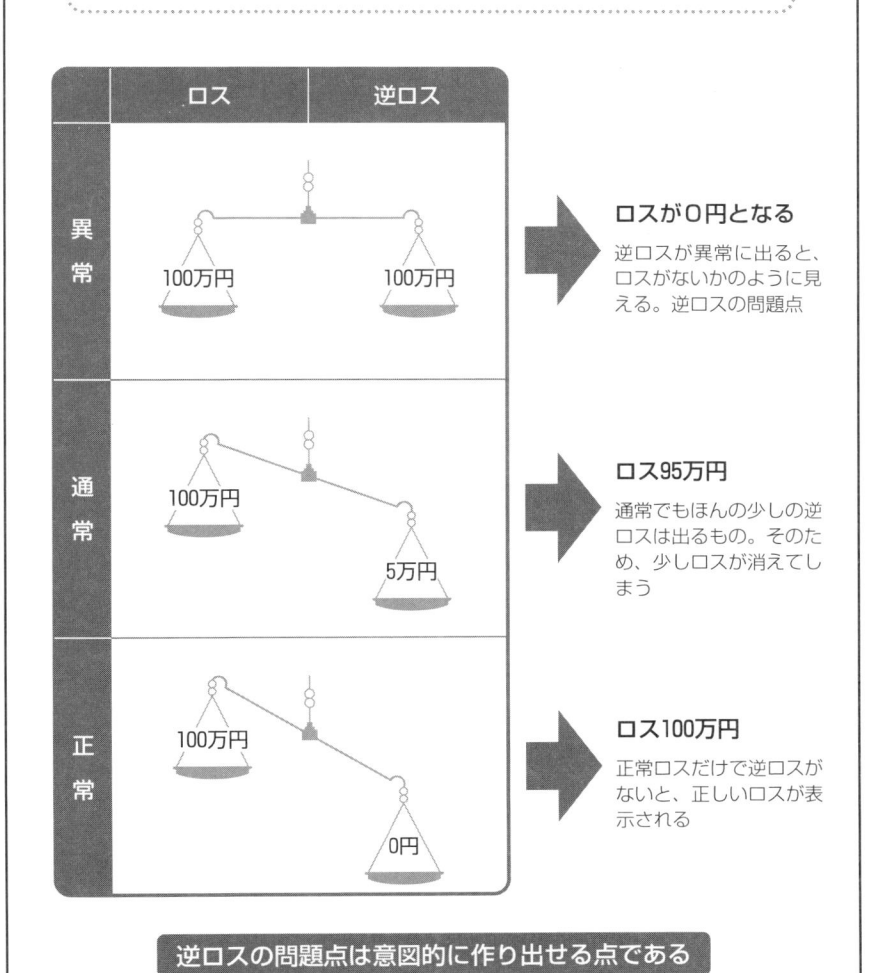

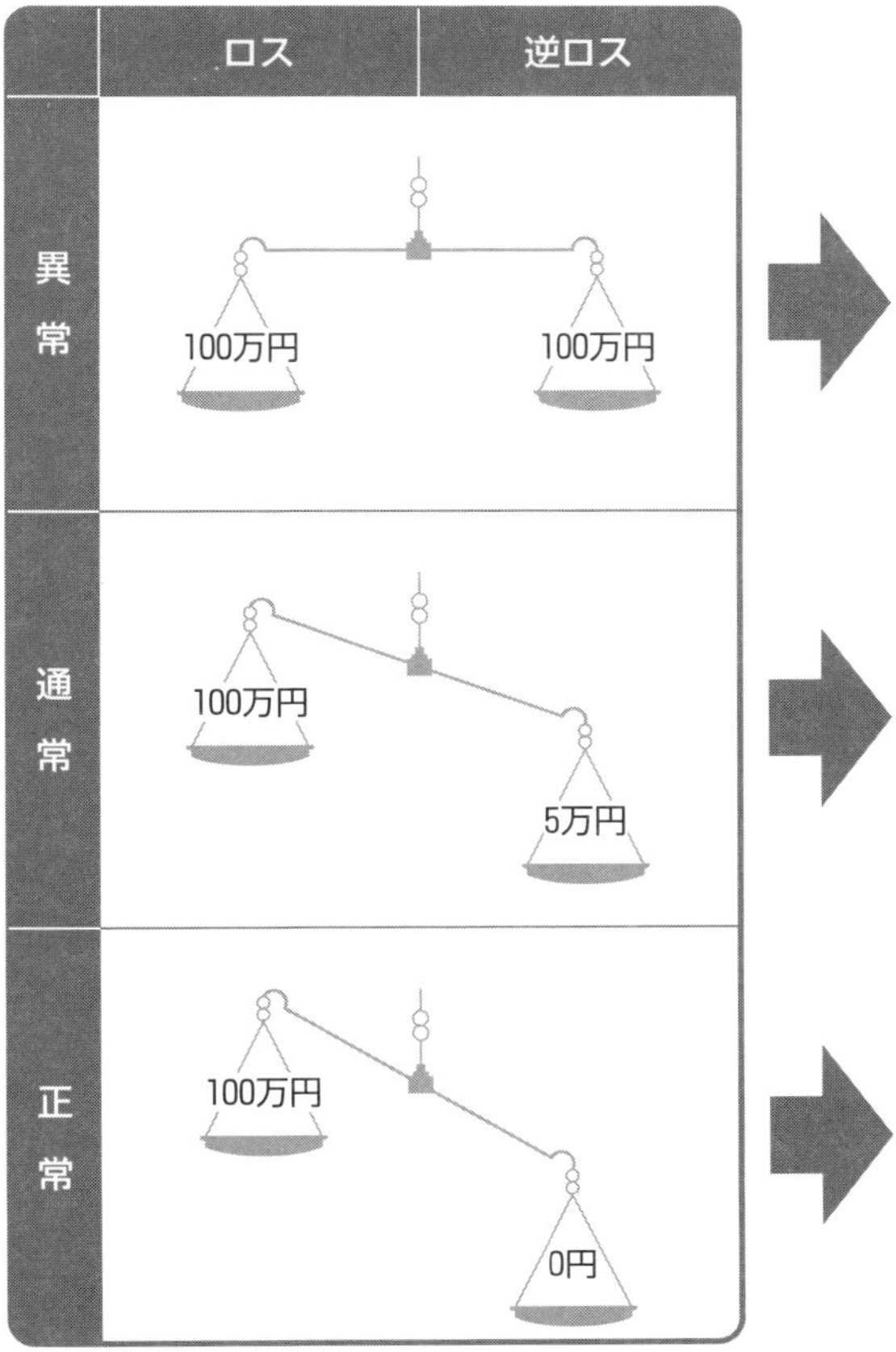

ロスが0円となる

逆ロスが異常に出ると、ロスがないかのように見える。逆ロスの問題点

ロス95万円

通常でもほんの少しの逆ロスは出るもの。そのため、少しロスが消えてしまう

ロス100万円

正常ロスだけで逆ロスがないと、正しいロスが表示される

逆ロスの問題点は意図的に作り出せる点である

棚卸改善に取り組む(株)エイジス 正確性とスピードで普及する実地棚卸

■(株)エイジスの歴史と取り組み

エイジスは実地棚卸会社のパイオニアとして1978年に創業、現在の代表取締役社長は齋藤昭生氏です。

２０１４年3月末現在79の営業所を展開し、日本全国をカバーする唯一の棚卸会社として、２０００社以上の流通小売業に実地棚卸サービスを提供しています。ジャスダックの上場企業で、実地棚卸の請負では業界のシェア77％を占め、小売売上高上位１００社中80社以上の導入実績を持っています。

創業時は棚卸の専門会社でしたが、ノウハウの蓄積・人材および顧客資産の活用により、人材派遣サービス・集中補充サービス・覆面調査サービス等にも業容を拡大し、現在は流通小売業向けの多様なアウトソーシング企業として発展を遂げています。

■特色

同社の特色は正確で速い実地棚卸です。店舗閉店後から翌日の開店前までの短い時間に、棚卸専門機器を用いて効率よく正確な実地棚卸を行なうことで、流通小売業の実地棚卸に時間が取れない悩みを解消し、大きな支持を得てきました。現在はそのノウハウを基に、韓国・中国・台湾・マレーシア・タイのアジア各国で日本同様に正確な実地棚卸サービスを提供しています。

■正確で速い実地棚卸の方法

1万品目を取り扱う某スーパーマーケットでの事例では、閉店前に店舗責任者と詳細な打ち合わせを行ない、閉店後にわずか数名のスタッフで実地棚卸をスタートさせ、約6時間で完了させます。その後集計を約30分で完了して報告できる態勢となります。処理にはＪＡＮの単品コードが有効に活用されています。

●㈱エイジス社長 齋藤昭生氏

●エイジスによる棚卸風景

第5章

万引きロスの発見法と対策はこれだ

section 50
万引き犯を捕まえる時代の終焉

万引きロスの実態

感情的な対応は百害あって一利なし

❖万引きの実態

「1人の万引きGメンが1店舗1日で18人の万引き犯を検挙した」。そんな事例は珍しいことではなく、ごく普通のことです。しかし、この数字は専門家だからできたことで、誰でもこのように万引き犯を捕まえられるわけではありません。専門家は万引きの多い店はすぐわかりますし、万引きの多い場所・曜日・時間から対象商品まで事前に知っています。

逆に万引きは、起きるべくして起きているのであって、対策を講じれば少なくなるものなのです。警視庁の調査によると、日本の年間万引き被害額は約５０００億円とされていますが、実態はそれよりはるかに多いでしょう。

❖98%の出来心万引きと感情的対応の弊害

万引きは刑法の窃盗罪に当たる明らかな犯罪行為です。しかし誰がどんな動機で万引きをするのかと言うと、98%の人は出来心から万引きに至るのです。

店では万引き犯に対して、その行動を厳しく叱責したり弁償を強要する、いわゆる感情的な対応が多く見受けられます。このことは本当に店の、あるいは会社のためになっているのでしょうか。その答えは万引き犯が教えてくれています。

万引きした人は次からその店に来なくなるか、マイナスのクチコミを流して店の信用を落とします。

万引き犯を捕まえたときの「感情的な対応は百害あって一利なし」なのです。

❖優良顧客を逃がす現状の問題

万引き犯に対する今日までの対策は、多くの場合、顧客を逃がすばかりで、自らの反省と改善を怠っていたと言わざるを得ません。これからの時代は、万引き犯を捕まえる発想では自らの首を絞めるだけです。「捕まえる万引き」は終焉しているのです。経営を前向きにとらえないと、後処理で行き詰まります。これからは優良顧客の固定化こそ大切にすべきです。

具体的な対策は以下に記します。

万引きロスの発見法と対策

商品ロス→万引きロス１

	ロスの対象区分	ロス発見法と対策
1	内引きロス（内部者による不正）	内部関係者の不正
	（1）社員（個人・集団） （2）臨時社員 （個人・集団） （3）取引先 （個人・集団）	（1）出入口管理（持ち物検査・持ち帰り検査） （2）入退店管理（早出管理・残業管理） （3）検収管理（商品以外の管理も行なう） （4）伝票管理（ダブルチェック体制整備） （5）輸送途上管理（検収徹底・センター配送） （6）不良在庫管理（在庫スペース確保・温度管理） （7）計量管理（計量機の設置） （8）なれあいレジ打ち管理（レジ体制整備・読み上げ管理） （9）商品の無断消費（試食の制度化・経費の管理） （10）情報機器の活用による無人発見
2	外引きロス （外部者による不正）	顧客あるいは外部のプロによる不正
	（1）出来心的万引き （個人） （2）心理的・精神的な不安定による病的万引き（個人） （3）常習癖による万引き（個人） （4）遊び心的な小・中・高校生の万引き（個人・集団） （5）高齢者　団塊世代の万引き（個人・集団） （6）プロの万引き（個人）	（1）店内環境の整備・死角の解消　店舗巡回等 （2）鑑識眼の訓練、声掛け運動の展開 （3）鑑識眼の訓練と専門家の導入 （4）死角の解消　声掛けと先制攻撃 （5）データによる解析と声掛け （6）鑑識眼の訓練と専門家の導入 （7）情報機器活用による無人・自動発見 （8）総合的対応の実施

section 51
万引きさせない環境対策

店全体の環境見直し策

万引きを誘発させないためのチェックポイント

❖捕まえるよりさせない工夫

万引きを誘発させるような店の環境を放置し、摘発することばかりに神経を使うのは問題です。万引き犯を捕まえるより、させない工夫を徹底し、お客様と少しでもよい関係を築くことが店舗従業員の基本です。疑いの目はお客様にすぐ見抜かれますし、お客様のための店作りに集中することで、力の分散は避けたいものです。

万引きをさせない工夫で有効なことは、お客様への声掛けです。近くにいることをアピールするだけでも抑制効果がありますから、「いらっしゃいませ」だけでもよい場合もあります。「お探しの品は見つかりましたか」と言うと、今までの行動を見ていたことを伝える積極的なアプローチになります。

状況に応じて有効な言葉を使い分けるのも大切な接客業の役割です。

❖万引きさせない環境見直し

店舗の責任の1つは、万引きを誘発させる要因を提供していることですが、見直すべきチェックポイントは以下の通りです。①店舗周りの整備状況、②駐車場の整備状況、③店頭のにぎわい、④精算方法、⑤サービスカウンターの状況、⑥検収所の体制、⑦倉庫の整備状況、⑧入退店管理状況、⑨非常口の体制、⑩店内の整備状況、⑪陳列状況、⑫柱や精算待ち等死角の対応、⑬階段・踊り場の整備状況、⑭ゴンドラ・エンド整備状況、⑮従業員休憩室、⑯事務室、⑰通路幅、⑱洗面所、⑲清掃状況、⑳従業員の作業状況、㉑従業員配置状況、㉒防犯機器整備状況等。

❖固定客化の方法

不思議なことに、店側の対応の仕方1つで万引き犯を固定客に変えることもできます。そのためには被害者意識で相手の責任を追及するばかりの姿勢ではいけません。お客様のプライドを傷つけないように、犯罪者になる前に対応することです。店の環境の不備を改善し、万引きを思いとどめることからスタートし、フレンドリーな接客に努めます。コミュニケーションのきっかけを作り、必要情報を提供して固定客化を図ることです。

曜日別万引き摘発件数表（スーパーマーケット50社月間累計）

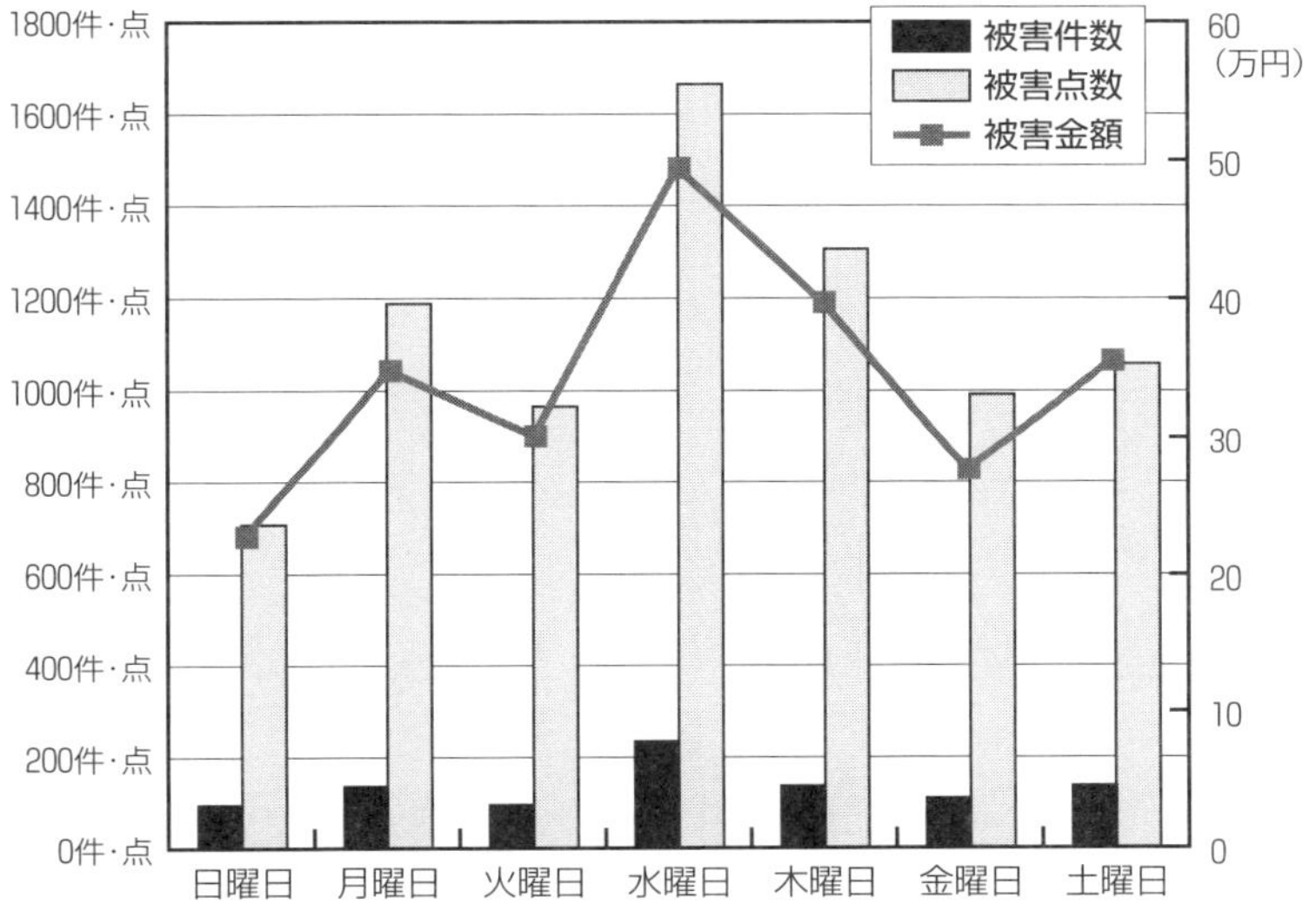

（出所：エスピーユニオン・ジャパン調査部調べ）

時間帯別万引き摘発件数表（スーパーマーケット50社月間累計）

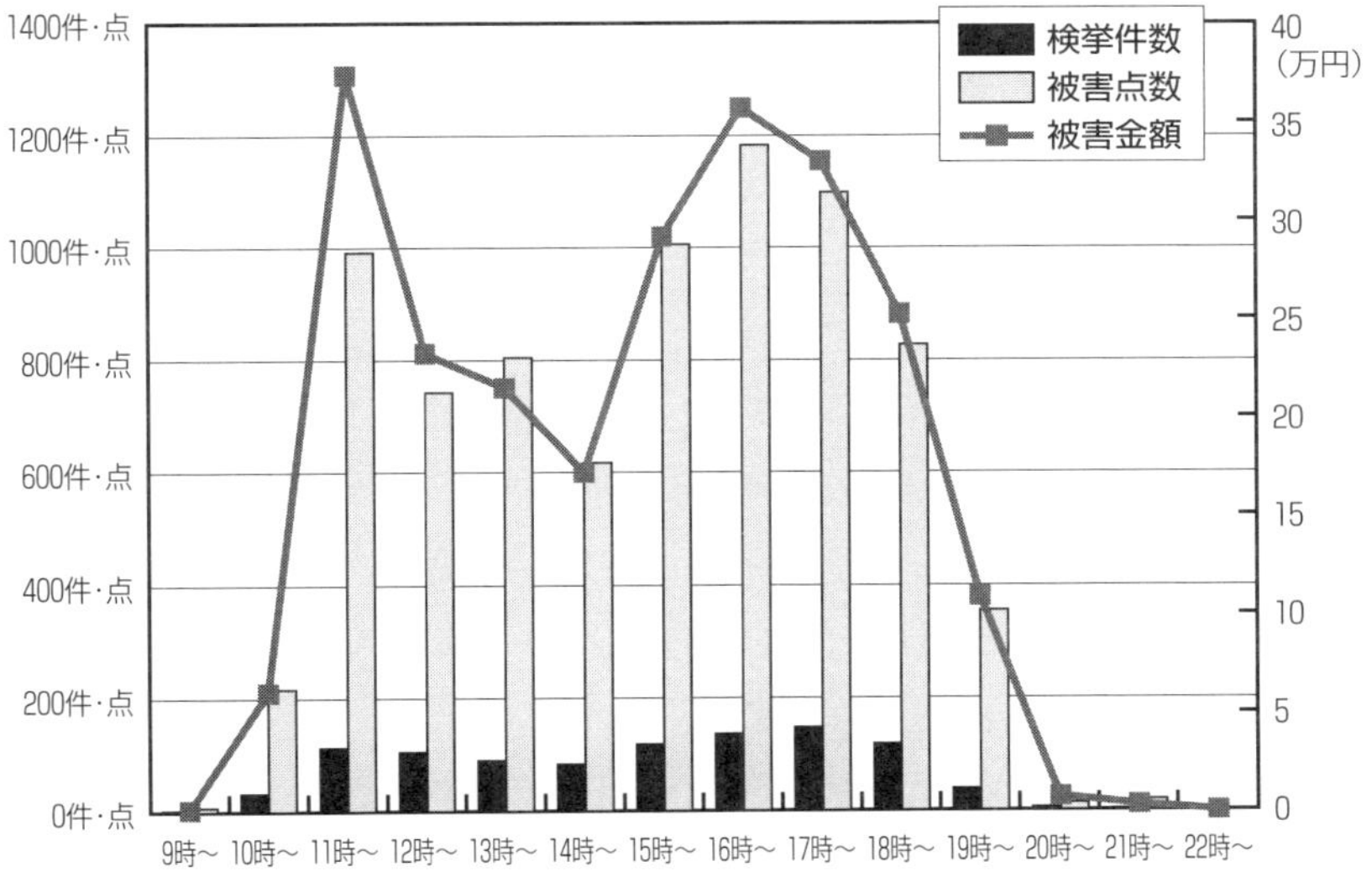

（出所：エスピーユニオン・ジャパン調査部調べ）

section 52
犯意の少ない万引き犯対策

出来心による万引き実態と対応

万引き商品の特性と万引き犯の特徴

❖出来心による万引きの内容

長年の万引き摘発実績から、摘発者の犯意分析をすると、出来心による万引きが大部分です。と言うことは、やらなくてすんだことを店の不十分な対応で誘発したとも言えるのです。また万引きは社会的地位や年齢などに関係なく、誰でもしてしまう可能性があるのです。

万引きを犯罪というより、遊び心、ゲーム感覚でとらえている顧客もおり、その場のほんの出来心で衝動的に万引きする人も多いものです。ですから更生もたやすくできるのが一般的なので、クセになっている場合や病的な場合を除き、導き方を大切にして犯罪者にしないことが重要です。とくに将来のある若年者に対しては一層、事前・事後の対応に留意することです。

❖万引き商品の特性

万引きされる商品には特性があります。換金対象の商品は、単価が高く小型であることです。衣料品は着替え室で着たまま帰れる商品も多く、概して高額品になります。

年齢別や男女別にもはっきりした傾向が見られます。例えば小学生は菓子・漫画本、中学生は文具・漫画本、高校生は本・化粧品等です。主婦層になると最も多いのは加工食品で、調味料・乾物・嗜好品等ですが、化粧品、薬品も多くあります。化粧品や薬品は中身だけを抜き取ることがあるので現場を押さえておくことも重要です。概して女性は細かな知能犯が多いものです。

高齢男性は団塊世代がピークですが、衝動的な行動に特徴があります。

店舗別では、女性の来店頻度が高いスーパーが数の点では多いのですが、単価の高いドラッグストアや人のいないディスカウントストアも多くなりました。売場が広いホームセンターや陳列ケースが高く死角の多い書店・ビデオ店・大型電器店などは男性客に狙われる店です。

そこで、対策も扱い商品に応じてきめ細かく行なう必要があります。犯意の少ない万引き犯は未然に防止することも十分可能なのです。

職業別万引き摘発構成比表（スーパーマーケット50社平均）

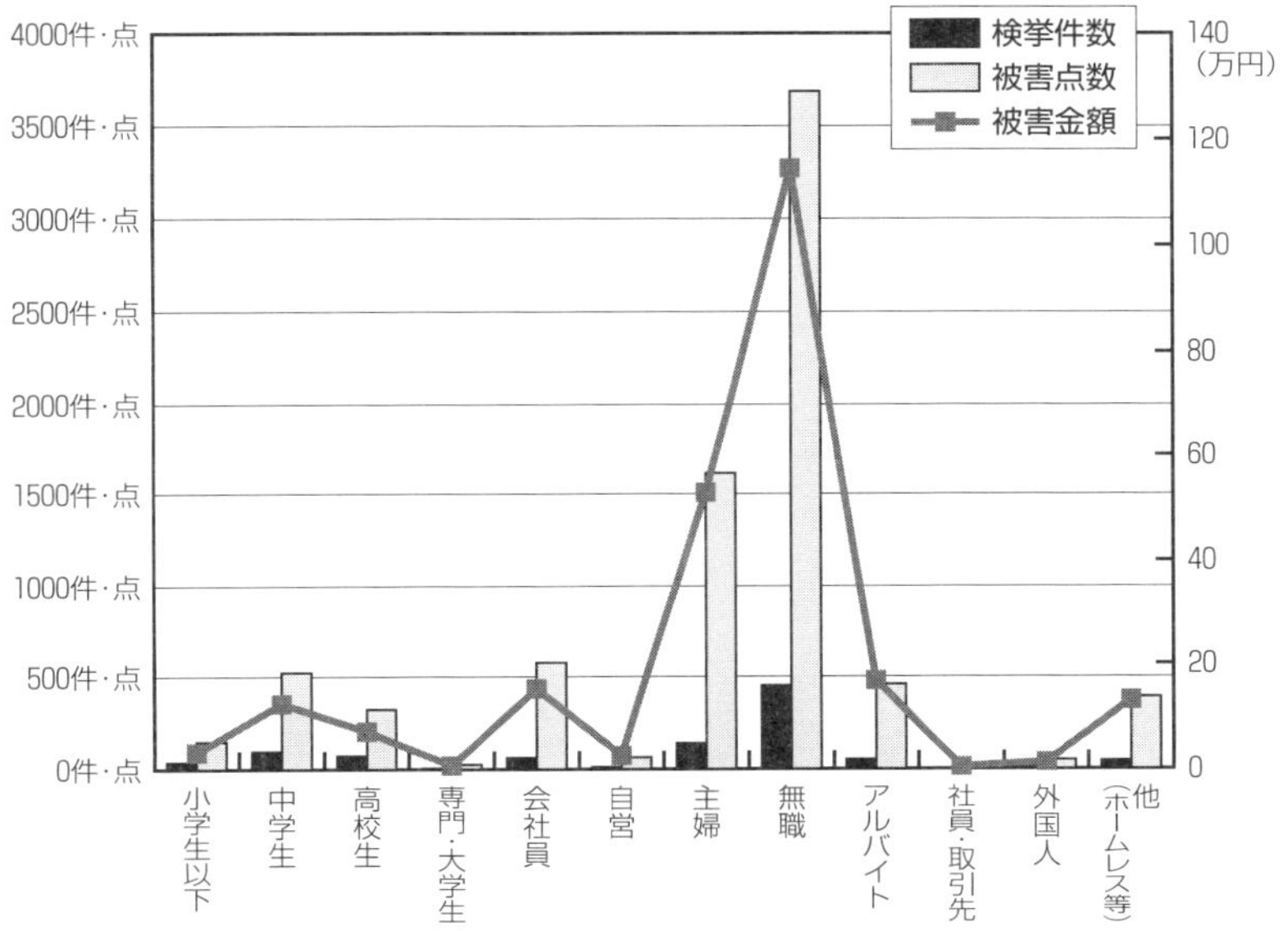

商品別万引き摘発件数表（スーパーマーケット50社月間累計）

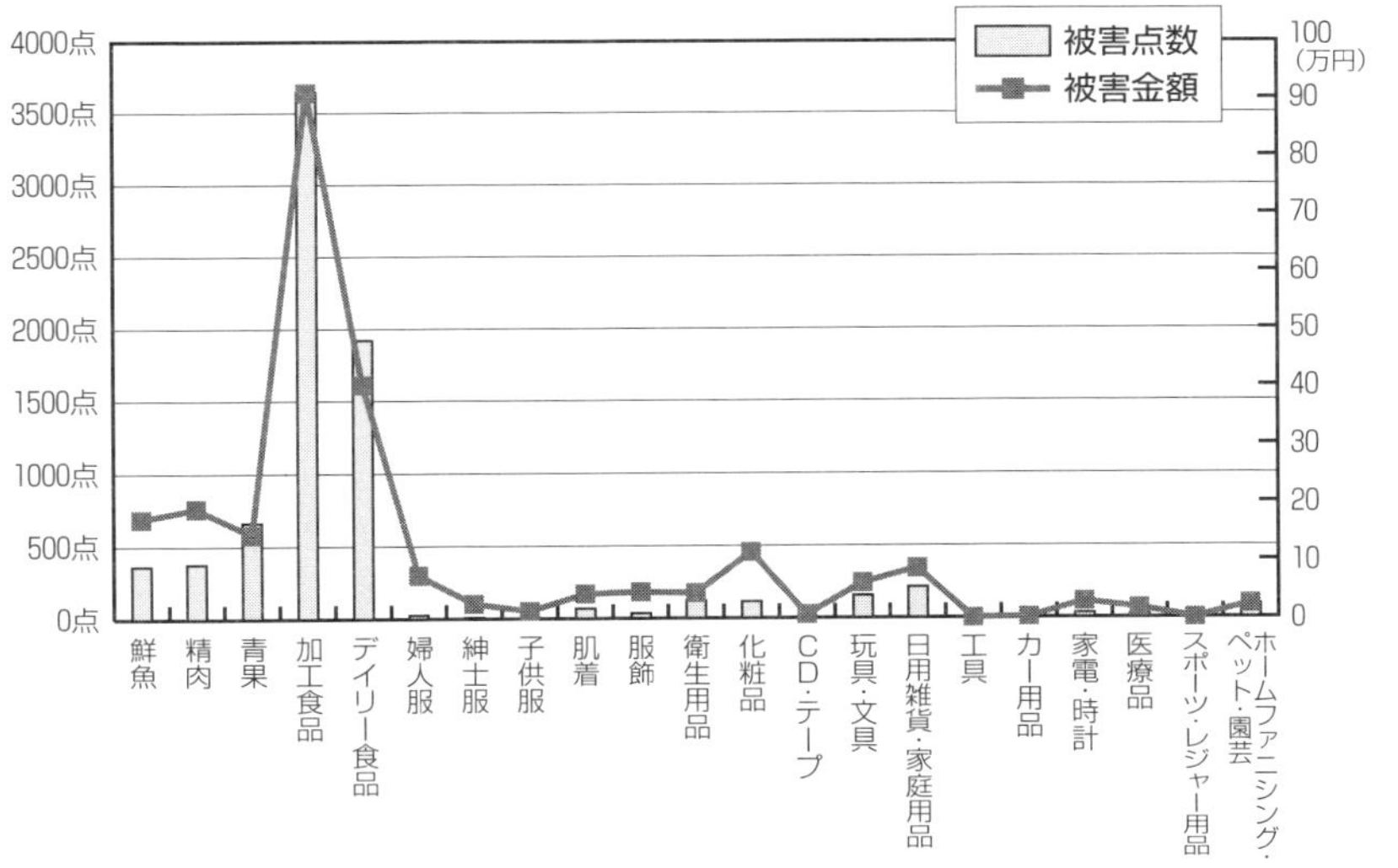

（出所：エスピーユニオン・ジャパン調査部調べ）

section 53

若年層万引き犯対策

遊び心の万引き犯への対応

小・中・高校生の万引きは99・9%が遊び心と出来心

❖小・中・高校生の万引き特性

万引きは、「非行の入口」と言われ、子供のいたずらではすまなくなるので、年代別にその特性を知り、十分な対策が必要です。

①発生件数では3月と8月に多いのが小・中学生の万引きです。金額の多いのは1月です。

3月が一番多い理由は、最も解放感のある時期で、クラスや担任も決まっていず、宿題もなく、進路等での安心感もある時期だからと言えます。次に多いのは夏休みの8月ですが、金額の多いのは冬休みの、年明けでお年玉の入る1月です。

②小学生は遊び感覚で、捕まらなければ何度でも行ないます。

③中学生は2名から5名までのグループ行なうことが多く、スリルを味わうゲーム感覚での犯行で、仲間うちの絆で継続します。

④高校生になると、個人の意志で行動するため単独犯が多くなり、ほしいものが万引き対象になります。

❖若年層の万引き対策

万引きをするのは、「誰も見ていないから」のひと言に尽きますから、対策は死角を作らないことと、従業員が店内にいることです。しかし、セルフサービスで人がいなかったり、パートタイマーが仕事をしながら対応をしているのが現実ですから、不十分と言わざるを得ません。そこで対策は、自店だけでなく、学校やＰＴＡ・地域とも連携し、非行防止の運動として取り組むことです。そのためには実態を開示し、ＰＲ活動や地域ボランティアの巡回も含め、広く啓蒙活動をすることです。また自社でできない場合は、外部の専門機関に依頼するのも有効な対策です。人任せにせず、常に自社の問題としてとらえることが大切です。

❖集団行動への対応策

集団行動には集団で対応するのが効果的です。集団行動はそれぞれが役割分担をしていますから、1人で対応するのは無理があります。そこで予兆をつかんだら集団で対応し、集中して一網打尽にするのです。

若年層の万引き件数の推移

（チェーンストアＡ店舗）

昭和59年１月の検挙件数

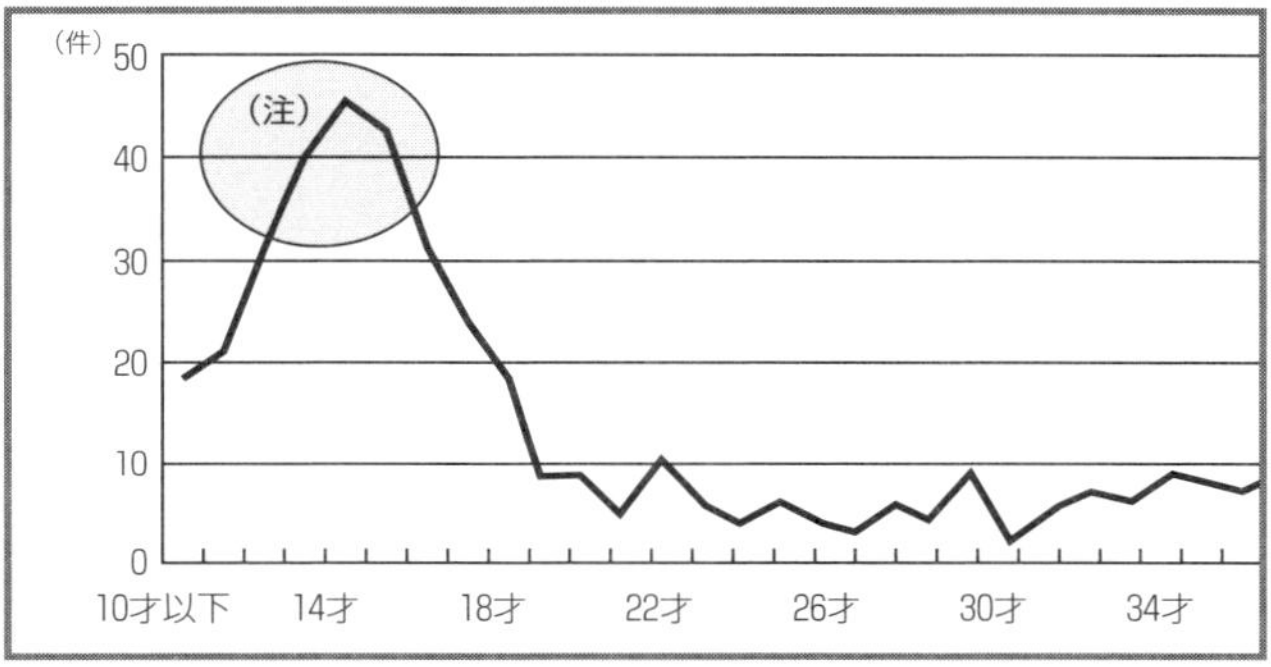

平成元年１月の検挙件数

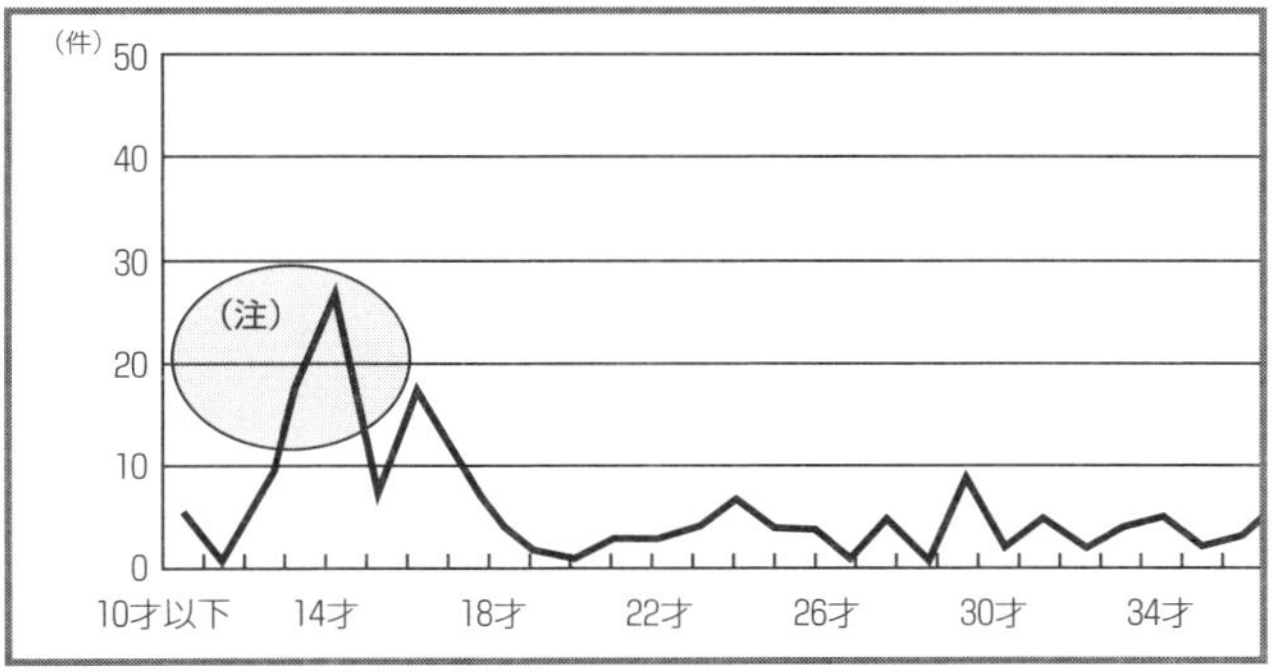

平成18年１月の検挙件数

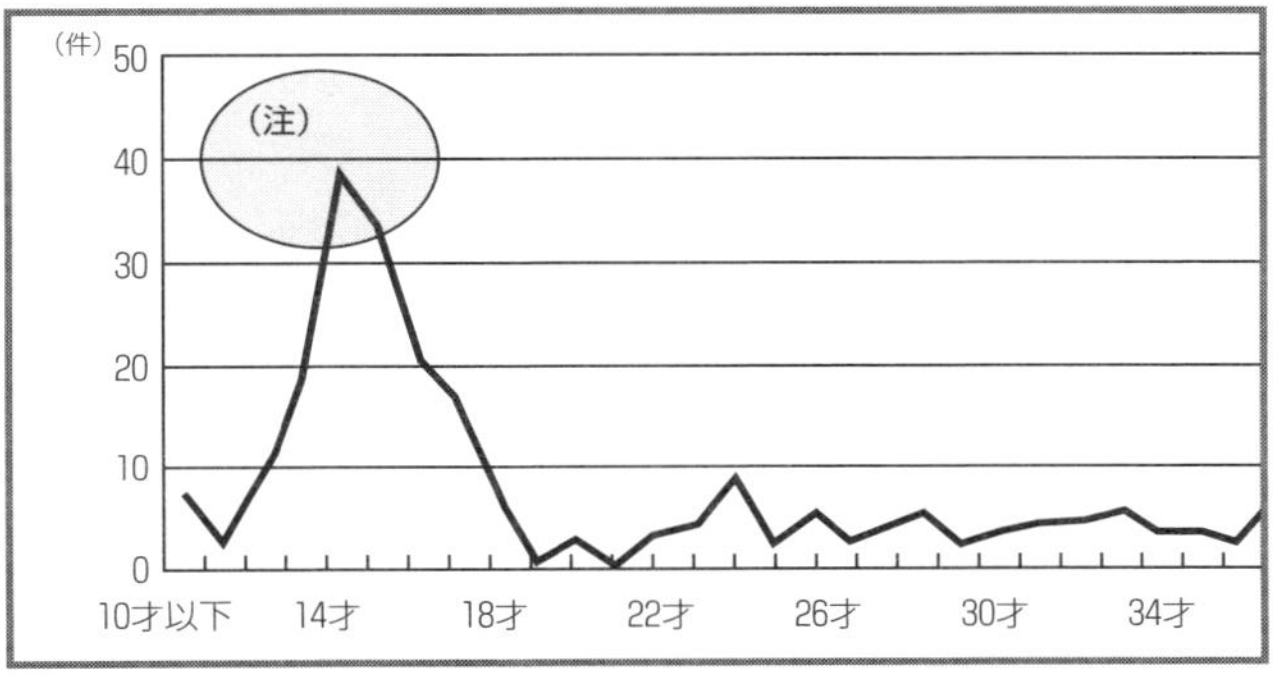

（注）時代が変わっても、万引きをする年齢層は変わらない

（出所：エスピーユニオン・ジャパン調査部）

団塊世代の万引きへの対応

高齢者に起こっている新たな問題

❖団塊世代の万引き特性

団塊の世代は年を経ても万引き犯の多いことに変わりがありません。これは長年、時系列的に万引き犯の年齢構成を調査した結果からわかったことです。

人口が多いことで多いのではなく、人口比率で常に高いのです。これを、「戦後の食糧や物資の不足を経験した世代の、心に刷り込まれた欠乏症」と分析する心理学者もいます。ものを大切にする「もったいない世代」の特徴が、こんなところにも顔を出すのでしょうか。

❖団塊世代への対策

もの不足時代に育った団塊世代は、学校では道徳的な教育を受けなかったこと、仕事では自由経済の波に乗り、競争の激しい自己中心的な感覚で生きなければならなかった時代背景もあって、万引き犯の集中する世代を形成してしまっているのではないでしょうか。

しかし、やはり多くは出来心からの万引きですから、店舗の対応としては誘発要因の排除に努めることです。ただこの世代は、巧みな言い訳と証拠隠しにたけていることと、担当者に対しては恫喝的な行動も多いことから、なかなか若い従業員には対応がむずかしいものです。

そこで経験豊富な人の同席のもとに対応するのが無難です。

❖高齢者対応の特殊性

わが国は世界一の高齢国家となりましたが、万引きに関しても考慮すべき新たな問題が発生しています。それは高齢者の痴呆との関係で、店の商品を勝手に持ち出す老人が増えていることです。当人には罪の意識がなく、「ほしいから持ってきた」となるのです。

この対応はむずかしく、医者ですら正解が出せるわけではありません。保護者に連絡できればいいのですが、それすらできないことが大部分です。

警察に引き渡されることを極端に嫌うため、対応に長い時間を要し、時間ロスも相当になります。そこで二度目を想定し、連絡先を記録しておく等、素早い対応を心掛けるべきです。

団塊世代の万引き件数の推移

（チェーンストア調査）

昭和59年１月の検挙件数

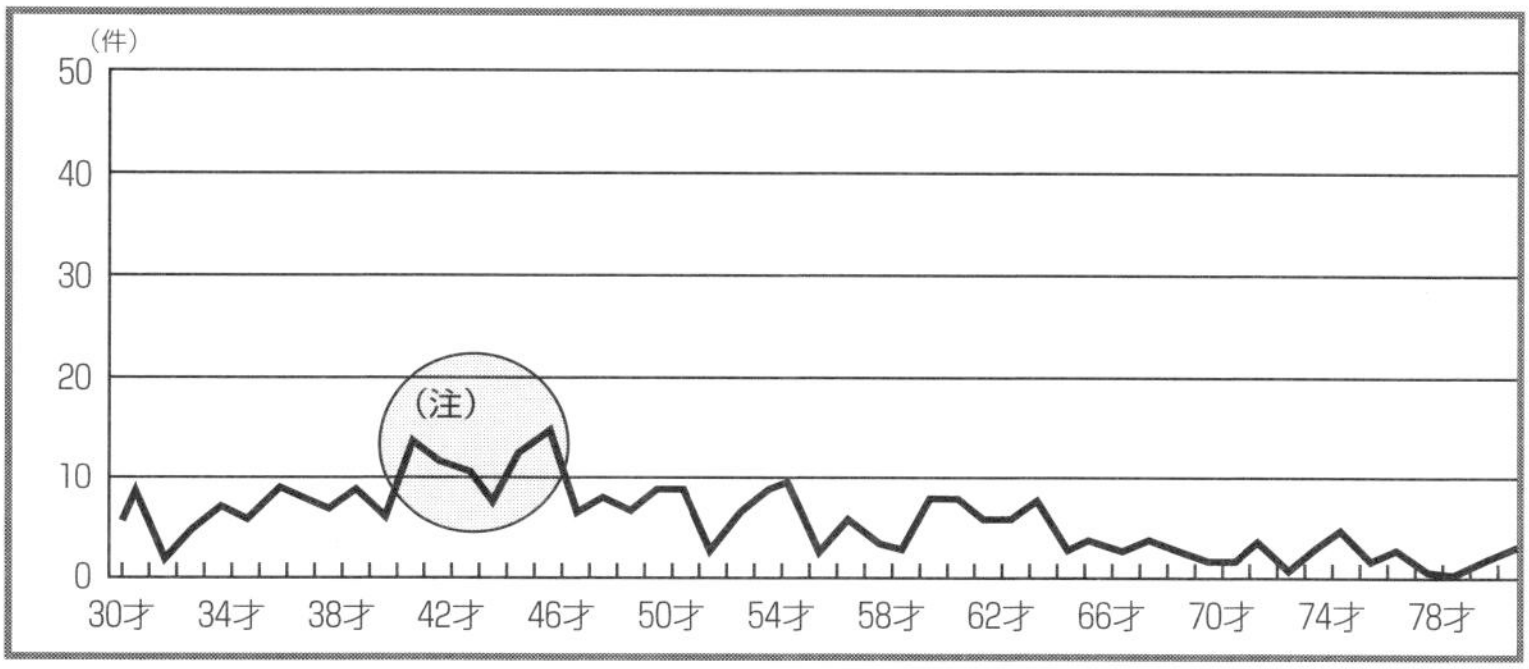

平成元年１月の検挙件数

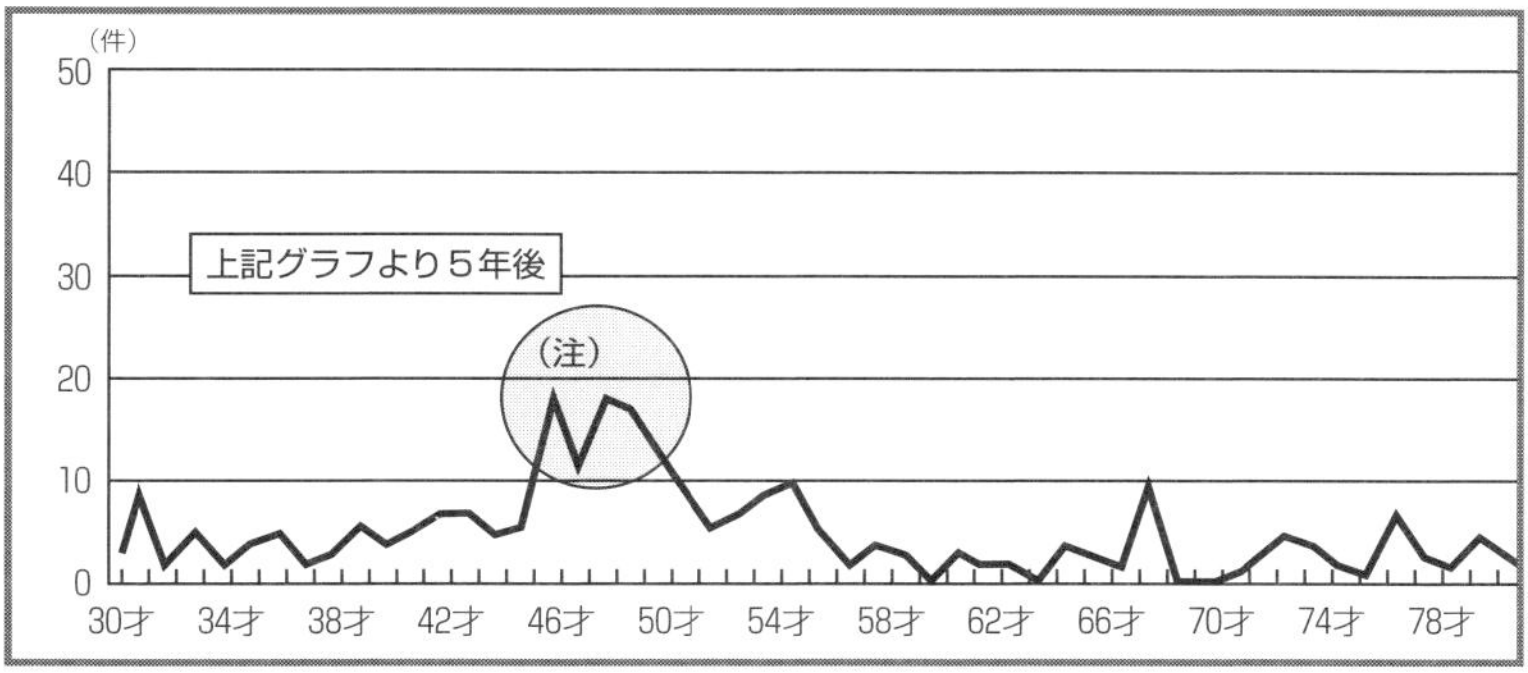

平成18年１月の検挙件数

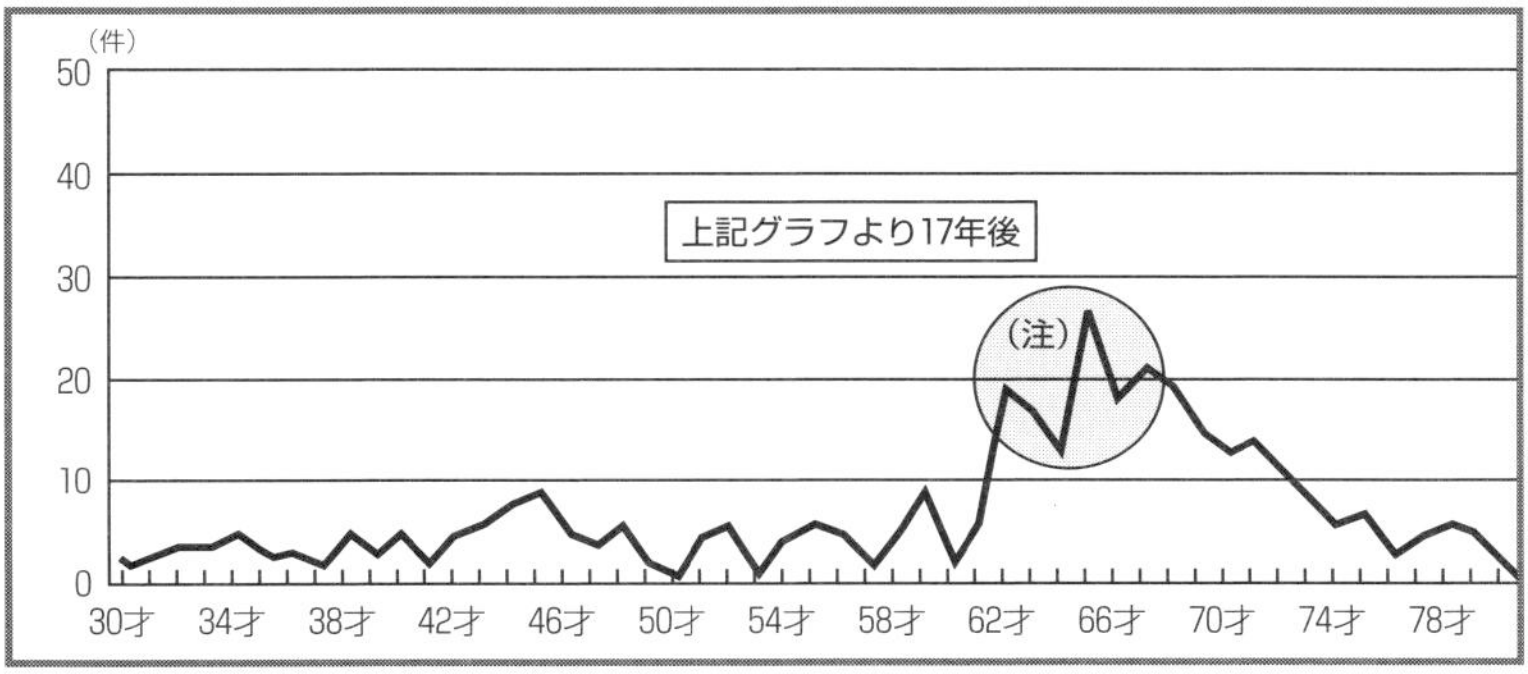

（注）時代とともに移動している団塊世代の万引き

（出所：エスピーユニオン・ジャパン調査部）

section 55
病的・常習的万引き犯対策

常習者に対する対応

プロの万引き犯の行動習性と対応の仕方

❖病的・常習的万引き犯の特性

人間、誰でも何らかの癖はあるものですが、困ったことに「万引き癖」のある人もいます。それが常習的な万引き犯です。

一時的に更生しても長続きしないのが常習者の特徴です。この種の万引き犯は身内に連絡することが第一ですが、身内を言わないのも特徴です。

万引き犯の特性は、外見と挙動でかなりわかるものです。ですからくり返し被害に遭わないように、まず内部の連絡網をしっかりしておくことが大切です。

❖玄人の万引き犯の行動傾向

万引き常習者には素人と玄人がいます。素人の常習者は出来心でのことが多いのですが、玄人の常習者は始末が悪いのです。玄人の常習者の行動傾向は以下の通りです。

①事前調査を十分行ない、周到な計画を立てて犯行に臨みます。理由は言うまでもなく、プロだからです。

②日曜日や祭日の万引きは少なく、理由は他人の日が多いためです。しかし、とくに混雑する日を狙うこともあります。例えば開閉店セール・歳末・正月セール等で従業員に余裕がないときを狙うのです。

③多発する時間帯は12時前後と開店直後、そして15時から17時30分ころです。理由は従業員が食事休憩で少ないか、多忙な時間帯のためです。

④来店地域は広範囲に及びます。理由は成功確率を広く見て判断するためで、素人の万引き犯の80％は商圏内の住人であるのに対し、非常に広域にわたります。

⑤高額品を狙い、効率よく仕事をします。換金しやすく、足のつかない商品を選び、大量に盗みます。

❖プロの万引き犯への対応

プロの常習者は巧妙に計算された行動をするので、摘発側も専門家に任せるのが有効です。従業員の片手間での対応では誤認や検挙に至らないケースが多くなります。これを見逃していると、店側の損失は高額かつ大量となってしまいます。

万引き犯はどこに住んでいるのか

（スーパーマーケット50社年間平均値）

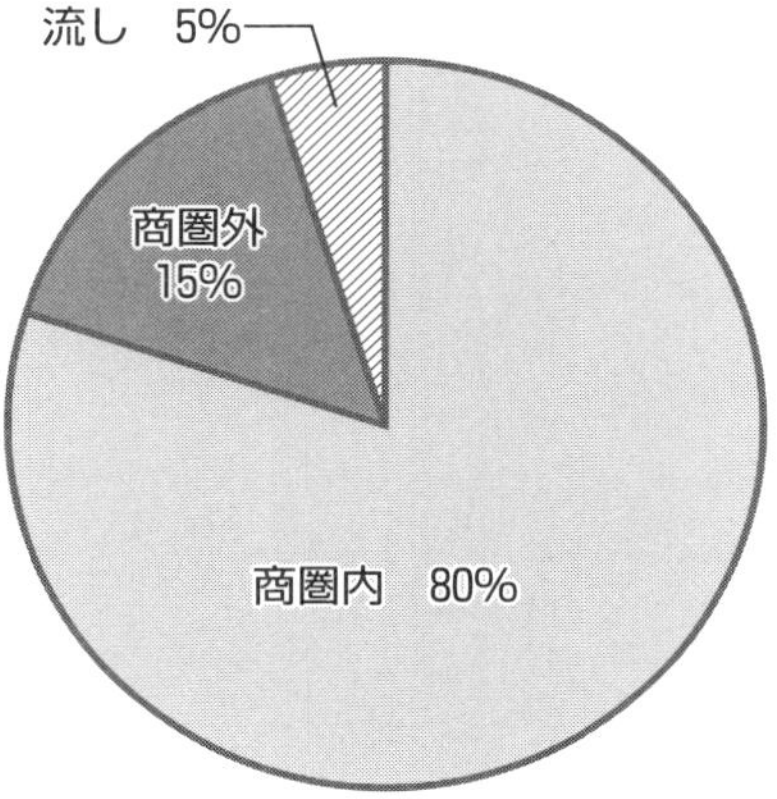

80%が商圏内の住人なので、対応もむずかしい

（出所：エスピーユニオン・ジャパン調査部）

上記は検挙した万引き犯の現住所分布。「流し」の中には各地を渡り歩くプロ集団が多く、「商圏外」には常習者が多い。「商圏内」とは、この場合2km以内の範囲で80%だが、ここに多くの出来心犯と常習者が混在している。

万引きでとくに注意したいのが「レジ横」。棚を低くし、死角を作らないようにすることが抑止力となる

section 56
万引き犯誤認逮捕対策

誤認逮捕の代償と対応

誤認逮捕を防ぐための具体的な対策

❖誤認しないための方策

普通のお客様を万引き犯と間違えると大きな信用喪失になるので、絶対避けなければなりません。しかし万引きに注意を払わないと、どんどん増幅するのも事実です。そこで誤認しないための主な方策としては、以下のことを確認することです。

①何の商品をいくつ盗ったかを現認
②どのようにして盗ったかを現認
③どこに隠し持ったかを現認
④途中で隠した場所を変えたり、他人に渡したり、戻したりしたことを現認
⑤未精算の現認
⑥声掛けは、万引き犯が店外に出ていることを確認

このようなことを確認できたら、絶対間違いないと自信を持って対応することです。店頭ですから短時間に、そのためには言葉の掛け方も、「お客様、〇〇の精算がすんでおりませんが」と具体的に言い切ることです。

❖誤認と鑑識眼の訓練

誤認しないためには、万引き現場を確認しただけでは不十分です。最後まで目を離さず尾行することが要求されます。店の従業員にはそこまではできないのが現実なので、専門の保安員が必要になります。

保安員は多くの人の中から瞬時に万引き犯を識別できる鑑識眼を磨いています。訓練をすると挙動や持ちもの・目つき・服装等でわかるものなのです。また万引きを誤認しない方法から、公衆の中でのスムースな万引き犯の誘導法、そして更生方法から誤認したときの対処方法まで、バーチャル店舗も作って徹底して訓練しています。

❖誤認の代償と対策

一瞬、目を離した隙に犯人は万引き商品を元に戻すケースもあります、疑われていると気づいたときとか意図的とか様々なケースがありますが、そこを見逃すと誤認につながります。

意図的に誤認に誘い、慰謝料等を要求する手口もありますから、その代償は厳しいものです。相手がプロならこちらもプロで対応することが、損失を最小に防ぐ方策となります。

万引き犯を誤認しないための確認事項14項目

- □ ①商品名を把握
- □ ②数量
- □ ③金額
- □ ④隠匿場所
- □ ⑤商品の特徴
- □ ⑥犯人の特徴
- □ ⑦自店商品の確認
- □ ⑧未精算であることの確認
- □ ⑨自店内外の確認
- □ ⑩盗品回復（商品の戻し）の可能性
- □ ⑪廃棄
- □ ⑫万引きの事前動作観察
- □ ⑬万引きの事後動作観察
- □ ⑭詰めのテクニック

万引き犯の黙認は大きな企業損失につながるため、プロとして鑑識眼を磨いている専門保安員の対応が期待されるところである。社員での対応は企業の信用に直結しているため、保安員の対応がクッションとなる場合が多い。

section 57

社内従業員の万引き対策

従業員万引きへの対応

早い発見と教育訓練の実施

❖従業員の万引き特性

従業員の万引きは多くの場合、不正調達の形を取りますが、商品を持ち出す点では同じです。その多くは調達補助者がいるのも特色です。

補助者は、仲のいい同僚やレジ係、あるいは上司・部下など様々ですが、食品担当であれば冷蔵庫や倉庫、自社食堂がある場合は調理室に商品を隠しておく。化粧品・薬品・衣料品であれば休み時間に更衣室に入れておく等が協力者の役割です。

従業員がお客の補助者になる場合もあります。

❖従業員対策のいろいろ

対策の基本は教育訓練ですが、アルバイトやパートタイマーにもしっかりしたマナー教育を行なうことで意識の改善を図ることです。従業員の大部分が臨時社員で構成される今日、教育訓練はくり返し行なうことが大切です。

次の対策は、不正ができない環境づくりですが、冷蔵庫・倉庫等の整備とチェック、ならびに私物検査等で私物との管理区分を明確にすることです。

グループによる万引き対応としては、主犯格が誰かを発見することが大切です。出勤簿のチェックからグループ構成を割り出し、いつから継続していたかを突き止めた事例も多くあります。

❖従業員とお客との連携不正対応

以前わが国はバブルの崩壊による不況を経験しましたが、そのとき万引きの発生件数が3倍に増加しました。生活の切り詰めが深刻化したのです。同じく組織的な不正も急増しました。従業員も「背に腹はかえられぬ」とお客との連携不正が増加したのです。

従業員として採用する前に、応募者がどんな交友関係を持っているかを知ることはできません。採用後に従業員として友人の買い物支援をするのが連携不正です。具体的には価格を安くして提供するとか、精算所でカウントせずに通過させる等です。

しかし、教育訓練も限界があることを認識し、制度での対応を図る必要があります。前記した「不正には性悪説で厳しく対応する」ことです。

従業員の万引き対策

	対応項目	対策
教育訓練	①意識教育の徹底	会社の基本姿勢の徹底（経営者自らが範を示す） 従業員の会社意識醸成 従業員の役割認識の徹底
	②勤務ルールの理解と習熟	服務規程のビデオ自習と習熟 買い物規程のビデオ自習と習熟 その他不正に関するマニュアルの学習
管理	③行動の管理	入出勤管理 持ち物管理
	④私物管理	買い物管理 置き場管理（店内冷蔵庫・事務所・食堂・休憩室） 更衣室管理（抜き打ち検査・徹底検査）
	⑤人事管理	勤務状況管理・管理担当者の選定 自己申告状況管理 要望状況管理 人間関係・交友関係管理 社内制度の充実（社内預金制度・持ち株制度・託児制度・のれん分け制度等）

社外関係者万引きへの対応

従業員が意識的に対応することが大切

❖社外関係者の万引き特性

大きな金額のロス発生原因の1つに、社外関係者の万引きがあります。

社外関係者とは、主に商品の納入業者と配送業者です。ともに従業員と取引関係があり、人間関係もできている業者の人です。

では、どんな人が万引きをするのでしょうか。それは意外にも、社内の担当者といつも顔を合わせている取引先の人間です。取引先の経営者や管理者ということはまずありません。

そういった万引き犯は、給与が少ないので何とかしたいといった気持ちから、チャンスが多い企業を選ぶことが多いようです。

❖対策のいろいろ

いつも見ているなじみの取引先だと思えば従業員も油断しますし、返品も引き受ける納入業者だと、なおさら持ち出しがあっても警戒感が薄れます。

対策は、納入には検収を厳格に行なうとか、入退店をチェックする等、制度の運用を厳しくすることです。

こうしたチェックを厳しくしている企業は、持ち出し不正が少ないことは実証済です。不正が激減したチェック法を紹介しましょう。

まず納入業者の入口を定めて、必ず車のキーを預かります。そこで担当者名と会社名を記帳してもらいます。退店時には検収係が誘導チェックします。

これで不正が激減しました。商品の欠品率も減ります。

なぜそうなるかと言うと、多くの納入先の管理レベルを比較しているのが、納入業者だからです。管理の甘い企業では、商品の持ち出しは自由自在にできるのが実態なのです。

規程・制度等を厳格に運用している企業は万引きも少ないし、取引先との関係もよいものです。

店舗のバックヤードで起きている大きな商品の流れを、管理者はもっと注意深く監督する必要があります。

不正をなくす抜本策は自社センターからの自社配送で、ノー検収ノー返品の実施です。大手企業は省力策としても積極的に取り組んでいます。

社外万引きの実態と対策

中堅スーパーマーケット50社の
年間平均社外万引き（来店客以外）調査

1　実態

万引き摘発件数上位３位までで全体の82%を占める

１位：委託納品配送業者　パートタイマー		32%
２位：納入取引先配送担当者		30%
３位：委託納品配送業者　社員		20%

2　対策

①倉庫・バックヤードの商品管理不備対策は、後方商品を守る検収体制・入退店規則等の充実を図ること。

②検収係と納入業者のなれあい対策は、無防備であることを突かれるため、専任担当を置くことや出入口にレイザー監視機器を置くことで、牽制体制を作る。

③納入先対策は、欠品一覧表の提示と同時に、事故明細を渡し、具体的改善策の提示を求める。

④事故そのものについての対策は、損害請求とペナルティを定め、取引先に明確に知ってもらう。

⑤最大の対策は、従業員による牽制力を高めることで、管理の考え方から防止方法までを共有させ、アルバイトも含めて働く意欲の向上に努めること。

（出所：エスピーユニオン・ジャパン調査部）

section 59

組織的万引き集団対策

国内外の組織的万引き犯対応とハイサット

大掛かりな組織的・計画的犯罪への対応

❖国内外の組織的窃盗団の実態

近年、国外からの組織的窃盗団による犯罪が急増しています。

外国人による巧妙な詐欺・万引きが増加する中、企業としても緊急に対応を迫られているのが実態です。

一方、国内においても暴力団等の非合法組織やその下部組織が窃盗をくり返すこともあって、対策には専門的な知識と技術、そして訓練を受けた体力が必要になっています。

❖悪質犯罪に対する ハイサットの対策事例

今、こうした国内外の組織的な悪質犯罪に対抗する組織があります。

ハイサット（ＨＩ-ＳＡＴ・高度緊急展開部隊）とは、高度に組織された万引き犯対策の精鋭部隊の名称ですが、これは民間企業が悪質犯罪に緊急対応を行なう中で定着した組織です。

ハイサットは、とくに近年、東南アジア系外国人の、集団での巧妙かつ周到な計画犯罪に対し、短期間で根こそぎ摘発する点で多くの実績を持っています。十分な調査と訓練された行動で犯罪組織を一網打尽にするのです。

ハイサットでは、この種の万引きはどんな人間がやるかを熟知しているため、対応もスピーディーで多くの成果につなげています。

その成果は海外メディアからも注目を集めており、今年だけでも米国ＣＮＮ・英国ＢＢＣ・フランスＢＦＭ・日本のＮＨＫ等々で紹介され、知名度も高くなってきました。

米国ＣＮＮは、摘発金額だけで９００億円にものぼる米国の万引き不正に対し、有効な対策を行なう先進事例として取材していました。

日本と違い、言葉も通じない多民族が共存する社会で、貧富の差が大きいこともあって、モラルだけでは解決できない難題についての有効な事例として紹介していました。

日本と米国との違いは、米国ではクーリングオフ期間が70日間もあることから、万引きした商品を店舗に返品し、返金を要求する損失も多い等です。

Yスーパー店のハイサット部隊導入前後の万引き摘発状況

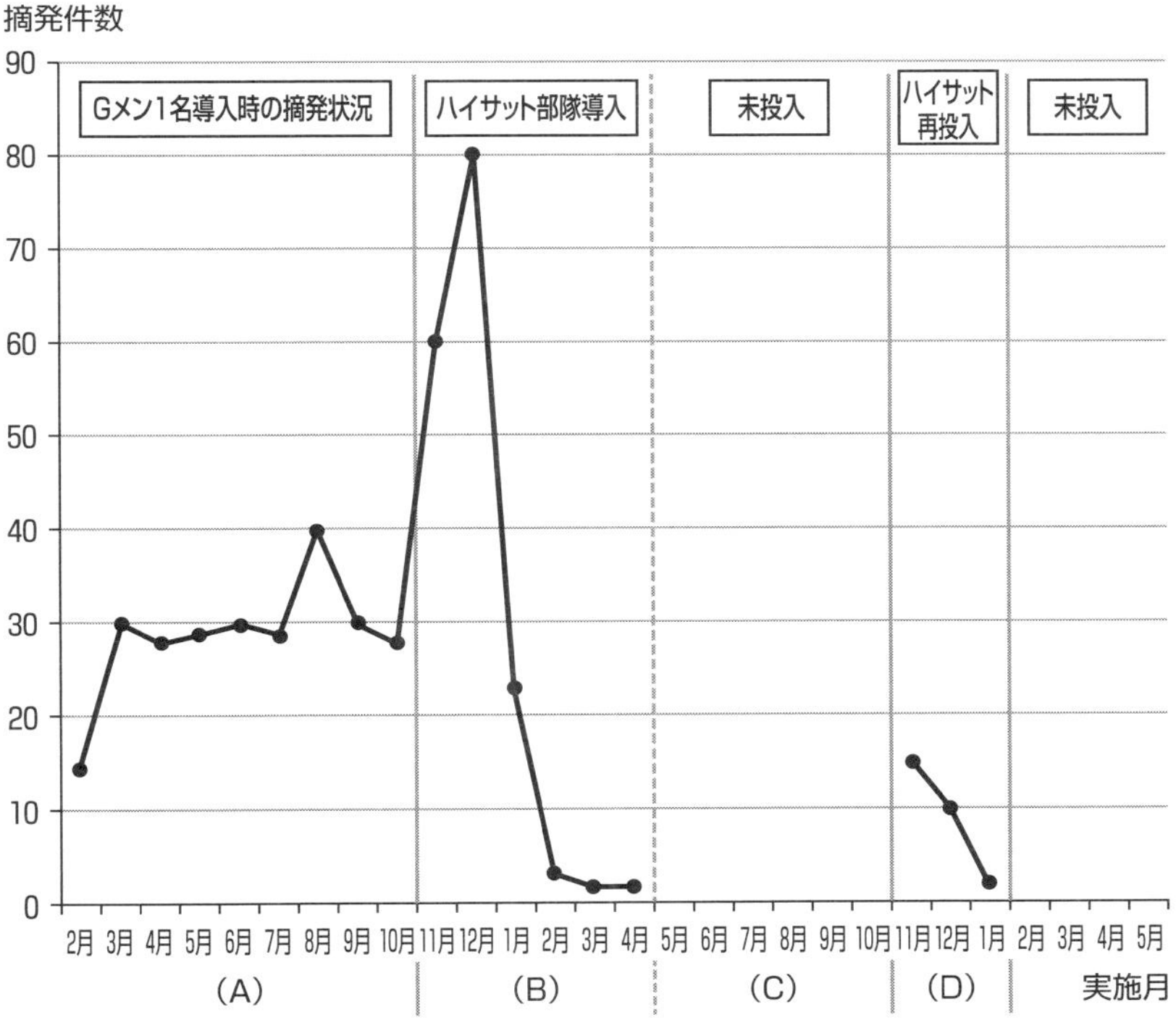

（注）ハイサットの標準摘発体制は３人編成だが、状況に応じ対応できる。本事例は３人体制のもの
（出所：エスピーユニオン・ジャパン調査部）

グラフの解説

（A）初めは通常の保安員（Gメン）による万引き対応。万引き件数が増大するのでハイサットを導入

（B）３人常駐で多量の万引き犯を摘発する。３ヶ月で急速に万引き犯が減少し、半年でハイサットを終了

（C）万引き摘発の保安員を置かずに営業

（D）半年後、情況確認も含めハイサットを再投入する。２ヶ月目より以前のように急速に万引き犯が減少し、安定したので終了

section 60

万引きされる企業側の責任

企業の方針・制度・訓練の明確化

「万引きを防ぐ」ことで企業の責任を果たす

❖企業の方針明確化と徹底

万引きは、される側にも責任があると前述しましたが、対策としては全従業員に対し、管理体制の方針を明確にすることがまず求められます。方針はわかりやすく具体的に示す必要がありますが、継続して定着させるためには、くり返しと徹底が欠かせません。

従業員の訓練には、時間的な制約があることから、自習できるビデオが有効であり、それを評価するテストも欠かせません。現在は遠隔操作で映像を見ながら相互のコミュニケーションが図れますから、情報システムを活用し、効果的な訓練法を実施すべきです。

❖企業側の責任

企業側の責任とは、ずさんな管理状況を放っておくことで、犯罪誘発のきっかけを提供することです。ですから不正のできない毅然とした態度と制度が必要です。とくにセルフサービス店では、前述した防止策を徹底することと従業員の意識教育が大切になります。

❖警察送りにする基準

法律では、「現行犯人を逮捕したときは、直ちにこれを司法警察職員に引き渡さなければならない」（刑事訴訟法第２１４条）としています。逆に言えば、逮捕しなければ、警察に引き渡さなくてもよいのですから、逮捕するかしないかを決定するのは被害を受けた店側の判断となります。先に述べたように万引きの98%は出来心からの犯行であるため、その判断基準が大切になるのです。以下はその基準です。

①逃走を謀った者
②万引き以外にスリ・置き引き等をした者
③常習犯で計画的な犯行者
④従業員に暴力行為をした者
⑤覚せい剤使用者・保持者
⑥家出・住所不定者
⑦犯罪に使用する道具保持者

などですが、これとて状況判断が大切です。

店は犯罪者を取り締まる機関ではなく、お客様に満足を提供するのが仕事ですから、この基本を忘れず、「お客様のため」を一義に対応すべきです。

万引きされる企業側の責任とチェック表

万引きはされる側にも問題があるもので、企業側の自覚と、やらせてしまう責任を感じ、対応策を研究する必要がある

万引き不正チェック表

	構造・制度の整備責任	従業員の意識・活用責任
社外万引き対応レベル	1　検収体制不備・ルールがあいまいでわかりにくい	1　社外侵入者等の防犯意識がない
	2　検収体制不十分・マニュアルはあるが守られていない	2　意識はしていても制度が不備で、守られていない
	3　普通の体制・普通にやっているレベル	3　意識はあるが、制度の活用が不足しているレベル
	4　入退店管理も含めた総合的な商品管理体制がある	4　意識して不正対応はしているが、徹底できていない
	5　万引きできないルールが徹底され、実行されているレベル	5　意識も非常に高く、制度の徹底も図られているレベル
店内万引き対応レベル	1　店舗構造・万引き対応の不備	1　従業員全体に万引きロスの意識がない
	2　死角対応の不備	2　万引き対応ルールはあるが、あまり実行はされていない
	3　普通の制度と体制 普通の整備状況レベル	3　意識はあるが、あまり効果的な活用がされていないレベル
	4　店舗構造・レイアウト・陳列が整然とわかりやすく整備されている	4　意識的に万引き対応を図っているが、技術的に不十分な点がある
	5　非常に整備体制がよく、実行されているレベル	5　非常に厳密な万引き対応ができているレベル

section 61

今後の万引き対策

値札の自動読み取り方式

精算の自動化による万引き防止

❖ICチップによる値札自動読み取り方式の活用

ＩＴ革命はコミュニケーションを加え、ＩＣＴ革命と言われるようになり、情報通信技術は私達の生活面に様々な変革をもたらしました。

万引き対策にも有効な無線自動識別（ＲＦＩＤ）機能を持つＩＣタグ（ＩＣを埋め込んだ値札）もその1つです。

現在は多くの商品にバーコードの値札がついていますが、これに代えてＩＣタグという非接触の値札をつけると、非接触であるため、複数の商品を同時に自動読み取りし、登録ができます。現在のレジはいらなくなり、銀行カードかクレジットカードを持っていて自動精算を希望すれば、無人の読み取りゲートを通るだけでスピーディーに精算がすんでしまいます。

このＩＣタグによって万引きはできなくなるのです。なぜならポケットに入れた商品もすべて自動的に読み取ってしまうからです。

同じく棚卸も検収も効率的に実施できるようになります。

❖無人レジと自動精算・防犯システム

セルフサービス店の長年の夢であった「無人レジ」は、世界一の小売業である米国のウォルマートによって実証実験が重ねられてきましたが、現在はわが国でも多くの企業が導入を始めています。

課題はＩＣタグの単価ですが、10円以下になると多くの衣料品に、5円以下になると多くの食料品にも生産段階で貼付されるようになり、一気に普及すると予想されています。

単価は使用量で決まりますから、大手の流通業の使用状況に掛かっていると言えます。

このシステムへは、既存の基幹システムを変更せずに移行することも可能です。

従来のＰＯＳシステムに、ＩＣタグの情報書き込み機器や読み取り機器、入出荷検品端末、防犯ゲート等を接続し、データはインターネットで管理すればいいのです。これでレジも6～7割の削減が可能です。

売場と精算時の自動読み取り概念図

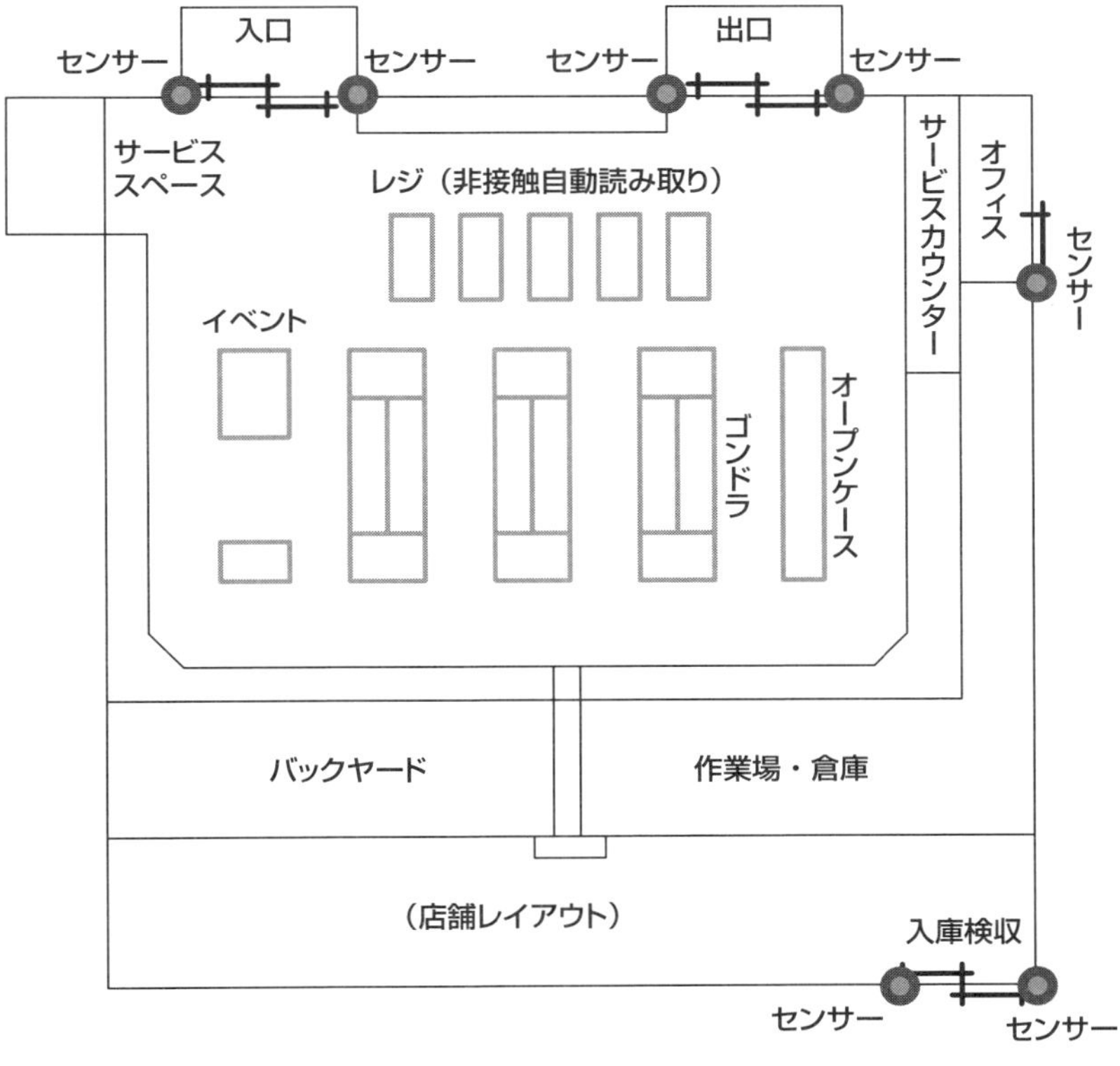

①すべての商品にICタグがついている

②精算はショッピングカートごと商品を一瞬ですべて読み取る

③身につけている商品も読み取ってしまう（万引きができない）

④他の客（前後左右）との商品区分は、同時に通過しなければカウントされない

⑤レジを通らないお客様でも、すべての出入口にセンサーがあり、万引きはただちに認識される

出来心万引き者の心のうち

■自殺を救った保安員の話

それは幼い子の手を引いた、母親でした。母子家庭で、必死に働いても生活は楽にならず、七五三の華やいだ子供達を見ても、わが子にはきれいな鼻緒の下駄ひとつ履かせられないみじめさを嘆き、うつ状態で毎日を送っていたとのことでした。

このままでは生きていても仕方がないと思い、自殺を決意したそうです。死ぬ前にせめて子供がほしがっていたきれいな服を着せたいと衝動的に洋品店に行ったのです。

それが初めての万引きでした。子供は川のたもとに待たせていました。

睡眠薬も持っており、決心は本当だったのです。

万引き犯として捕えた保安員（万引きＧメン）はベテランでしたが、ことの顛末を店長に話し、母親とじっくり話をして、もう自殺など考えないとの確信を得て別れました。

母子家庭は世間に大変多いことや公共的な支援策がいろいろあることも話したとのことです。

しばらくしてその母親から万引きＧメンに感謝の手紙が届きました。

■多くの出来心万引き者が、固定客に変身していく

これはまた別の話です。

お客様から店長宛てに一通の手紙が届きました。開いてみるとこんな内容が書かれていました。

「私はちょっとした気の迷いで万引きをしてしまいました。誰に見つかることもなく大きな買い物袋を持って外に出ると、店員さんに呼び止められました。しまったと思ったのですが、その店員さんはニコニコと『あいにくの雨ですし、お荷物をお持ちしましょう』と言って車まで運んでくれました。そして、『またおいでください』と丁寧に挨拶をするのです。帰ってから後悔の念がますます高まりました。こうして手紙を書きお詫びしたいと思います」

万引きした分のお金と、お詫びにと別に２０００円が包んでありました。そしてもう決して万引きはしないということと、これからもこの店で買い物をするとしたためてあったのです。

手紙を出さないまでも、このような人が多くいるのです。

そう言えば、井上ひさし氏の随筆『ふふふ』にも、書店で万引きして人生の師に巡り会う記事がありました。

第6章

商品以外の
機会損失ロス対策はこれだ

section 62

商品以外の機会損失ロス対策①

考え方を明確にすることで解決できる機会損失ロス

顧客目線で自店を見直す

❖商品以外のロスとは

第5章までのロス対策は、すべて商品に関わりのあるロスでしたが、商品以外の影響でも多くのロスが発生しています。

商品以外のロスには、

①店舗の立地構造や設備上の不備、あるいは陳列機器・レイアウト、建物の構造的な不備等から発生するロス

②接客対応の不備から生じるチャンスロス

③販売促進活動の不備から発生するチャンスロス

等があります。

❖機会を意識して、考え方と構造を改善する

機会損失ロスの対策は、機会を逃さないようにする意識が大切です。行動を意識的にすることで損失を発見し、防ぐことができます。行動は考え方で変わりますから、考え方を明確にし、習慣化することです。

例えば、立地上のロスであれば、お客様が来店しやすい立地になっているかを改めて見直し、変化する競合店との関係や人口の出入り、地域の道路・鉄道・住宅建設等の変化に意識して注意を払うことです。変化に気がつけば対策は出てくるものです。

❖顧客目線で見る習慣

機会損失で最も意識すべき点は、顧客目線で見る習慣です。

損失の多くは自分中心的な考えから生まれます。「忙しくて暇がない」「やろうと思ってもお金がない」「面倒でやる気がない」等です。顧客が「不便を感じている・知らないでいる・こうしたら喜ぶ」といった顧客目線がないと、お客様は次第に減っていきます。これが最大のロスなのです。

しかし多くの店は、立地が悪いからとか設備が不十分だからと、人のせいにして現状に甘んじています。

このように機会損失は、顧客目線で全体を広く、細かく見る習慣をつけることが大切です。

「鳥の目（全体を広く）と虫の目（対象を細かく）で観察する」ことです。

食品流通を例とした顧客志向の高度化ステップ

3つのウェア		改善ポイント	情報システム	食品流通の課題	効果	ロス対応
①	ハードウェア	設備機械	ベーシック ⬇	機能向上（低コスト化、省力化）（自動化、無人化）	効率性	立地ロス対応 設備ロス対応 レイアウトロス対応
②	ソフトウェア	商品	オペレーショナル ⬇	マーチャンダイジング力強化（品揃え向上）	有効性	商品ロス対応
③	ヒューマンウェア	人とサービス	ストラテジック（高度情報システム）	業績の向上（サービスと商品の質向上）	成果性	接客ロス対応 販促ロス対応

3つの機会損失ロス（チャンスロス）事例

①店舗の立地構造や設備上の不備から起きる機会損失例

(1)競合店より小さな売場しか取れない立地

(2)天井が低く、階段の多い店舗設備

(3)古い陳列機器や暗い店内

②接客対応の不備から起きる機会損失例

(1)接客サービス係がいない店

(2)接客が悪く不快感を持たれる従業員

(3)接客教育が不十分で、買い物の楽しさが感じられない店

③販売促進活動の不備から起きる機会損失例

(1)お客様を迎える姿勢が感じられない、暗く汚い店

(2)特売等販売促進に魅力のない店

(3)イベント企画等、サービスが見劣りのする店

section 63

顧客志向の立地対応策

立地条件は基本だが、立地がすべてではない

❖立地条件は変化する

「店舗の成功の7割はこれで決まる」くらい大切なのが、立地条件です。「都市型百貨店が、なぜ駅前なら成功するのか」「ショッピングセンターが、なぜ近隣に住宅がなくても道路事情がよければ成功するのか」。

これらはみな立地が決めているのです。しかし時代とともに立地条件も変わるのです。いや変えられるのです。立地そのものは固定されているので、「変わるか、変えられるか」を十分に考え、だめなら立地そのものを変えることです。それが損失を最小にする策です。

❖店舗規模で来店機会が変わる

店舗の規模で来店機会が変わることは誰でも知っていることです。

コンビニは近隣２００ｍの立地で、平均週2回の来店があれば経営は成り立ちます（客単価１１００円・１日客数平均３２０人・日商35万円）。スーパーマーケットなら2km圏で週1回の来店があればよいのです（客単価２０００円・１日客数平均１５００人・日商３００万円）。百貨店は１００km離れていても固定客はいます。

このように店舗規模により来店特性はあります。しかし、あるパン屋さんは車で30分かけても、また、ある豆腐屋さんは自転車で30分かけてもお客様が来店してくれます。ここに立地がすべてではない証拠があります。来店理由は、食べ物なら「おいしいこと」と「会いたい人がいる」ことです。

❖立地不備の克服策

立地そのものが不備でも、様々な克服策があります。設備関係の対策は次の64項で取り上げますが、それ以外では、お客様に便利になったと思っていただける施策の実施です。例えば、

①買い物不便地への移動販売
②団地等への送迎バス運行
③通信販売と配送サービス
④高齢者対策の配送サービス
⑤バス停の設置・増発
⑥住宅建築や道路整備等

宅配システムは73項で取り上げます。

立地不備によるロス対策

チャンスロス→構造上の機会損失ロス→立地不備によるロス

	ロスの対象区分	ロス対策
1	**構造上の立地不備によるロス**	**採算分析による拡張か撤収対策**
	1）躯体の変更不可能	1）収支構造分析による拡張・退店の早期決定
	2）駐車スペースの拡張不可能	2）隣接地借上げの可否決定
2	**立地変動対応不備によるロス**	**各要因分析による拡張か撤収対策**
	1）商圏人口の変化対応	1）将来の人口推移予測・客層年齢・所得等の変化予測による対応
	2）道路・交通等の地理的変化対応	2）道路拡張整備・橋やバスの運行変化予測による対応
	3）競合状況の変化対応	3）近隣競合店の変化分析と対応力の判断
	4）経済環境の変化対応	4）所得水準や物価情勢等の中期予測に基づく対応

顧客志向の店内外設備の整備策

行ってみたくなるショッピングの異空間づくり

❖店舗の異空間作り

お客様にとって来店の動機として、「楽しさ」は決定的です。無店舗販売との違いはここにあります。そこで店内外の整備による楽しさ作りについて対応策を考えましょう。

来店客の増大は機会損失ロスの有効な防止策でもあるのです。

例えば米国のスーパーマーケット・スチューレオナルドは、日本でも業界では有名な楽しい店ですが、ファンタジックな異空間を演出しています。また同じくニューヨークのウェグマンズは各店舗での工夫で様々なデコレーションを施し、楽しくきれいな売場を創造しています。ともにスーパーマーケットという業態ですから、子供も含めた客層に合わせていることがわかります。

店舗の外装は店舗イメージを決めるため、とくに配慮が必要です。内装の基本は客層に合わせた色調とゆったり買い物のできる雰囲気の演出です。

❖駐車場整備

店外設備では駐車場の整備は必要不可欠です。1台当たりのスペースが広いだけでなく、ピークの来店時にも対応できるスペースは確保したいものです。また誘導係のサービスも歓迎の気持ちをどう表わすかが大切なところで、この件は第8章で述べます。

❖什器備品等の整備

入口から空調が効き、照明・スポット等が適切でディスプレイが楽しい。心地よいBGMが流れ、陳列ケースや冷凍・冷蔵ケース・ゴンドラ等が整然として美しく、エスカレーターがゆったり乗りやすい。手洗いがきれいで、休憩施設や飲み物サービスカウンターが充実している……等を見直す必要があります。

❖防犯カメラ等の設置見直し

防犯上の設備として一般にミラーや防犯カメラ等がありますが、これらは素人への牽制効果があるだけで、万引きが防げるわけではありません、それよりお客様の安全・安心が大切ですから、非常口の確保や防火扉の整備、店内放送の充実を図るべきです。

設備不備によるロス対策

チャンスロス→構造上の機会損失ロス→設備不備によるロス

	ロスの対象区分	ロス対策
1	**設備老朽化による商品ロス**	**設備のメンテナンス実施と商品管理の徹底**
	1）冷蔵庫・冷凍庫・ショーケース・スポット等の事故・故障によるロス 2）店内外の設備・ケース等の老朽化によるロス	1）メンテナンス担当の設定と定期点検の実施 2）投資対効果の見定めと判定基準の明文化実施
2	**設備不備による客数減のロス**	**設備の増設と店舗イメージの向上による客数増**
	1）床・エスカレーター・照明・内外装等の不備による、客数減 2）耐用年数の管理と予算管理の適正運用	1）不備の早期発見とスピーディーな対応によるイメージ向上策の実施 2）投資対効果の見定めと判定基準の明文化実施

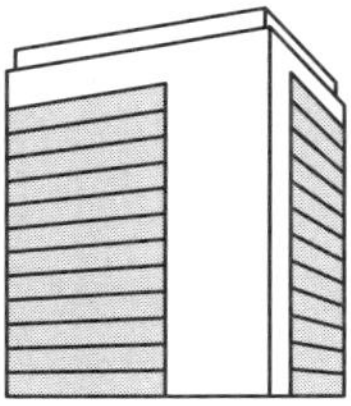

section 65

商品以外の機会損失ロス対策④

レイアウト等の配置整備策

歩きやすさ・見やすさ・選びやすさ・取りやすさの工夫

❖レイアウトの原則

レイアウトは商品の配置ですから、商品がまず安全で・見やすく・選びやすく・取りやすく・そして並べやすく工夫をすることです。

主な留意点は、①配置の安全のためには十分な通路幅を取り、人のすれ違いやカートの行き来がスムースなことです。そのためには突出した陳列等の障害物は最小にし、ゆったり感を作りたいものです。②見やすさではショーケースの工夫が大切で、衣料品ではハンガー陳列が普及しましたが、必ずディスプレイ陳列を行ない、生鮮食品でも陳列に生鮮らしさを演出することです。③選びやすさでは、関連商品を陳列することが大切で、これによる機会損失も多いものです。④取りやすさでは、陳列台と陳列の工夫が必要ですが、高すぎず、重いもの・大きいものは下にといった配慮が必要です。⑤セール商品は客誘導の要なので、配置場所・方法は慎重に決める必要があります。⑥仕事のやりやすさも忘れてならない点で作業効率を高める工夫が必要です。

❖カラーコントロール

カラーコントロールは商品を引き立たせるための陳列技法です。これにより買上げ点数の増大が図れます。

青果物の陳列レイアウトや衣料品のセーターなどで、カラフルな配置をすると商品がきれいに見えます。商品の色見分けが簡単にできることで、お客様の興味を留め、購買効果が期待できます。また照明1つで肉の売上げが5倍増などの例も珍しくありません。

❖客導線調査と客目線調査

①客導線調査とは、お客様が通った店内の道筋を追跡することで、どんな商品を購入しているかを知る方法で、広く普及しています。レイアウトの改善や関連商品の陳列に活かします。

②客目線調査はこれからの手法ですが、お客様の目の動きを電子的にキャッチし、どんな商品を見て何を買い、何を買わなかったかを正確に知る方法です。これにより手に取ったが買わない商品の理由までつかもうとするもので、情報通信技術の応用です。

レイアウト等配置の不備等によるロス対策

チャンスロス→構造上の機会損失ロス→
レイアウト等配置の不備等によるロス

	ロスの対象区分	ロス対策
1	**レイアウトの専門家不在によるチャンスロス**	**レイアウトの基本に照らした問題点の是正**
	1）店舗での一貫性あるレイアウトの変更とチャンスロスの防止 2）顧客の買いやすさに基づく配置見直し	1）レイアウト修正と変化の把握 2）客導線調査による、マグネット商品の配置変更
2	**催事等の変化陳列遅れ等による客数減少ロス**	**季節感の演出技術の向上とタイムリーな実施**
	1）季節感の演出不備によるチャンスロス 2）イベント催事等の遅れによる客数減少ロス	1）年間計画の作成とタイムリーな実施 2）わかりやすい・見やすい・取りやすい配置の継続実施

関連商品の変化と時代対応

- 無店舗販売が急速に成長してきたが、レイアウトはこれからで、まだ多くの機会損失を起こしている。今後は商品選択の研究が必要とされている。現在は目につきやすさの競争で、経費もそれに比例しているのが実態。
- 店舗販売では、とくに関連商品陳列の研究が進み、意外な関連商品の発見やセット商品の開発が進んでいる。時代の変化も考慮して、固定観念にとらわれないレイアウトが求められている。

万引きを生む店舗の死角対応

店舗・陳列レイアウトの死角とは

❖店舗構造上の死角対応

万引きでの死角とは、万引きしやすい場所のことです。店舗には人目の届きにくい多くの死角があるため、なかなか万引きが減らないのです。例えば、階段付近・柱まわり・角のコーナー部分・高いゴンドラの陰等です。

お客様の買いやすさにもつながりますが、今日の多くの店舗は、見通しがきくように柱のない、あるいは細い構造になっており、陳列器具も低くなっていいます。防犯カメラも移動式で、マークするとその人を追跡します。逆に迷路のような売場を意識的に作り、宝探し的な楽しさを強調している店舗もありますが、万引きされやすい、死角の多い店舗となります。

❖レイアウト上の死角対応

レイアウトは商品の陳列配置ですから、死角を作らない配置は、狭い通路・陳列の角・コーナー・高いゴンドラへの対策となります。

レイアウトは固定化すると売場が死んでしまいますから、季節感を持たせた変化を常に工夫する必要があります。そこで対面販売や側面販売を多数導入したり、マネキンを常時おいて推奨販売する等、死角の牽制をします。

❖設備上の死角と実際

設備上の死角とは、「狭い・複雑な通路」「高い陳列台」「最下段の陳列」「暗い照明」「角や隅のいわゆるコーナー陳列」などを挙げることができます。また現実の死角として、設備や構造以外に、混雑時の人の背中やカートの下・手持ち袋等にも注意することです。

❖将来の死角対策

前述したように、将来的な万引き対応策は、ＩＣタグ貼付による死角なし体制への移行です。すべての商品にＩＣタグの値札がつくと、死角がなくなります。なぜなら、店内の商品は非接触の読み取り装置ですべて読み取ってしまうからです。

すでに10年前から実験が進められており、衣料品分野が先行して導入を開始しています。ポイントはＩＣタグの価格で、5円を切ると食品分野でも急速に普及することが予測されます。

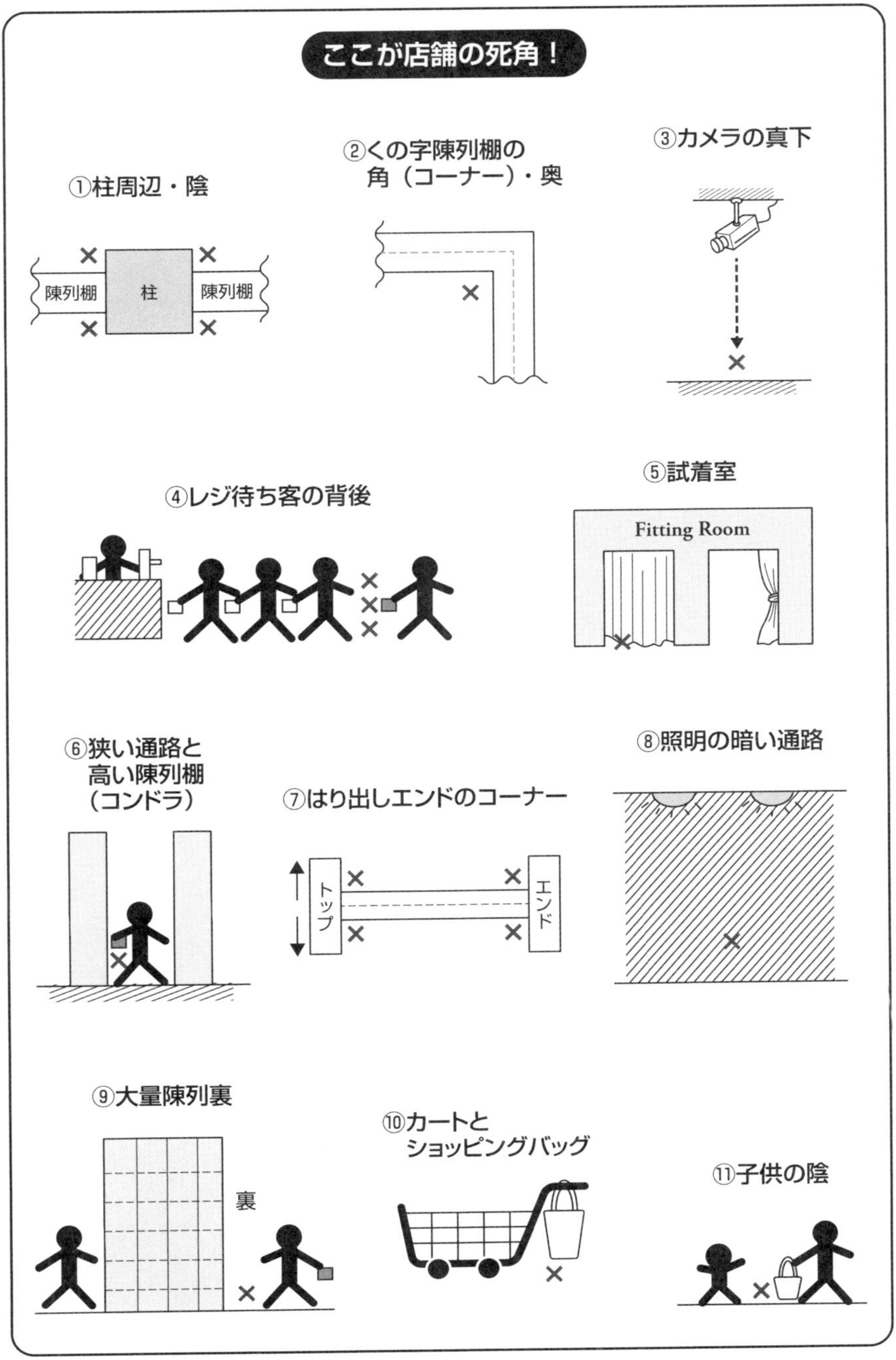
ここが店舗の死角！
①柱周辺・陰
陳列棚
柱
陳列棚
②くの字陳列棚の
角（コーナー）・奥
③カメラの真下
④レジ待ち客の背後
⑤試着室
Fitting Room
⑥狭い通路と
高い陳列棚
（コンドラ）
⑦はり出しエンドのコーナー
トップ
エンド
⑧照明の暗い通路
⑨大量陳列裏
裏
⑩カートと
ショッピングバッグ
⑪子供の陰

有効なロス対策は ロスだけに目を奪われないこと

■見えるものが見えなくなる、現実からのヒント

左の図は幼稚園児はできるのに、大人になるとできなくなる問題です。

■ひと筆書き問題

4つの直線からなるひと筆書きで、左の9つの○をすべて通る線を書いてください。

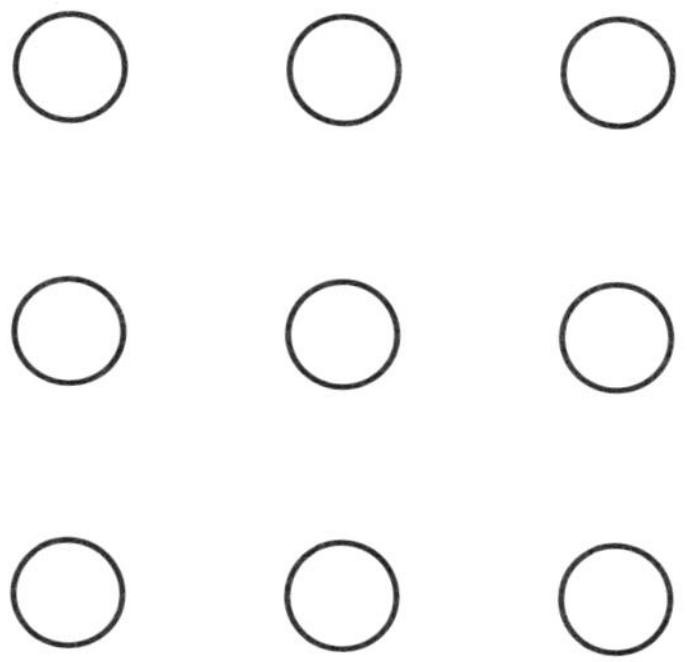

○の外枠にこだわると解けません。枠からはみ出して考えられるかどうかが、ポイントになります。

ロス対策も、ロスの枠で考えると正解は出にくいものです。例えばロス金額の削減を目的にすると、目先のロス金額は減っても、かえって売上げが減少したりします。解答図のように枠からはみ出した部分が大切なのですね。

根本的な対策はロスの発生原因を基から断つことで、例えばコンピュータ化することでデータ不正を激減させるとか、従業員の意識を変えることでロスをなくす等です。

1つのことに執着せず、全体と本質を見る目を養うことです。

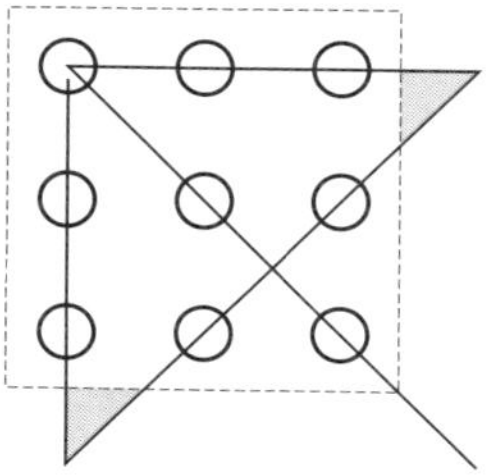

（解答図）

第7章

販売促進等の不備による
チャンスロス対策はこれだ

販売促進の構造的不備対応

販促策の構造改革と情報化時代への対応

❖販売促進の不備によるロスとは

販売する姿勢・構造から大きなロスが発生しています。それは従業員の販売に対する意識から始まりますが、人の問題は次項でまとめることとして、この項では販売を促進する構造面・環境面での不備を考えてみましょう。

これらはさらに販売できるチャンスを逃しているため、チャンスロスと呼ばれるロスですが、日々の販売活動で多くのチャンスを逃していることに、もっと注意を払うべきです。

❖販売促進構造・環境の不備対策

お客様をお迎えする構造・環境条件から主に設備的な充実度合が評価できます。

例えば最初にお客様をお迎えする駐車場の駐車環境、自転車置き場の整備・スペース、そして店頭の入りやすい演出、店内では入口・店内各施設の華やいだ演出、そして陳列什器等、販売環境の整備が求められます。

そこで、販売構造・環境の不備な点を客観的にチェック表により細目点検しますが、毎日の点検を正確に実施することでかなりの対策になります。販売促進の構造・環境が整備されることによって、顧客に安心感と買い物の充実感を提供できるのです。

❖販売促進策によるロス対策

意欲的に販売促進を行なうことで、販売のチャンスロスは減少しますが、これからは顧客の要望情報と商品の特性情報を突き合わせ、より細目にわたるマッチングを行なう必要があります。的確に顧客情報を活かした販売促進策が取れるようになると、品揃えの根本が改善されます。

例えば、携帯電話を用いて顧客の要望を知り、在庫の状況を事前に連絡したり、ピッキングから配送サービスまで対応するなどです。

インターネットの普及により、販促サービスの環境が大きく変化しており、顧客個別のニーズに合致した対応がリアルタイムに、双方向で、24時間可能となりました。こうした情報手段の有効活用でチャンスロスを防ぎたいものです。

販促対応不備によるロス対策

チャンスロス→政策対応上の機会損失ロス→
販促対応不備によるロス

	ロスの対象区分	ロス対策
1	**全体販促不備とチャンスロス**	**店舗全体の年間計画設定と早い実施**
	1）年間催事不備によるチャンスロス 2）特売販促不備によるチャンスロス 3）会員カード・スタンプサービス等の販促不備によるチャンスロス	1）年間のバランスよい販促計画と実施によるチャンスロス解消 2）特売販促の売り切れ損失対応等 3）友の会カード等の固定客化分析の実施と対応等
2	**商品別・イベント別の販促不備によるチャンスロス**	**商品別・イベント別の効果分析実施**
	1）ディスプレイ等の不備によるチャンスロス 2）ＰＯＰの不備によるチャンスロス 3）商品別推奨販売等のイベント不備によるチャンスロス	1）ディスプレイ技術の習得 2）ＰＯＰ技術の習得 3）店頭推奨販売・増しつき販売等の継続実施と客数の増大等

販売環境チェック表事例（一部抜粋表示）

	チェック項目	評価点（５段階）
1	**①店外・周囲の整備・衛生状況** 草、刈込み、汚れ、危険、段差	2
	②駐車場の安全性、快適性状況 清掃、カースペース余裕、通路確保 身障者対策、カート置場、スベリ止め ガードマン誘導、サービスレベル、雨よけ屋根	3
	③店外装飾・誘導状況 親しみやすさ、季節感、入りやすさ	2

section 68

人的なチャンスロス対策①

販売員の意識向上策

販売員の意識を顧客志向に変える

❖販売員の意識不足問題

人的なことが原因のチャンスロスは非常に多いものです。しかしこのロスは、販売員自身は気がつかない場合が多く、それは意識が固定化しているからです。顧客の志向が変わっているのに、店や販売員の対応が旧態依然では客離れが起こるのは必定です。

ここでの意識は、主に「お客様の立場で考える気持ち」で、この意識がずれているか不足していると致命的です。

❖販売員の意識の高め方

販売員の意識を高めるためには、①経営者の明確な方針設定、②方針の販売員への伝達徹底、③販売員の理解と同意、④販売員の行動支援、⑤行動成果の検証、⑥成果の評価、⑦販売員の意識向上、とつながります。

人の気持ちを変えるには大変な努力と根気を伴います。ただ方針を伝えるだけではだめで、心の底から納得させなければならないし、行動できる支援体制も必要です。ステップを間違えると空回りし、成果につながりません。

そこで意識のマンネリ化を打破するためには第三者の評価も有効です。その方法は、販売員の意識調査を行ない、詳細なチェック表で評価します。しかし大切なことは評価点数ではなく、この客観的な評価をどう活用するかです。

販売員の意識が高い店のロスは減り、低いと増大するのです。

❖やる気の構造とロス

現在、脳科学の研究が進み、意識と心の関係や行動伝達のしくみがわかってきました。

人に何かをやろうとする意識が生まれると、脳がそのための運動を指示して、行動が生まれます。

つまり、目的遂行の意識が行動につながるのは、人の、「やる気」という強い意識に左右されることになります。

そこで販売員の意識と成果の関係を見ると、やる気で取り組んだ人とそうでない人では、大きな成果の違いが出ることがわかります。

左図は、この「やる気」の構造を表わしたものです。

「やる気」の構造と活用

「やる気」になると、なぜ達成に近づき成果につながるのかを流れに表わしたもの
（自分自身の変化と所属する集団組織の中で形成される）

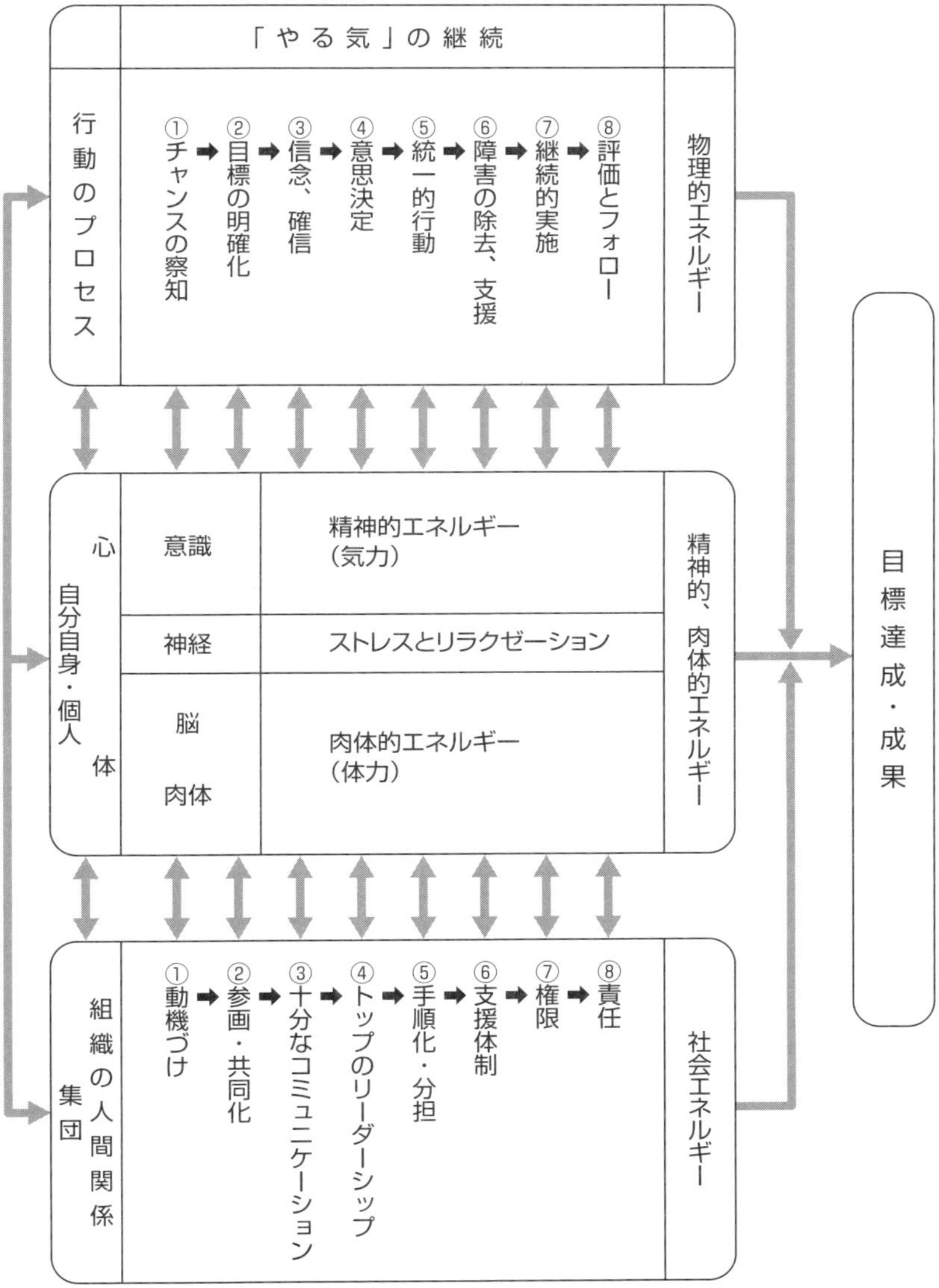

section 69

人的なチャンスロス対策②

販売促進策の工夫によるロス防止策

AIDMA理論と販売促進策

❖顧客ニーズの把握対応

販売促進効果を上げるには、「顧客のニーズを正しくとらえることが重要」とすでに述べましたが、ここではさらに具体的な対応策を考えてみましょう。

販売理論としては、お客様が商品を購入するまでの過程を階層構造で説明した「ＡＩＤＭＡ理論（注目・興味・欲求・記憶・行動）」がよく知られています。これは顧客ニーズに照らし、商品を購入するまでの気持ちの変化をとらえていますが、この過程にすべての販促策が盛り込まれています。

この他に確信や満足を入れた理論もありますが、いずれも販売員の工夫でさらに満足度の高い段階へ導くことができます。

近年、とくに電子商取引が拡大し、従来の理論に新たな考え方が必要になってきました（左図参照）。

❖販売促進費項目と技術の応用策

販売促進費項目の主なものは、①店舗広告費、②チラシ広告費、③ＰＯＰ広告費、④催事費、⑤リベート代、⑥割引費などですが、直接的な集客効果では、チラシ広告が最も大きな比率を占めます。

技術的には、商品の場合、①販売促進効果の高い商品を選択、②支持を受ける購入価格を設定、③競合状況を判断しながら提供します。

販促催事の場合は、①実施タイミングの選択、②内容の吟味、③実施期間と費用の設定、④期待効果の算定、を判断して提供します。

❖対外比較と専門機関の活用策

販促催事を自社で行なうことは必ずしも効果的とは言えません。それは多くの場合、商品の価格競争になり、結果として利益の低下を招くからです。そこで今日では対外比較を行ない、効果的な催事を外部に委託するケースが増えています。これは繁忙時の力の分散を避ける意味でも、また魅力的な催事実施の点からも有効な方法です。

例えば店頭で魅力的な催事を行ない、集客を拡大することができたら、その溜めをそのまま店内に呼び入れることで販売促進につながります。

購買決定の段階とAIDMA理論

（電子商取引も含めて）

	顧客の商品購入プロセス	AIDMA	従来の店舗購入（店舗）	比較優位（電子商取引から見て）	電子商取引購入（無店舗）	店舗＋無店舗（クリック＆モルタル）
1	注意する	（注目）A	*認知段階	同じ	（アテンション）A	
2	興味を持つ	（興味）I	*感情段階	同じ	提供方法に工夫ができる（インタレスト）I	
3	探す	（欲求）D		優位	探しやすい、検索する（サーチ）S	
4	比較する	（記憶する）M		優位	ネットで共有する、たくさんの中から比較しやすい（シェア）S	
5	絞って決める	（確認）C		優位	決定を支援する	
6	買う	（行動）A	*行動段階	同じ	（アクション）A	
7	払う			不利	払い方、場所を選択	安心 現物確認
8	運ぶ			不利	時間を指定して早く	早く 便利な場所
9	受け取る			不利	早く、便利で、安全に（デリバリー）D	便利 いつでも
10	返品・返金する			同じ	自由に	便利

・AIDMA（アイドマ）の法則とAISSAD

制度的なチャンスロス対策①

ＥＤＬＰでの販促サービス充実策

特売をしない販促策で成功するには

❖ＥＤＬＰと特売の違い

ＥＤＬＰ（エブリデー・ロープライス）は価格政策の1つで、定期的に日を定めて特売をくり返すことはせず、年間を通じて低価格でお客様に対応する方式を言います。

販売促進策の中でも最も費用と労力がかかるのが特売ですから、その改善策として多くの企業がＥＤＬＰに取り組んでいます。しかし、また元の特売に戻る企業が多いのは、客数減に歯止めがかかからないからです。なぜそうなるのかと言うと、店舗間の価格競争が熾烈なことと、商圏内顧客に直接アピールできないことで、存在感が薄れるからです。

❖成功要因と充実策

特売を止めてもお客様が継続して来店してくださるにはそれなりの理由があります。それは、①平常いつでも得な商品があること、②競合店より価格が平均して安いこと、③総合的に競合店より比較優位性があるとお客様が感じていること、等が重要です。そしてそれを継続できる企業力も必要です。

事例では西友その他多くの企業がありますが、健闘している企業の中には、価格競争でなく、真の商品力とサービス力で成功している企業もあります。これらの企業に共通することは、お客様の信頼感・一体感を得ていることです。同質化から脱し、新たな顧客ニーズを創造し続けている企業なのです。

❖ＥＤＬＰの効果と将来

特売をしない政策で成功するには、付加価値の高い政策実現が求められます。ＥＤＬＰの効果は、①仕事が平準化され、計画的に取り組むことができる、②人員手配が楽にでき、顧客に迷惑がかからない、③変動の多い値引処理や在庫処理等が少なくなり、低コストで管理もスムースとなる、等が挙げられます。

今後の展開としては、消費税の上昇もあり、消費者の価格意識は一層厳しくなりますが、価格だけの競争では行き詰まることは必至なので、内部体制を見て付加価値競争に転じ、新たな活路を見出すことが大切です。

EDLP(Everyday Low Price)戦略

1　特色

特定日を設けず、年間を通して低価格戦略で価格優位性をアピールする。

2　必要条件

特売実施店より、総合的に低価格で比較優位性があると消費者に明確に支持されていること。そのためには、ローコスト構造の体質ができていること。商品を絞り込めるマーチャンダイジング力があり、売れ筋商品を品揃えできること。

3　事例

ウォルマート（世界一の小売業）、西友、ダイエー、マルエツ、オーケー、マミーマート他多数。

4　戦略

①仕入原価が他社より低い仕入力を持つ（巨大な販売力）。

②経費が他社より低く運営できる（物流や間接部門のセントラル化）。

③人件費を低く抑えて運営するために、社員を少なく、店内作業が少ないオペレーション構造を作る（ローコストオペレーション）。

④特売がないので、販促費は売上比で２％は低くできる。

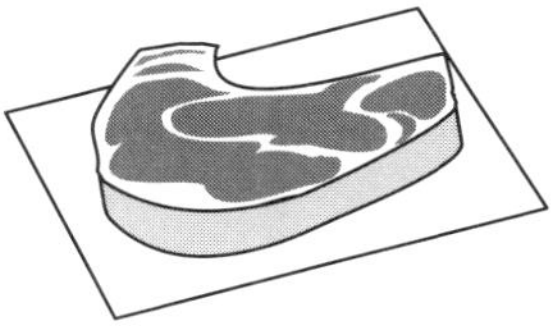

section 71

制度的なチャンスロス対策②

効果的な特売政策

特売とFSPによる機会損失防止策

❖効果的な特売戦略とは

顧客の最大のニーズである価格について、「同じ品なら安いほうを選ぶ」という考え方は確かに大事ですが、特売を価格競争だけでとらえるとしたら味気ないものです。特売は効果的な販促をより総合的に実施する戦略として活用したいものです。例えば、お客様が知らなかった新商品や地域の特産品を扱ったり、高品質な商品を紹介するといった楽しさも付加できるのです。

特売は新規顧客の開拓に活用すべきですし、また既存の顧客に対する固定化策にもなります。特売の継続を志向する経営者は、単に必要商品を提供するだけでなく、プロセスの満足感・充実感の提供に意味を見出しているのでしょう。これを推進するのが効果的な特売政策であり無店舗対応です。

❖特売成果の分析

特売は事後の早い成果分析が重要です。多くの労力と経費を投入しているからで、成果が低ければ経営の足を引っ張ります。逆に成果が高ければ顧客の支持が高いわけです。

一般的な特売成果を分析すると、売上げは、ほんのわずかな特売品目で、全体売上げの18%ほどを占めてしまいます。客数は平均約10%増加します。

特売品の粗利益率は通常の20%は落ちますが、これは特売品だけの率で、全体では１％内外です。全体としては客数増加で売上げを確保し、利益の減少をカバーするのです。さらに収支で見ると、人件費・広告費等の経費が増加しますから、それを差し引いて純益ベースでの成果を見ます。

この結果をリアルタイムに算出している企業は、ロス・コントロールの合格企業です。

❖ロイヤル客への対応とFSP導入

FSPとはフリークエント・ショッパーズ・プログラムと呼ばれ、ポイントカードや会員カードを発行して、既存顧客の固定化を図る手法です。過去の購買実績に応じ、上得意客であるロイヤル客には特別値引きやポイント付与を行なうことで、チャンスロスを防止します。

優良顧客の識別とFSP手法

1：ＦＳＰ（フリークエント・ショッパーズ・プログラム）の役割

→既存顧客の固定化とロイヤル客の増大

2：ＦＳＰの運用（例）

→精算時に会員カードを読み取り、瞬時に顧客の購買履歴を判定

→顧客の購入実績に応じて割引率を自動計算、値引率を算出

→精算金額から値引処理をする

3：効果

→顧客の購入金額・来店頻度に応じた個別のサービスがきめ細かくでき、固定客化とロイヤル客の増大が図れる

4：評価

→顧客に対する公平性の原則から異論もあるが、経営者の判断による

5：課題

→情報技術の進化で、顧客を個別に識別でき、対応を図れるようになったが、これらのデータベース・マーケティングも、現段階のように企業に技術的格差があるうちは競争力になるが、広く普及した場合には競争戦略にはならなくなり、コスト負担が残ることになる

カードシステム活用策

固定客化のメリットと情報システムの活用

❖積極的チャンスロス対策

「わが国のスーパーマーケットで、新規顧客を獲得する費用は、既存顧客維持費用の約5倍かかる」との調査結果があります。米国では約8倍と言われています。米国は所得格差が大きいため、すでに顧客が絞られていることからこのような数字になるのです。

この数字が何を意味するのかと言うと、販売ロスを防ぐ「固定客化」がいかに大切かを示しているのです。

❖固定客化とカードシステム

固定客化の基本は顧客の店に対する信頼ですから、きめ細かな信頼につながるアプローチが重要で、この有効な対策がカードシステムの活用です。

カードシステムは個人の持つカードの購買履歴から顧客の次のニーズを知り、タイムリーにアプローチできる点に特色があります。これはコンピュータの持つ膨大なデータベースを用い、予測するシステムですが、顧客にとってもサービスチケットや割引購入といった魅力があります。

システムの着眼点は、①有効顧客の抽出と絞り込み、②ヒット率の高い顧客選定、③顧客属性分析、④固定客への有効サービスの抽出、⑤顧客の案内誘導（重い物の宅配誘導から、さらに買い物代行・宅内修理）等です。

❖相互情報交換の成果

今日のカードシステムはＩＣＴ革命で大きく変化し、さらに便利で使いやすくなりました。とくにインターネットの普及と携帯電話によるカード機能の吸収が進み、双方向での情報交換がリアルタイムで可能となり、新たなサービスの付加・創造が進んでいます。

固定客を自動的に識別して、サービスを還元する方式や、直接、精算時に値引きするなど、固定客に厚くサービスできる体制が整ってきました。

こうしたシステムにより、顧客はさらに固定化の方向に誘導されていくのです。

カードの活用は、小売り内部の活用だけでなく、飲食・娯楽・旅行・宿泊・乗り物・病院等との相互乗り入れで、活用範囲が増大しています。

カードによる固定客化の概要図

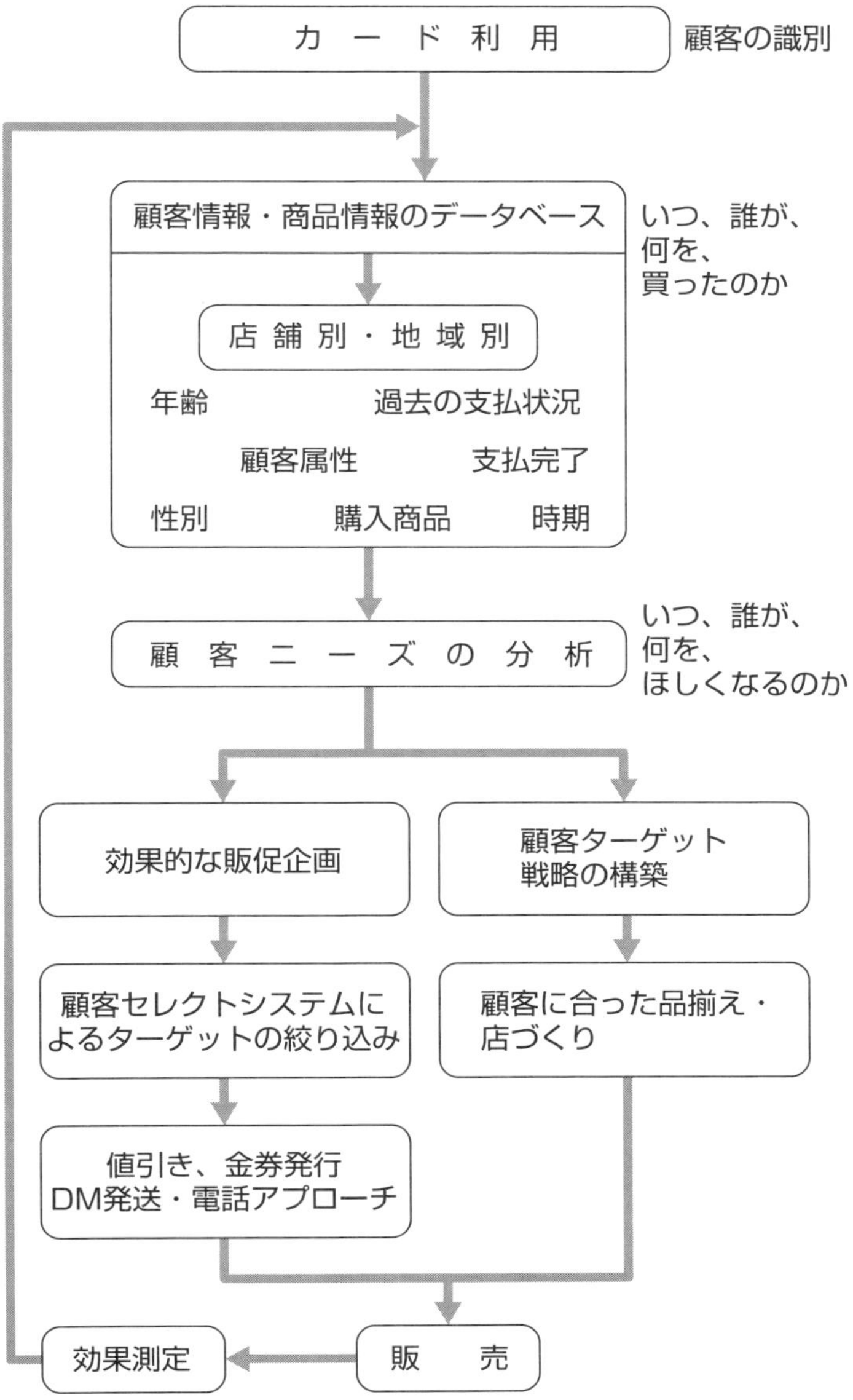
カード利用
顧客の識別
顧客情報・商品情報のデータベース
いつ、誰が、
何を、
買ったのか
店舗別・地域別
年齢
過去の支払状況
顧客属性
支払完了
性別
購入商品
時期
顧客ニーズの分析
いつ、誰が、
何を、
ほしくなるのか
効果的な販促企画
顧客ターゲット
戦略の構築
顧客セレクトシステムに
よるターゲットの絞り込み
顧客に合った品揃え・
店づくり
値引き、金券発行
DM発送・電話アプローチ
効果測定
販売

section 73

宅配システム対応策

高齢化対応と商圏拡大策としての宅配サービス

❖高齢化と宅配サービス新時代

高齢化は時代の流れで、止めることはできませんが、顧客ニーズへの対応と販売チャンスのロス対策として、来店できないお客様への宅配サービスが考えられます。

来店したお客様の買い物商品を届ける宅配のケースもあります。高齢になり車も使わなくなってくると、重い物や大きい物は宅配が便利だからです。

❖宅配システムと配送対応

宅配のシステムは扱い商品で様々な形態に分かれますが、共通するのは小配送をすることです。

この配送対応には大きく2つの考え方があります。①は配送費用をお客様からいただく方式、②はサービスとして自社で大部分を負担する配送無料方式です。この決定は企業の方針によりますが、一配送当たりの販売単価で決めているのが実情です。

外食産業の宅配は②のケースですが、配送範囲を設定して配送原価が商品で吸収できるように設計しています。

ネットスーパーの宅配はサービスととらえる経営と、回収を考える経営に分かれますが、一般に経営に余力のない企業は①の選択となります。現段階では①と②の折衷の中で、顧客動向を見て決定している企業が多いようです。

宅配を事業として本格的な展開を図るためには、サービスとしての発想ではなく、それ自体にさらに総合的な付加価値を創造し、費用をいただいてもなお利用される発想が必要です。

❖収益管理とロス対策

宅配事業は販売ロス対策として必要ですが、現状では収益管理が不十分な企業が多いのです。宅配専業ならば宅配だけで収支を決められますが、総合的な物販業の場合、配送をどこまでサービスに組み込むかはまだ実験段階と言えます。例えばアマゾンのような無店舗販売でも、単価によっては無料化していますから、計算上の損得でこれを決めるわけにはいきません。

大切なことは、ビジネスとして個々の収益管理システムを構築して、成果を明確にしておくことです。

宅配オペレーションとチャンスロス防止策

1 目的

宅配による高齢社会への対応とチャンスロス防止

2 位置づけ

店舗販売の補完

①店舗販売	②移動販売・訪問販売	③ネット販売
↓ （宅配）	↓ 宅配	↓ 宅配

3 サービス形態

①来店顧客へのサービス
②来店できない顧客へのサービス

媒体名
- 1）カタログ販売（カタログ、雑誌等）
- 2）TV、ラジオ、パソコン
- 3）ネット、スーパー（チラシ）

4 デリバリー体制

①各宅配送
②近くのコンビニ店
③帰宅近くの駅

5 精算体制

①配送後　クレジット
②配送時　集金
③配送前　代引

section 74

制度的なチャンスロス対策⑤

無店舗販売システムへの対応策

無店舗時代に対応するための店舗販売の特性利用

❖無店舗販売の発展

わが国のネット通販市場の２０１３年度売上額は約16兆円（ＭＭ総研調査・日経ＭＪ）で、さらに伸び続けています。しかし、小売り全体の消費は減少しており、店舗販売のロス対策は深刻です。

通販の利用端末はまだパソコンが主流ですが、10代・20代ではすでに35％以上がスマホを使った通販となっています。とくに10代の女性は通販での商品選びに半数がスマホを活用したＳＮＳを利用しています。買い物も店舗に来ることなく、友人のクチコミによりネットで購入を決めているのです。

さらに身につけて利用するウェアラブル・コンピュータの時代になると無店舗の利便性が拡大し、その比率を伸ばすことになります。

そこで大切になるのは店舗・無店舗の共存策なのです。

❖店舗販売との相乗効果策

店舗と無店舗にはそれぞれに特性があり、お互いの利点を活かして相乗効果が得られればロスを減らすことができます。具体的には前項で述べた宅配システムの他に、移動店舗方式や訪問販売方式（御用聞き販売）、そしてオムニチャネル等があります。

店舗販売の特性は、無店舗では得られない買い物プロセスの充実感・満足感にありますから、人的サービスを強化すべきです。

❖訪問販売の展開

訪問販売の歴史は古く、わが国の商業の歴史とともに今日まで継続してきた形態です。近江商人の原型でもあり、江戸時代から富山の薬売りでなじみの「配置販売」もこれです。

この薬売りが継続した秘訣は、顧客の個別管理が徹底していたことで、家族構成から過去の病歴と処置の記録等を、きめ細かく管理していたのです。基本は信用取引であり、常に新しい薬が身近に置ける安心感と信頼感で相互につながっていました。

今日の訪問販売は、店舗を持つ信頼性と商品力に加え、情報の蓄積で新たな顧客開拓ができるのです。

電子商取引（EC）の発注から回収までの流れ

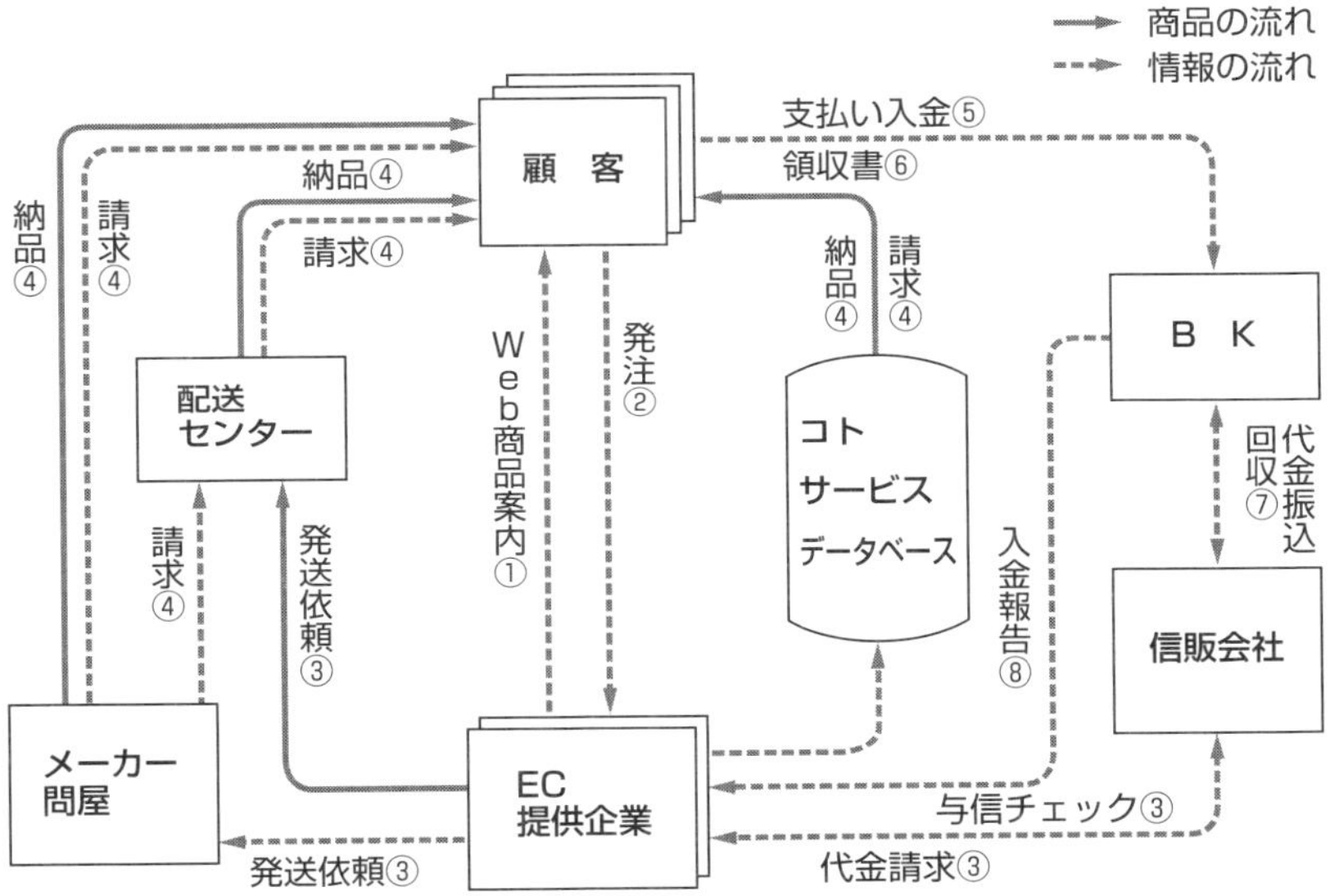

オムニチャネルの有効性

オムニチャネルとは、オンラインショップと実店舗を融合させた、新しい販売方式である。

この方式は、消費者の情報活用力がある今日、自然に受け入れられ、より便利になったとの印象で大きく普及している。

チャンスロスの点から、その有効性は以下のようなことが挙げられる。

①24時間、いつでもどこからでも受け取りができる、時間ロスの効果

②キャッシュレスでの対応のため、支払い制約の解放成果と単価向上効果

③買い物時間の削減効果と他への活用効果

④比較購買の自由度向上効果

駐車場の楽園作り事例

■立地革命と駐車場のロス対策

車社会が定着したことで、ショッピングも、従来の商店街から、道路事情がよく広大な駐車場を持つショッピングセンターに大勢の客足が向くようになりました。しかし近年は、無店舗でも十分買い物ができることから、店に相当な魅力がないと集客すらむずかしいのです。

ショッピングセンターの魅力は、まず、ほしいものが廉価で一箇所で賄えること、買い物時間の効率性が高いこと、そしてフードコートや銀行、各種サービス機関がまとまっており、便利なことです。

そして何より家から車で移動でき、荷物を楽に運べること、広大な商業施設で風雨を気にしないで、ウインドウショッピングができることなど、楽しさの演出が優れていることでしょう。

■ショッピングセンターの駐車場

駐車場は楽しく買い物をする入口であり、楽園か苦痛の場かを印象づける大切な場所ですから、ここでのサービスは来店動機に大いに影響を与えます。

この駐車場に驚きのサービスと、にぎわいをもたらしているある店の駐車場係の事例を紹介しましょう。

この駐車場係は若い男女で編成され、お客様のお抱えコンシェルジュ（世話係）役を担っているのです。

車の適切な誘導はもちろんですが、傘がなければ傘を用意し、重い荷物なら運んでくれ、子供にはプレゼントを、と各自が工夫してサービスに努めており、駐車場に楽園を作り、お客様への来店サービスの第一歩を感動で伝えようとしているのです。

ここの素晴らしい点は、十分な接客教育を受け、自らのパフォーマンスで最高のサービスを作り出していることです。俳優や女優の卵たちが活躍・勉強する場所ともなっています。

●パフォーマンス誘導

第8章

接客の不備等による
チャンスロス対策はこれだ

接客の不備対応

顧客満足を満たす接客力が最終の競争力

❖顧客の不満と小売りの姿勢

これからの小売店経営にとって接客力は最終の競争力ですが、現実はお客様との乖離がまだまだあります。

顧客の不満を無視する店舗側のご都合主義の例として、消費税の表示方法を挙げてみましょう。常に問題になるのは内税か外税かの判断です。

消費者１１００人と主要小売業１０２社からの回答結果ですが、価格の総額表示を希望している消費者が全体の85%いるのに対し、主要小売業者は16%しか総額表示をしていません。

これが消費者の要望に対応するはずの小売店の実態なのです。価格競争が厳しいとはいえ、少しでも安く見えるという自社の都合優先姿勢がこんな形でも現れているのです。

❖接客不備とチャンスロス

作る立場・売る立場の都合優先では消費者の不満は高まるばかりです、社会問題となっている、近年の企業の情報隠しや偽装・隠蔽・不誠実な対応等は、常に強い立場にある人々の利己的な欲望から発しており、顧客の満足にはほど遠いものがあります。

しかし徐々に消費者が力をつけ、選択権を発揮できるようになってきたことから、小売業者もやっと真剣にサービスを考えるようになりました。サービス競争の中でも、接客サービスは奥が深く、最終的な競争力になります。

本章ではこの接客に絞り、ロスの防止策を取り上げます。それにはまず左ページに挙げるサービス段階を１つ１つ乗り越えることが求められます。

❖顧客の不満対策と販売革命

接客の不満対策は、お客様の反応・感じ方で決まります。一人一人異なるお客様のニーズを読み取るのは現場の販売員なので、現場には無限の対策があるとも言えます。そして最後は顧客の満足・感動の追求競争となります。

例えば生産農家でも、顧客満足を出荷先や小売店ではなく、最終的に消費してくれる、消費者を考えて生産するメロンやラン栽培農家が大成功しています。ここに時間・空間を超える販売革命があるのです。

接客サービス不備によるロス発見法と対策

チャンスロス→政策対応上の機会損失ロス→
接客サービス不備によるロス

	ロスの対象区分	ロス発見法と対策
1	**接客機会作りが少ないチャンスロス**	**接客方針の確認**
	↓ 店頭に出る機会がない 接客機会作りに工夫がない	↓ 接客しない方針の企業もある 接客はせず、別の業務に専念する方針
2	**接客意欲と工夫の少ないチャンスロス**	**従業員の意欲観察**
	↓ 接客意欲がない 接客工夫がない	↓ 意欲のない従業員の個別対策実施 工夫に乏しい従業員の個別対策実施
3	**接客知識・技術不備によるチャンスロス**	**教育訓練不備状況の調査**
	↓ 接客の知識がない 接客の技術が不足している	↓ 育成計画の不備対応と教育の実施 先輩従業員の育成と指導体制の整備
4	**チェックアウトの接客対応不備によるチャンスロス**	**チェックアウトの教育の確認**
	↓ マニュアルの未整備 リーダーの育成不備	↓ マニュアルの整備と教育の徹底 リーダー教育の実施と継続育成
5	**管理者の接客対応不備によるチャンスロス**	**経営方針と接客レベルの確認**
	↓ 接客の機会作りに不備がある 管理者の接客が従業員の模範になっていない	↓ 経営者との連携強化 方針に沿った対応の実施

section 76

接客サービス向上によるチャンスロス防止策②

フレンドリー接客策

接客サービス向上の段階を上げることで固定客化する

❖接客サービス向上の5段階

接客サービスの向上が、来店客の増大、そしてチャンスロスの減少につながることがわかっても、サービスの向上には段階があり、なかなかフレンドリーと言った段階には到達しません。

接客サービス向上の段階とは、①接客を避けるレベル段階（接客に関心がない・教育もほとんどない）、②基本的接客レベル段階（基本的接客訓練を受け、基本事項は実行できる）、③普通の接客レベル段階（普通の接客対応ができる）、④よい接客・フレンドリーレベル段階（個別顧客に対しよい接客ができる）、⑤顧客満足レベル段階（顧客に感動を与えることができる）の5段階で評価できます。

❖ベンチマークの推進と固定客化

「ベンチマーク」とは水準となる基準のことで、目標とする水準を定めて、その水準を誰もがわかるように具体化し、そこに至る指標を明確にすることで、目標に達成しやすくします。

このベンチマーク推進はより高いレベルに全体を押し上げるために有効な方法です。実際は目標とする先進企業を選び、そこに近づけるのです。

例えば固定客化の推進であれば、フレンドリーな接客を通じて人気の企業を目標とし、そこで実施している方法を細かく観察し応用するのです。

「固定客は通常客より、結果として粗利益で18％高い収益を店にもたらす」との研究成果があります（米国ハーバード大学W・R・サッサー教授）が、当然のことで、多くのバーゲンハンターが粗利益率を落としているのです。ここにもチャンスロスを防ぐ接客サービス向上の実際があるのです。

❖フレンドリー接客とおもてなし

近年、ホスピタリティとか、おもてなしを大切にする企業が増えてきましたが、商売の原点は昔からこれなのです。最後はこの競争なのです。

そのためには接客段階を一歩ずつ向上させ、固定客化を推進することです。商売の原点を忘れず、お客様から目をそらさず工夫し、謙虚に誠実に地道な努力を継続することです。

接客評価5段階表（チェックアウト部門）

	チェックアウトの接客レベル	レイト値	評価要素と状況	評価ポイント
1	接客を避ける	0	○接客に関する教育を受けていない状況 ○接客マニュアル通りできない ○チェックアウト業務の基本ができる	○接客マニュアルの整備状況チェック ○接客教育訓練の状況チェック ○接客の対応度チェック ○チェックアウト業務の実行度チェック
2	基本的接客	1	○基本的接客訓練を受け、実施できる状況 ○接客マニュアルに書かれたことはできる ○チェックアウト業務が普通にできる	○接客5大用語が実行できているかチェック ○基本接客基準の実行度チェック ○チェックアウト業務のレベルチェック
3	普通の接客	2	○普通の接客応対ができる状況 ○時に応じ、決められた通りの対応ができる ○チェックアウトのスピード・正確性が優れている	○接客基準の実行度チェック ○笑顔の応対ができているかチェック ○チェックアウト業務のレベルチェック
4	よい接客	3	○個別の顧客に対し、適切な応対ができる状況 ○チェックアウト業務に精通している ○チェックアウトのスピードが極めて速く正確である	○積極的に話しかけ、話が展開している ○顧客の評価チェック ○チェックアウト業務のレベルチェック
5	顧客満足の接客	4	○個別の顧客に対し、次に何がしてほしいかがわかり事前に対応できる状況 ○チェックアウトのあらゆる応対に精通し、臨機応変に対応できる	○固定客を知り、個別客に対して適切な対応ができる ○顧客の評価チェックで、評価が常に極めて高い ○顧客から礼状がきたり、相談を受けている

評価条件：①同一店舗で、立地・商品構成・競合状況・従業員数等の変更が少ない状況での比較とする。
②顧客支持の効果測定は、顧客カードによるRFM方式の固定化率増加で判断する。4半期・半期・年間別に結果表示する。

RFM方式：顧客評価の方法で、顧客の購買行動を、最終購入日（Recency）、購入頻度（Frequency）、累計購入金額（Monetary）の3つの視点から判断する。

接客サービス水準向上の標準化策

サービスレベルを上げる標準化の推進ステップ

❖サービス基準の標準化策

企業のサービスレベル向上は予想外にむずかしいものです。それは人の意識を変えることですから、経営者も本気になって取り組まなくてはなりません。

しかし、企業体質は変わりにくいものなので、歴史が長く規模の大きい会社ほどむずかしいとも言えます。

スーパーマーケットA社では、サービス水準向上のために基準を設け、企業全体で取り組み、大きな成果を上げています。

製造業での業務標準化は広く導入が進み、定着していますが、サービス産業での標準化はこれからと言えます。

A社では標準化の推進ステップを明確にし、

①サービス基準の制定、②基準に基づく評価の客観的検証、③現状評価、④サービス向上運動の推進、⑤3ヶ月後・6ヶ月後等3ヶ月刻みで向上成果の評価実施、⑥業績と評価基準の関係分析、⑦成果のまとめ

を段階を追って実施しました。

留意点は、①意欲の高い社員の選抜を行ない実施させる、②選抜社員に対するトップからの動機づけを実施する、③実施者には時間的余裕を与え、各自の工夫によるサービス向上策を推進させる、④公正な評価の実施を行なう、等です。

❖接着剤的人材の活用とフォロー

円滑なサービス水準向上のため、意欲の高い社員からスタートするこの方式も、公正な評価で全社に普及させなくてはなりません。

そのとき大切なのが、客観的な評価のできる人と普及啓蒙する人です。この運動方針を継続フォローする接着剤的な人材が必要なのです。経営者と社員を結ぶ役割の専門家です。

通常は企業組織の中間管理者がその役割をはたしますが、この場合の役割は、ラインでもスタッフでもなく、言わばプロジェクトリーダーですから、基準評価に精通した外部の人材でいいのです。

接客サービス標準表（5段階評価、事例）

区分	評価項目	評価基準（5段階）
①	接客の基礎知識	1　基本が不足している 2　不十分 3　普通の対応だが応用ができない 4　知識はあり、よく工夫している 5　十分マスターし、応用力を備えている
②	接客の技術	1　不足している 2　応用力が不十分 3　普通の対応 4　技術はあり、よく工夫している 5　顧客を感動させる技術を備えている
③	接客の経験度	1　不足している 2　対応が不十分 3　普通の対応 4　経験も豊富にあり、工夫している 5　知識・技術・経験を十分に活かしている
④	接客の対応度	1　接客知識・技術・経験はあるが、対応の意欲が少ない 2　意欲はあるが有効に接客できない 3　普通の対応 4　クレーム対応にも優れ、積極的に接客している 5　心からのフレンドリーな接客ができている
⑤	成果につなげているか	1　顧客の評価は非常に低い 2　複雑な対応ができず、成果につながらない 3　クレーム対応も普通にできるが、好感までは持たれていない 4　接遇が優れ、よく相談を受けている 5　評判の接客で多くのファンがいる

（本人の接客知識・技術・経験度評価）

section 78

レイティングによる水準診断と評価策

接客評価の数値化策

❖レイティング手法とレイト値

「レイティング」とは、古くから工場運営をスムースに行なう手法として広く定着していました。「作業の標準を明確に定め、実際と比較して評価する方式」と言われています。

この考え方を流通業に応用し、評価基準を同様に「レイト値」として計数化し、客観的に店舗比較できるようにしたのが、左ページの方法です。

その有効性は、

①店舗が第三者機関により公平に評価される
②基準が網羅的で明確なため、結果に納得性がある
③継続的に比較できる

等が挙げられます。

❖診断法と評価法

網羅的に抽出した評価基準を5段階で評価します（1：まったくできていない、2：できていない、3：普通、4：できている、5：よくできている）。該当点数をそれぞれの基準項目に配点します。合計すると総得点となり、平均するとレイト値が算出されます。

この手法で評価すると接客レベルが客観化され、どこが問題点か具体的にわかります。また従業員の目標が明確になり、次に何を改善すべきかがわかります。

レイティング手法は接客だけでなく、あらゆる業務に適用できます。

❖接客評価向上と売上げ・粗利益の関係

左ページの表はレイティングによる接客評価の向上と売上げ・粗利益の関係を表わした実証実験の結果です。

1年間、接客向上運動を展開し、評価項目の合計（レイト値）が2・0から2・5と0・5ポイント上昇することによって客数・客単価が増え、売上げが5・9％、粗利益額も10・4％伸びたことを表わしています。

ロスとの関係においては、機会損失ロスを大幅に削減したのです。理由は接客サービスの向上で客数が増えたこと、客単価が増え、粗利益額の増加は固定客化が進んだことによります。

接客サービス向上評価と売上げ・粗利益の結果

（レイティングによる実証実験結果：店舗合計）

	レイティングのレイト値	平均客数	平均客単価	年商売上額（億円）	年商伸び率	粗利益率	年間粗利益額（億円）	伸び率
2005年	2.0	2327	1960	16.6		26.0	4.22	
2006年	2.5	2420	1988	17.5	105.9	26.6	4.66	110.4
	①	②	③		④	⑤	⑥	

（出所：秋山哲男）

店舗条件：郊外立地の食品スーパー、売場400坪、平均日商456万円（2005年度）、人口・競合店・従業員の増減少ない。

実証実験の解説

①は比較評価が２の「できていない」から、１年間の接客サービス向上運動により、「普通」まではいかないが、2.5に上がったことを示す。
②１日平均客数で、2006年には客数増加が図れた実績値を示す。
③１人当たりの客単価が、接客サービス向上により、増加があったことを示す。
④年間での前年対比売上伸び率が105.9に上がったことを示す。
⑤粗利益率の向上を示すが、接客サービス向上で固定客の増加により、利益率が向上した。
⑥年間粗利益額が、前年より4400万円向上した実績値を示す。

これらの実績は、接客サービスが向上すると、売上増大と粗利益向上をもたらすことを示している。

購買心理分析による対応策

来店してから決めるお客様の購買心理

❖顧客の購買心理分析

来店客の購買心理は対象商品により異なりますが、結果としての満足感・お得感は共通しています。とくにわざわざ来店するにはそれなりの来店理由があります。五感をフルに回転させた購買過程の楽しみ、そして人との出会いとサービスは大切な来店要素です。買い物での充実感は無店舗の検索行為では得られない大きな来店理由です。

お客様の購買の心理は、いかにお客様自身が「顧客価値（知覚価値とも言う）」を創造できたかにかかっていますから、「状況」と「瞬間」が大切になります。例えばお客様がタクシーに乗る心理を考えてみると、急ぐ人は「スピード」、確実に目的地に着きたい人は「ガイド」、雨の日は「快適さ」、足の不自由な人は「足代わり」を重要な価値としているのです。

これがお客様の本当のニーズであり、状況と瞬間で変化することをよく観察して対応することです。

顧客価値とはこのタクシーの事例のように、顧客自身が価値を見出し、その一部を自ら創造する、これからの価値概念ですから、対面接客はまだこれから多くの価値を創造できるのです。

❖最寄品の購買傾向調査

これは最寄品についてですが、「約8割のお客様が来店してから商品を決めている」との調査結果があります。これはいろいろな調査事例でほぼ共通しています。そこでPOP広告や適切な接客の重要性がわかります。

接客サービスは地域の店との比較優位で評価が決まりますから、とくに最寄品のように商圏が狭いケースでは、競合他店と比較し、どれだけ優位項目が多いかを十分調査することです。

優位項目は多くの場合、企業の手前勝手な選定が多く、そのような顧客不在ではサービスとなりません。顧客から見た優位項目を網羅的・客観的に選定し比較することです。これについて古くから小売業は着眼し、「ストア・コンパリスン」（店舗の比較評価法）として運用していましたが、課題は顧客視点がずれていることでした。

顧客の購入意識の多様性

顧客の来店行動	購入意識	出会いの場（サービス・エンカウンター）
1：何となく入る	購入目的はないが、ついでに何か見ようとの立場	相対は避けて自由に見る。自分中心（時間つぶし）
2：購入の代理人として	言われたものを楽に購入して、早く終わりたい	相対は避ける、購入が仕事。自分中心（給食材料の購入）
3：目的購入	事前に決めてきたものだけ購入する	ほしい商品がないときは不満が増幅する。目的中心（バーゲンハンター）
4：買いまわり購入	比較して必要があれば購入する	よい商品を求めて販売担当者に聞く。目的中心（一般客）
5：購入先に期待と信頼がある	十分比較吟味し購入する	満足と感動で信頼の増幅（店舗中心）。クチコミする（ロイヤル客）

来店客はすべて顧客ではあるが、購入意識は様々で、個々の来店目的を知って対応しなければならない。

section 80

接客サービス向上によるチャンスロス防止策⑥

各種イベントの実施と固定客増大策

固定客とファンによる利益貢献の増大

❖イベント開催と固定客化策

イベントは非日常を演出し、意外性や楽しみを提供してくれます。休日に観劇やスポーツ、趣味の会合やショッピング等々、生活に変化と潤いは欠かせないものです。

店舗のイベントに限定しても、意外性の発見や参加の楽しみは来店の動機づけになります。そこで各種のイベントが開催され、魅力的なイベント競争になるのです。

来店されたお客様はついでに買い物もするため、イベントによるお客様の動員はくり返されるのです。

❖固定客化と粗利益の向上

来店したお客様を固定化できるか否かの第一は商品の魅力ですが、次は接客です。ここで感動的な対応ができれば固定客が生まれます。

イベントの開催から商品への誘導、そして買い物に至る満足感の実現は1つの流れですから、各種イベントで接客力を磨き、固定客化を推進することです。固定客化とは自店のファンづくりでもあるので、従業員のやる気づくりにも大いに関係があり、お客様の名前を何人挙げられるかを聞くだけで、従業員の接客力がわかります。

固定客化がなされると、必ず粗利益向上が数値で現れます。店の通常値入れで購入してもらえるからです。ファンがありがたいのは、結果として自店に利益をもたらしてくれることです。

❖大ファン作りの事例

1つの事例ですが、ある企業の取り組んでいる課題は、「120%の接客」を掲げた大ファン（熱烈なファン）作りです。そのための接客はお客様が感動する接客なので、最も難易度の高い接客と言えます。

まず基本であるお客様と同じ視点に立つため、主婦対象の店は主婦の要員を、若い女性向けの店は若い女性を配置し、気持ちの共有から始めます。

感動は期待以上のサービスですから、常に期待以上のサービス提供に努めます。この継続の中から琴線に触れる感動がピカッと生まれてくるのです。これが最大のおもてなしになります。

顧客区分と常連客・浮動客への対応

			区分	事例 売上構成率	事例 粗利率	戦略
顧客区分	常連客	①	ロイヤル客 （上客）	9%	30%	拡大戦略 （クチコミ）
		②	普通常連客 （リピーター）	50%	25%	維持戦略 （カード活用） （RFM手法）
		③	バーゲンハンター	20%	17%	
	浮動客	④	普通浮動客 （見込客）	18%	23%	固定化戦略 （カード活用）
		⑤	間に合わせ客・ ついで買い客	3%	26%	

区分と数値の解説

- 顧客区分は一般に普及している区分け
- 粗利率は常連客が高く、ロイヤル客が最も高いのは、価格による比較購買が少ないため
- 常連客はイベントに関心があり、イベントの実施で固定客化を促進する
- 浮動客にはカード戦略等で固定化を促し、チャンスロスを減少させる

マニュアルを超えるもの

クチコミの効果と信頼感の醸成

❖マニュアルの限界

どんなに精密な工作機械でも、職人の技術にはかないません。資源も食糧自給率も低い日本人の最後の競争力は人の技術と知恵であり、マニュアルでは得られない高いレベルでの競争力です。

企業間競争も同様で、マニュアルだけでは精一杯で80点止まりです。相手が60点や70点レベルなら勝てるし、一応の合格点には到達できますが、これからの本格的な競争時代は、相手も80点以上で仕掛けてきますから、マニュアルによる競争では負けてしまうのです。

これからの接客競争においてはお客様の琴線に触れる接客でなければならないし、「真実の瞬間」をとらえなければならないのです、感動はそこからしか生まれないのです。

❖プラスのクチコミ策

接客サービスの向上策は、近年とくに重要になり、その取り組みも一層工夫されるようになりました。また情報通信技術の革新時代となり、クチコミに対する対応も注目されています。クチコミは最も信頼度の高いコミュニケーション手段であり、ある調査では、テレビ報道の信頼度42％に対し、クチコミは72％と他の媒体より断然高くなっています。その理由は、クチコミの伝達相手が親しい友人や家族等、もともと信頼関係ができているためです。

ＳＮＳ（ソーシャル・ネットワーク・サービス）の爆発的な普及で、クチコミ効果はさらに増幅することが予想されます。

もし店で感動するようなサービスに出会うと、1人平均28人にクチコミし、クチコミを受けた人の約50％は来店するとのデータがあります。そこで、店とお客様の相互のコミュニケーション充実策が重要となるのです。

影響力を最大にするクチコミの留意点は、①影響力のある人の選択、②興味のある商品の推奨、③資金的な余裕の是非判定、④無料・お試し等の導入が楽で、失敗が少ない導入法、⑤ネットの自由な活用、等です。

クチコミ効果とロス対応

1：クチコミ効果

1）最も信頼度の高い情報がクチコミ情報（72%）
（ただし、ＳＮＳでの交流サイト活用は除外する）
第２位はテレビからの情報で42%の信頼度

2）理由は、①信頼できる人からの情報（親・親友等）
②直接本人から（91%）の情報
③相手を厳選しての情報
であること

2：活用法

1）プラスのクチコミとマイナスのクチコミがある
①プラスのクチコミを活用する
②マイナスのクチコミは大きなロスの原因となる

2）ステップ
①商品・サービスの体験
②商品・サービスの評価。感動することが条件
③商品・サービスのクチコミ行動
④評価を聞いた人の商品・サービス購入

3：成果

1）感動した人は平均28人にクチコミする

2）クチコミを受けた人の来店率は平均50%

（出所：『Harvard Business Review』Ｗ・Ｒ・サッサー教授）

わが国有数のチェーンストア・ヨークベニマルの顧客対応事例とロス対策

■ヨークベニマルの顧客対応

(株)ヨークベニマルは、わが国を代表するスーパーマーケットに成長しました。「誠実の限りを尽くしてお客様に対すること」をモットーに顧客対応を続け、「ムダ・ロスを防ぎ、その分、安値を生み出すこと」でロス対策にも積極的に取り組んだ成果です。

「お客様の日常の暮らしをより楽しく、より豊かに」

「いつ買い物に行っても安心な店」

これらの基本事項のレベル向上に全社一丸で取り組み、徹底を続けた成果でもあります。

創業以来の地道な継続が今日の成果をもたらしたわけですが、データを見てみると、業界最高レベルの実績もついてきています。

「儲けは奉仕の結果であって、目的にしてはならない。まず、お客様の利益を考えること」と言い続けているのが現在の代表取締役社長・大高善興氏です。

現在（2014年2月末）、福島・宮城を中心に193店舗、売上高3700億円、そして業界では驚異的な経常利益率を挙げています。

「一人一人の従業員はお客様の代表者」との自覚を持たせ、人材育成に力を注ぎ、東日本大震災の際には、社長以下、従業員は総出で住民救済に奔走しました。従業員の地域住民を思う責任感には社長自身も驚いたと言っていました。

こうした従業員の行動が地域での感動を呼び、圧倒的な信頼につながっているのです。

●ヨークベニマル社長・大高善興氏

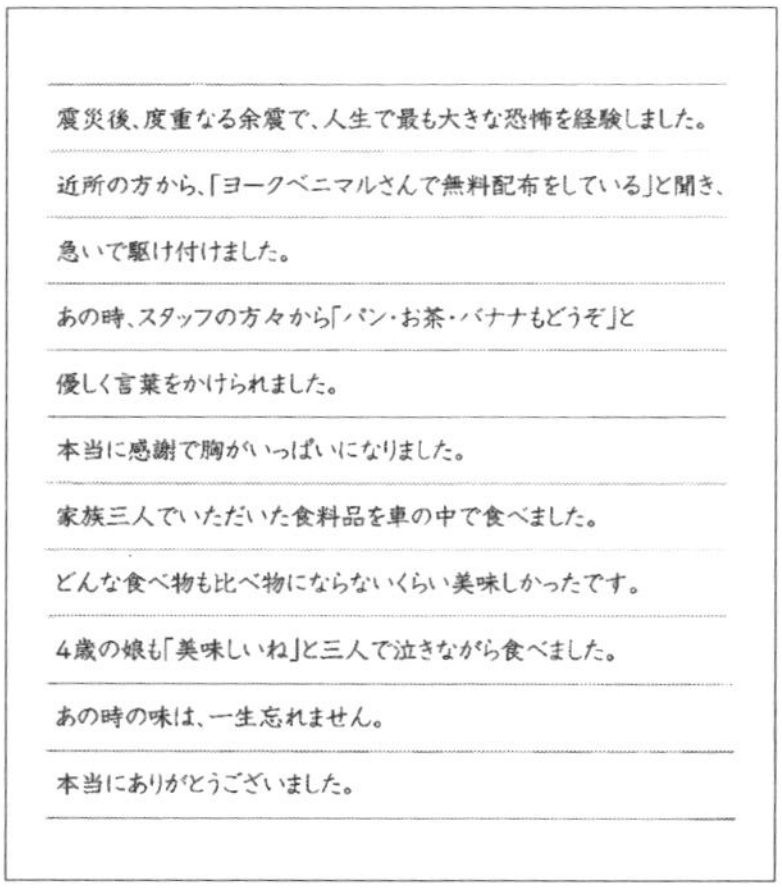

震災後、度重なる余震で、人生で最も大きな恐怖を経験しました。
近所の方から、「ヨークベニマルさんで無料配布をしている」と聞き、
急いで駆け付けました。
あの時、スタッフの方々から「パン・お茶・バナナもどうぞ」と
優しく言葉をかけられました。
本当に感謝で胸がいっぱいになりました。
家族三人でいただいた食料品を車の中で食べました。
どんな食べ物も比べ物にならないくらい美味しかったです。
4歳の娘も「美味しいね」と三人で泣きながら食べました。
あの時の味は、一生忘れません。
本当にありがとうございました。

●お客様からの感謝の手紙

第9章

従業員満足と顧客の感動をともに実現する真のロス対策

従業員満足への対策①

従業員満足は最大のロス対策

客数の増加は顧客支持のバロメーター

❖従業員の仕事観と顧客の不満足

従業員の仕事に取り組む姿勢、いわゆる仕事観は人それぞれです。例えば仕事をする際に注意を払う対象ひとつ取ってみても、①経営者・上司、②自分・家庭、③顧客、④取引先・仲間・同僚、など様々です。

これでは顧客の不満は絶えません。多く従業員は顧客に目が向いていないからです。②の「自分・家庭」に意識が向いていたら、自分のやるべきことを早く終えようと行動するかもしれません。そこに顧客はいないのです。

そこで対策は従業員の、③の「顧客」志向への移行とその徹底から始まります。サービス業の従事者はお客様へのサービスが仕事ですから、お客様の喜びを自分の喜びとするように、従業員の満足形成を図るのが最も自然です。

経営者も一体となって従業員の仕事観を顧客視点に集中させることです。これが真のロス対策になるのです。

❖従業員満足によって解消する顧客不満足

売場を見ると顧客の不満がよくわかります。それは売場が、①置き場、②作業場、③売場、④買い場、⑤顧客満足の場、に分かれているからです。これを改善するには、従業員が満足して仕事をする必要があります。これが従業員満足の必要性です。顧客にとっては、④⑤レベルにならないと不満は解消しませんから、「従業員満足の達成」で顧客の不満を解消するのです。

❖客数と顧客支持の関係

従業員満足の基となる仕事に対するやりがいは、顧客の支持が増大することです。

客数の増加はそのまま顧客支持のバロメーターです。従業員が顧客志向で満足感を持ってお客様に接すれば、必ず支持は得られるものです。

日本一見学者の多いスーパーとして有名なのが、北九州の（株）ハローデイです。同社は20期連続して増収を続けています。「従業員が働きたい会社ナンバーワンを目指す経営」は、結果として従業員の元気と笑顔を生み、そして感謝と感動の提供ができるのです。

売場における顧客対応不備の要因

売場の評価	販売の立場・姿勢	出会いの場（サービス・エンカウンター）
①置き場	販売する気力のない姿勢（接客を避ける）	出会いの場を避ける（自分中心）
②作業場	決められた時間の切り売り（面倒な接客を避ける）	消極的な顧客対応の場（自分中心）
③売場	売ろうとするが、指示の範囲での販売努力（売り手の都合重視）	決められた範囲のサービスをする場（会社中心）
④買い場	買う人の立場で積極的に応対する	顧客の立場になって応対する場（顧客中心）
⑤顧客満足の場	心を込めて、顧客別の満足追求をする	「真実の瞬間」を見極め、感動と信頼の共有に努める（顧客中心）

- 実際の現場（売場）は、従業員満足が十分とは言えず、顧客に対する満足提供ができていない場合が多い
- 顧客と従業員の出会いの場をサービス・エンカウンターと言うが、ここに最大のロスが隠れていることを知る必要がある

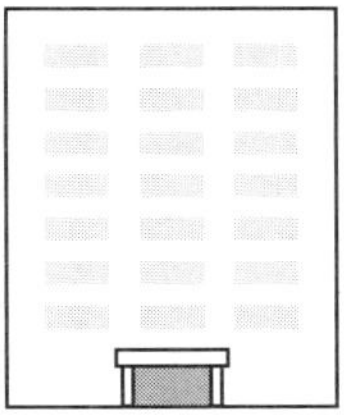

section 83

従業員満足への対策②

現場力の高め方と現場力育成ポイント

顧客志向を徹底する意識づけ・動機づけ

❖「場の理論」と現場主義の成功

従業員が満足して仕事に取り組む環境づくりは経営の問題ですが、経営者は顧客満足の前提として、従業員満足の実現を図ることが求められます。

従業員は自分の仕事を通じて満足感を得ますから、現場にこそ満足感を充足させる場があるのです。例えば人材育成で定評のあるトヨタは、現場力が優れていますが、それは現場で考える力を育てたからで、そこに至る支援体制が優れているのです。

近年、業績のいい企業経営者の意見を聞くと、ほとんどが現場重視の経営を行なっています。それは多くの課題が現場にあり、現場だからこそ早い解決がなされるからです。心理学者クルト・レヴィンが提唱した「場の理論」がもてはやされるのは、成功に直結しているからでしょう。

わが国の大手電機・電子メーカーは回復基調にあるものの、依然として不振が続く企業もあります。その原因の1つに、技術を過信し消費現場を見ず、顧客の変化が読めないことがあります。流通・サービス業は、とくに顧客と接する場を大切にし、現場主義で顧客の変化を見定め、対応することです。

❖現場力育成がロス対策の根本

顧客に感動を与えられる「場」は、お客様と相対する消費現場です。瞬間にお客様の期待を見抜き、素早く対応することで感動は生まれます。そこで現場力の向上が必要なのですが、そのためには、顧客志向に基づく意識づけ・動機づけの徹底を図ることです。従業員の気持ちに働きかけるわけですから、相手に応じてていねいに指導し、必ず実際にやらせて成果を実感させることが大切です。

現場力の育成は根気がいるものですが、個別に一歩ずつ進めることです。大切なのはほめて伸ばすことで、動機づけのポイントです。長所を伸ばすことが効果的なのです。成功経験は自信となり、次の行動力を高めます。

顧客との乖離がロスの最大原因ですから、お客様をよく見て接する中で、お客様の期待をつかみとることです。

「場の理論」と現場力

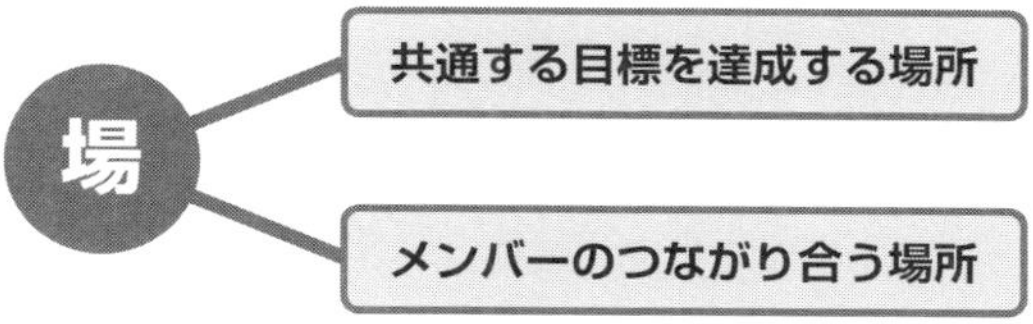

場の基本３条件

1. 共通の目的意識（主題の統一）
2. 相互の信頼関係がある
3. 基本的情報の共有ができている

現場力の発揮

最高のサービスは感動であり、
感動は人の心理に働きかけるから、
心を伝える人の存在が大切である。
それを実現する場、すなわち現場が決めてとなり、
現場は無限の付加価値を生み出すことができる。
しかしそれは顧客との接し方で分かれる。

※「場の理論」

ドイツ生まれの心理学者で、後にマサチューセッツ工科大学でグループダイナミクス（集団力学）研究所を設立した、クルト・レヴィン（1890～1947）が提唱した。

人間は個人の性格や能力・経験値だけでなく、その人が置かれた「場」（物理的・心理的環境、組織風土など）に影響を受けて行動するという理論。

section 84

顧客満足の展開

顧客満足へのステップとロス対策

現場でしか知ることができない「真実の瞬間」

❖顧客満足の構図

販売で最も大切なことは顧客の満足度を高めることですが、これは顧客の要望にどう応えられるかを重視した考え方です。

顧客満足を構成する要素は3つあり、①顧客に対応する従業員への満足、②従業員の所属する企業への満足、③顧客自身の顧客満足、です。

顧客の期待より高いサービスは驚きとなり感動へつながります。しかし顧客満足のむずかしさは、顧客一人一人によって違うことです、一定の形を学べばよいというものではありません。過剰なサービスもお客様にとっては不満となるのです。顧客を満足させるのではなく、顧客自身が満足するところに価値があります。

❖顧客満足のステップと現場力

顧客が満足するためにはステップがあります。欲求充足に関する研究としてマズローの「欲求5段階説」がありますが、これは一般論としては正しいのですが、日常的な買い物行動を理解する点では無力です。

人々の商品選択行動を規定するものは、生活環境と、選択行動の間にある人と人の反応システムであり、行動動機を形成する欲求にあるのです。ここに現場力が作用するのです。

❖現場の接客で知る真実の瞬間

顧客満足の指標をまとめると以下の通りです。

①信頼性（安心・安全・正確・ブランド等）
②即応性（スピード・比較購買・当日受け取り等）
③接近性（対面接客・試着・試食等）
④能力性（豊富な品揃え・高度な接客）
⑤経済性（値ごろ感・距離・立地等）

これらの要素の組み合わせで顧客の本当の欲求を知ることができたときが「真実の瞬間」と呼ばれるもので、現場でしか発見できず、現場でしか対応できない貴重な瞬間なのです。

現場の従業員は顧客満足に取り組む過程で多くのロスを発見することができますが、大きなチャンスロスを防ぐこともできるのです。

顧客満足の基本構図

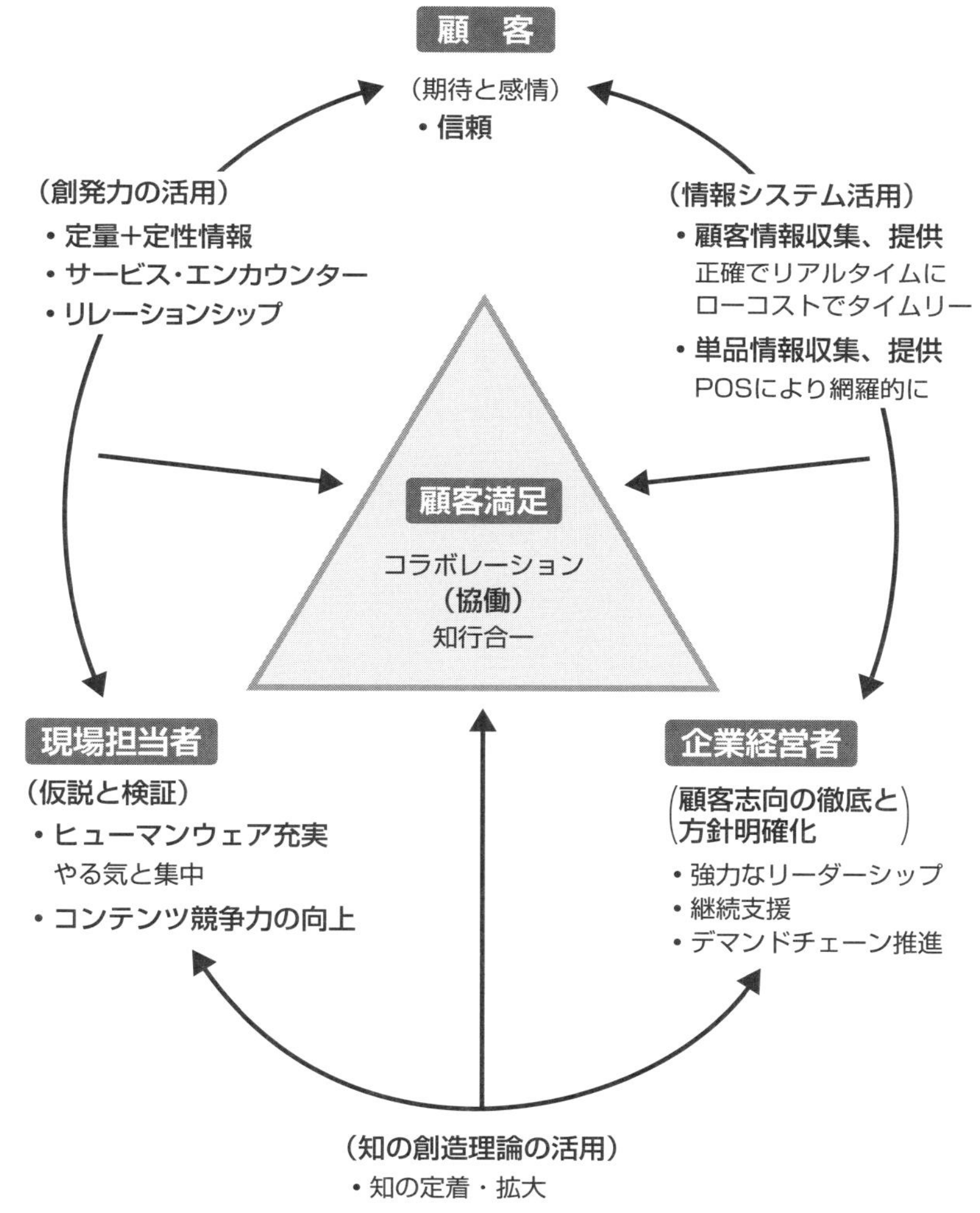
顧　客
（期待と感情）
・信頼
（創発力の活用）
・定量＋定性情報
・サービス・エンカウンター
・リレーションシップ
（情報システム活用）
・顧客情報収集、提供
正確でリアルタイムに
ローコストでタイムリー
・単品情報収集、提供
POSにより網羅的に
顧客満足
コラボレーション
（協働）
知行合一
現場担当者
（仮説と検証）
・ヒューマンウェア充実
やる気と集中
・コンテンツ競争力の向上
企業経営者
（顧客志向の徹底と方針明確化）
・強力なリーダーシップ
・継続支援
・デマンドチェーン推進
（知の創造理論の活用）
・知の定着・拡大

section 85

顧客心理の洞察とロスの解消

顧客のウォンツ（欲求）は顧客自身もわからない

マーケッターの限界と現場力の活用

❖顧客心理の洞察は顧客の価値観から

顧客のニーズに対応するのはマーケティングの基本ですが、顧客自身もニーズがわからなくなっているのが今日の消費市場です。それは物があふれ、何でもほしいものが手に入るようになったからです。

消費者が商品を購入する際に、どこに価値を見出すかについて、一般理論では価値の3区分として、①交換価値……お金と商品との価値判断で買い得感を感じれば購入の判断をするもの、②使用価値……使ってみて役に立つことに対する満足価値、③知覚価値……価値を認める感じ方、があります。

とくに③が消費者の価値判断をわからなくしているところです。例えば、流行の先端の商品を持っていることの満足感であったり、逆に古いことに価値を見出したり、自分の最も好む味や香りであったりと様々だからです。

❖顧客のウォンツをつかむ

顧客自身もわからないウォンツ（欲求）情報をいくらリサーチしても、本当のことはわからないのです。とくにリサーチの手法が部分的かつ要素分析的な従来の手法では、顧客のウォンツを知ることはできません。

唯一、顧客のウォンツがわかるのは、その顧客に直接対応した現場の従業員で、それも真にお客様の立場で要望を十分に聞くことができた人のみでしょう。

❖個客の心理を解析する情報技術の活用策

顧客の視線分析は、陳列棚を見る人の目の動きを追跡する装置を取り付け、そこを通るすべての顧客の目の動きをキャッチして分析する技術です。

買い物の中で購入された商品は個別に把握できていますが、選択プロセスを解明する方法としてさらに顧客の真実に近づく試みです。

網羅的なビッグデータの動作分析から顧客の本当にほしい商品や不満を探り、対応するのがこのシステムです。

また、近年は脳科学を活用し、脳波測定により、無意識の関心度を知る方法も進んできました。

サービスのとらえ方とロスの解消

Ⅰ：提供商品でのサービス（商品政策の革新）		Ⅱ：購入環境でのサービス（環境政策の革新）	Ⅲ：購入者への心のサービス（真実の瞬間をとらえる）
モノ商品でのサービス	コト商品でのサービス	場の提供サービス	琴線に触れるサービス
◎物販商品群 ○安全・安心商品 ○廉価・買い得商品 ○高価・高品質商品 ○ステイタス商品等	**◎コンテンツ商品群** ○商品の内容・中身（映像・出版・ゲーム・報道・教育等） ○システムやソフト化商品等	**◎快適環境の提供** ○よい立地の提供 ○行きたくなる、楽しさ提供（広告・ディスプレイ） ○買いやすさ、遊びやすさの提供（陳列・レイアウト・規模・検索サイト） ○購入の“場”の提供等（営業時間・年中無休・24時間）	**◎顧客の満足の提供** ○安心のサービス ○感動のサービス ○信頼のサービス
（例） おいしいコーヒー豆の仕入れと販売サービス	（例） コーヒーのおいしい入れ方サービス	（例） 最高の気分で飲める雰囲気作りサービス	（例） 顧客に感動される提供方法の工夫とそのサービス

section 86

従業員がもたらす顧客の感動

感動を生む経営者の役割

期待以上のサービスでお客様を感動に導く

❖経営者の役割

わが国の主要企業で業績のいい会社の共通点は、経営者が現場を大切にし、現場に出かけて行って直接意見を聞く努力をしていることです。単に現場に行くことに意味があるのではありません。そこには影響力があるのです。

現場では経営者と直接会えることで、また意見を自由に言えることで、新たなやる気と希望を膨らませます。

経営の役割は顧客の創造と言われますが、わが国の経営者・管理者の大きな役割は従業員の動機づけです。現場の従業員のモチベーションを上げることができれば、業績は上がるのです。これはどんなに時代が変わっても不変の真理でしょう。

❖期待以上のサービスが感動へ

サービスの本質は相手の期待に添うことですが、よりよいサービスとは、期待以上のサービスで相手を感動に導くことです。この実現は従業員だけでは限界があります。バックアップする体制が必要なのです。ここに経営者の役割があります。

従業員の考えたことを実行に移すためには、背中を押してあげることと、本人の余裕が必要ですから、この余裕を従業員に与え、見守ってあげることです。そしてそれを正しく評価することです。この事例で有名なのは、イトーヨーカドーの店長会議でしょう。

❖感動が信頼を生む

自分の行動が相手を感動させることがわかると喜びを感じ、それは継続しますし、新たな感動の創造を考える動機づけになります。これはどんな小さな感動でもいいのです。この蓄積や誠実で確実な対応から、次第に信用が生まれ、信頼となって確たるものに育っていくのです。

目的のないところに責任もないように、明確な目的意識が欠けた組織には信頼も生まれないのです。従業員は顧客への感動を目的として具体的な行動計画を推進すべきです。そして経営者はその支援をします。それにより顧客の感動と信頼、そして顧客の新たな創造を生むことができるのです。

現場でしかわからない「真実の瞬間」事例

1：定性情報

1）買った記録より、買われなかった記録が大切。ほしいものがなかった顧客の不満は現場でしかわからない。現場の観察で知ること

2）地域差を客層から知り、固定客から直接聞くことが大切

3）クレームがないのは、期待されていない証拠で、本音とのギャップを努力してとらえるのが現場の仕事

4）クチコミ情報の大切さを見直し、活かすために、人に話したくなる感動を工夫する現場の面白さを知る

5）売れすぎて品切れすると、売上げに計上されないために真実はわからない

2：定量情報

1）単品情報・顧客情報は具体的な商品や人の支持実態を表わしているため、活用方法は無限にある

2）既存店（既設の営業）の伸び率は、顧客支持を端的に表わす重要な指標だから、最大の注意を払って分析する必要がある

3）PB（プライベート・ブランド）商品の販売実績は商品開発力の結果であり、競争力の源となる

イトーヨーカドーの店長会議・事例

経営方針の共有と参画を効果的に推進している事例で有名なのがこの店長会議。

方針を会社全体の行動につなげることはむずかしいが、単品管理を商品強化につなげ、全員で工夫する体制はここから生まれている。

データ活用の体験発表により、1つ1つの成果を積み上げ、今日の商品開発力まで高めている。

section 87

サービス業における競争力

人は人につく・相互信頼が最も強い競争力

サービス競争時代の対応策は人間関係にある

❖人は人につくとは

「人は人につく」とは、人間は最終的には信頼できる人の意見で動くということで、相互の信頼関係がいかに大切かを言っています。サービス業に当てはめれば、究極のサービスは、お客様の感動から生まれる満足であり、さらに進んだ信頼関係にあります。人は人に感動して信頼し、人に感動を与えて信頼されるものなのでしょう。

ある事例を挙げると、例えば、突然雨が降ってきて、買い物客が駐車場の車まで行くことを躊躇しているとき、店の従業員から傘を差し出されたらいい気持ちになります。誰でもできることですが、実際にはなかなかできません。こんな気持ちを教える会社があります。この会社は今では大きな支持を得る会社に成長しています。

次は新幹線の清掃サービス係の事例ですが、「世界一のサービス」と世界中で紹介されました。世界一正確で安全な新幹線ですが、外国で注目されたのは技術ではなく人の力でした。東京駅で折り返し停車中の7分間になされる車両の完璧な清掃サービスと心配りのあるお客様案内が評価されたのです。

また、東京大田区のダイシン百貨店は、庶民的な顧客対応、小商圏で徹底した親しみのもてる店作りに方針転換してから、従業員のお客様への対応も変わり、積極的な感動作りで今では商圏内でほぼ１００%を固定客化して、大いに繁盛しています。

「企業は人なり」と言いますが、サービス業はとくに人で決まりますから人材の育成は大事にしたいものです。

❖最後の競争力は相互信頼

第9章の最後に当たり強調したいことは、やはり人間関係の重要性です。顧客との関係・社内関係・取引先関係と、あらゆる関係の中で最も大切なことは相互の信頼であり、これが最終の競争力だということです。

不誠実な対応が脱線事故を起こしたり、隠蔽体質が大きな事故・事件に広がる等、なれあいと自己保身の発想が多い中、相互信頼づくりがロス削減の近道であることを強調したいのです。

信頼を得る商品開発の全体構図

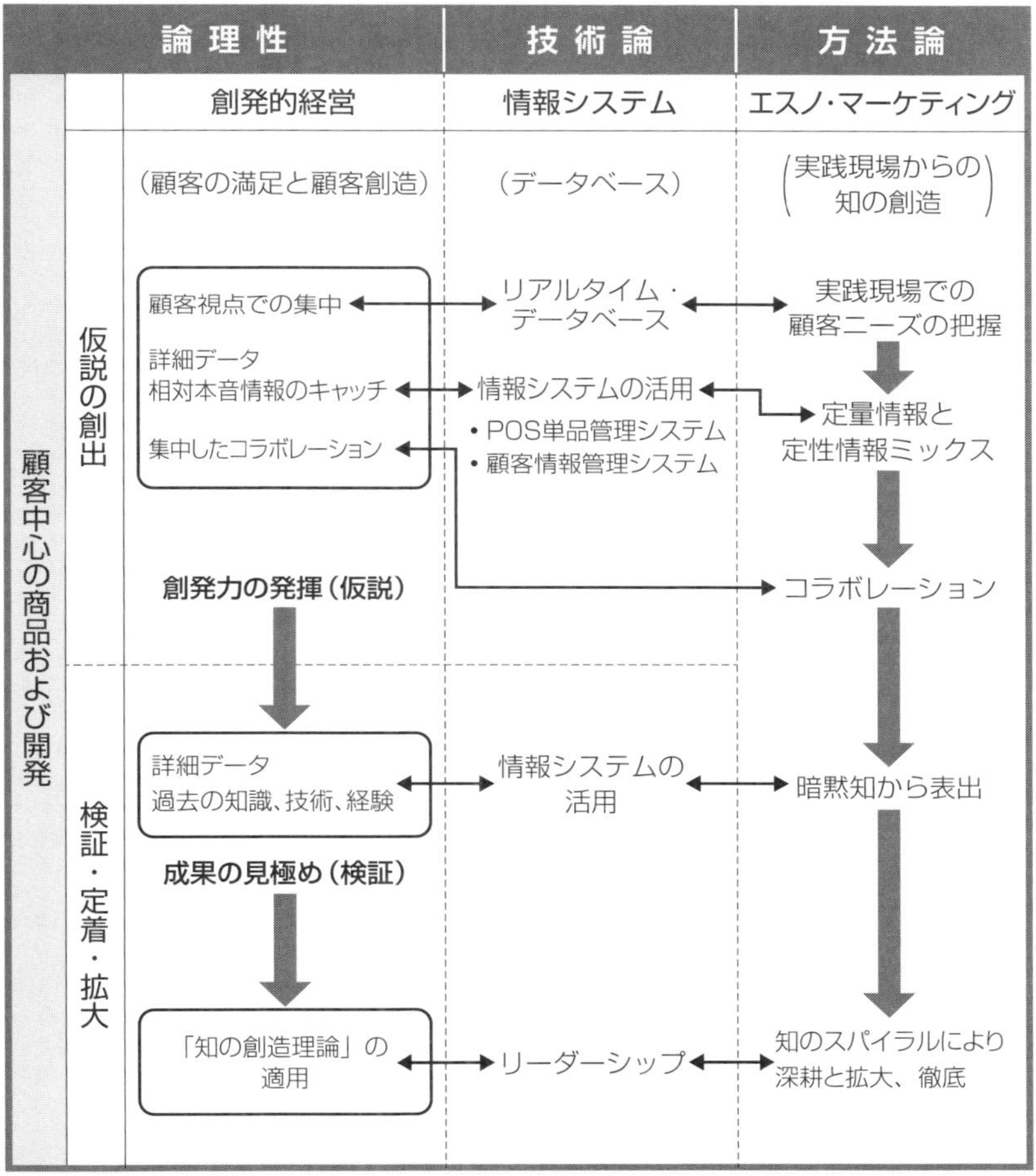

- **創発的経営とは**
  知恵を生む創造力を創発力と規定し、創発力を企業の支柱とした経営を創発的経営と呼んでいる。詳細は97項参照。
- **エスノ・マーケティングとは**
  エスノは現場の人々を意味し、ビジネス現場の人々の立場からマーケティングを行なう考え方を言っている。詳細は98項参照。

圧倒的な信頼を築いた看護事業の接遇改善事例

「病院は幸せの橋渡しが役割」と多くの看護師たちを指導、心を込めた患者への接遇で圧倒的な信頼を築いてきた企業立病院の看護部長・後藤美佐子氏の事例を紹介しましょう。

後藤さんは長らく大学病院の経営に参画し、輝かしい経営改善を推進した実績から、乞われて企業立病院に移り、看護分野の経営改革で成果を上げました。

看護事業で大切なことは、「顧客である患者一人一人にやさしく寄り添う心と、高い理念に基づく、従業員自身の成長にある」との考えから、多くの看護師に対し、ナイチンゲールの思想をより身近なものとして各患者と接し、心の通じ合える関係作りに努力させたのです。

看護師個人の能力開発では、看護キャリア開発教育を系統的に実施し、人材の育成と同時に、各自のモチベーション向上に努めました。

経営の面では、人的編成が重要なことから、個人の能力に応じた量と質の組み合わせによる適材適所の効率的な人員配置を行なったり、医療器具の機種の統一と一元管理、医薬品等の適切な在庫管理によって、過剰在庫の大幅削減も実現しました。これらは資金効率の向上とともなり経営に余裕をもたらしたのです。

とくにエキスパート教育では、多くの専門資格を取得した看護師が増え、患者からの信頼が増すと同時に本人たちの自信へとつながったのです。

患者からの信頼獲得は、やはり現場で直接接する看護師の接遇に大きく影響されます。そこで看護師が、いかに一人一人の患者に寄り添う心が大切かを教えられるのです。

患者からの信頼は看護師にとっても満足感をもたらし、さらなる自己研鑽につながります。

結果として得られる企業の健全経営は、昔から言われる、「三方よし（売り手よし・買い手よし・世間よし）」の事例でもあるのです。

●後藤美佐子氏

第10章

これからのロス管理と課題

section 88

ＲＦＩＤによるロス管理

情報技術の進展・進化を応用

❖ＲＦＩＤとは何か

　ＲＦＩＤ（無線自動識別）とは、ＩＣタグとかＲＦタグと呼ばれる値札によって、ＩＣメモリー内のデジタル情報を自動識別し、無線で情報の書き込みから書き換えまで行なうものです。このＩＣ（集積回路）は０・０５ミリという微細なチップで、これを値札にして商品に貼付するのです。

　安心や安全は生活の基本的な欲求ですから、原材料の産地表示や、素材の生育履歴（飼料・肥料・農薬使用等）を瞬時に識別できるＲＦＩＤの活用は広く注目を集めています。

　現在、小売り段階ではその価格が課題ですが、すでに衣料品小売りではわが国でも普及が進んでいますし、食料品でも米国を中心に普及してきました。

　１点単価の高い商品ではコストを十分吸収できる段階にきていますし、全体業務の効率化を図る量販店では、物流や棚卸・精算業務等の効率化が顕著なので急速な普及が見込まれています。

❖無人精算システムの普及

　無線ＩＣタグが全商品に貼付されて流通するようになると、商品管理が劇的に変化します。

　ＲＦＩＤの可能性はかつてバーコードが普及したときと同じで、その導入は量販店の判断によるでしょう。あらゆる製造業は無線ＩＣタグの貼付なしでは商品の納入ができなくなりますから、一気に普及し、コストダウンにもなり普及を助けます。

　このことによりレジ業務（精算）は大幅に効率化され、まとめて同時に一括精算が可能になります。またクレジット処理だと無人の精算も可能になります。

❖ロス管理と成果

　ＲＦＩＤの普及により、商品ロスの管理が飛躍的に向上します。まず入荷の検収から始まり、在庫把握・伝票処理・万引き対応等々です。

　例えば実地棚卸は、１つ１つ人間が数えなくても自動読み取りをしてくれますし、万引きは、自動で漏れなく把握されるので、仮にポケットの中でも商品を読み取ってしまうのです。

RFID活用によるロス管理

1：RFID（無線自動識別）の活用

○ICタグを全商品に貼付し、チェックアウトのレジで自動読み取りする
○レジでの読み取りスピードが従来の5分の1程度に短縮され、レジ待ちが解消する
○ロス管理は、万引きができなくなることや棚卸が正確になる

2：RFIDの主な効果

RFIDの効果（ICタグの貼付）	生産者製造業	卸売業	小売業
1：生育履歴（飼料・肥料・農薬等の詳細記録）のトレーサビリティによる安全・安心の提供	○		
2：最終顧客への情報提供	○	○	○
3：在庫の適正化	○	○	○
4：返品処理の効率化	○	○	○
5：生産偽装の防止	○		
6：単品管理の効率化	○	○	○
7：欠品ロス防止	○	○	○
8：万引きロス防止		○	○
9：精算の効率化			○
10：レジの省力化			○

RFID：Radio Frequency Identifier

section 89

ICT革命の威力

情報通信革命と流通革新

情報通信技術を有効に活用できる企業が生き残る時代

❖情報通信革命と時間・空間ロス

２０１０年からわが国は情報通信革命（ＩＣＴ）元年を迎えたと言われています。それは従来の情報技術（ＩＴ）に加え、インターネット等の通信技術の革新が加わったことによります。

流通・サービス分野にも大変革が押し寄せてきました。スマートフォンやパソコンの電子チラシによる個別対応では、高齢層・ビジネスマン層・子育て主婦層・学生等、属性に応じた適切なチラシが絞り込まれて入りますし、過去の購買履歴からは個人に応じた推奨品が、配送・時間・決済方法等も考慮して案内されます。

また例えばタクシーを呼ぶと、位置情報を確認して最短距離にいる車が迎えにくるようにもなりました。まさに爆発的変化です。これらの変化はすべて顧客起点の変化であり、時間的ロス・空間的ロスを削減した成果でしょう。経営はスピードが大切ですから、ロス解消が大きな成果を生むのです。

❖ビッグデータの活用策

ＩＣＴ革命により顧客同士の交流サイトは活発に活用されるようになりましたし、企業に蓄積された大容量のデータも速い解析ができるようになりました。ビッグデータの活用です。これにより従来見えなかった消費者個別の細かな動向変化を知り、きめ細かな対応が図れるようになったのです。しかしビッグデータと言えども、解析する人の力量以上のことはできません。真に生活者の目線で販売のしくみを再構築すべき段階にきたのです。

❖売場での仮説検証の有効性

ＩＣＴ機器の開発により、売場での仮説検証もやりやすくなりました。消費の細かな動向を把握するのは現場の仕事ですが、仮説検証もＩＣＴで効果的に成果を上げることができます。

例えば、ＩＣをショッピングカートに取り付け、客導線分析や単品分析・陳列位置分析を行なうことで、速く・容易に成果を見ることができます。

これからは、情報の変化に応じた流通の変化を正しく判断し、適応できる企業が勝ち残る時代です。

ICT革命による新たな流通革新と消費者の対応

	ICT革命 （第３次情報革命2010年～）	第３次流通革命と消費者の対応 （2010年～）
キーワード	○ネットワーク社会 →インターネットの普及定着 ○モバイル化 →携帯電話の普及定着	○リアルタイム・コミュニケーション →グローバル取引の促進 ○双方向コミュニケーション →個別取引の促進
コンピューティング	**１：ネットワーク　コンピューティング** ○インターネットの普及定着（2009年人口比80%） ○光通信網の普及定着	→グローバル化 （リアルタイムによる世界規模での販売展開とグローカル化） ○e-コマースの拡大普及 ○製造小売り（SPA）の拡大普及 ○グローカル物流の革新
	２：エンドユーザー コンピューティング ○第４次携帯の普及（2010年より） ○端末機の小型化とモバイル化促進	→生活者起点での政策展開 （顧客視点の発想転換） ○生活者からの発信定着とデマンドチェーンマネジメントの促進 ○在宅ショッピング・医療・介護拡大普及 ○省スペース・環境対応
	３：パーソナル　コンピューティング ○パソコンソフトの開発普及 ○ICカードの利用促進	→顧客・単品対応の新たな政策展開 （交流サイトの普及） ○個別の顧客に対する対応の適切化促進 ○単品分析の拡大と商品力の強化推進 ○C to C 取引普及
	４：ユビキタス　コンピューティング ○メディア融合と統合ソフトの普及 （2010年　放送・通信融合法制スタート） （2010年　情報通信革命元年）	→顧客満足の新たな政策展開 （有形財から無形財への需要転換） ○ICチップの大量活用による自動化・無人化の進展 （決済・精算処理の自動化・無人化等） ○店舗・無店舗の融合化 ○生産・流通・消費の融合化進展
	５：クラウド　コンピューティング ○汎用ソフトの拡大普及 ○アウトソーシング	→サービスの商品化と新たな展開 （質と量の同時解決） ○人間に合わせたソフト開発の進展 ○ユーザーの自由な意思決定を支援 ○自社完結から分担外注

グローカル：グローバル＋ローカル

section 90

店舗・無店舗の融合化進展

販売の一体化と新時代の創造

リアル&ネット・クリック&モルタル策・O2O・オムニチャネル

❖通販ロスの検証

　米国のネット通販企業アマゾン・ドット・コムの年商は7兆円（２０１３年度）を超え、日本のアマゾン・ジャパンの年商も1兆円に近づいています。また、わが国のネット通販市場は16兆円を超えました。百貨店の年商合計が6兆円ですから、これをはるかに超える規模に成長したことになります。

　年率20%を超える成長は、逆に店舗販売の低迷を表わしています。そこでネット販売の利点と店舗販売の利点を組み合わせた、リアル&ネットの対応がクローズアップされています。

　通販は買い物の時間と場所という空間のロスを飛び越えてくれましたが、手に取って見る購買過程の楽しみは店舗のものです。これからは店舗・無店舗の競争時代ではなく、組み合わせで顧客満足に近づけることです。

❖宅配後のサービス創造

　都市部は地価の高騰による採算割れや異業種の参入で、スーパーマーケット等の生活必需品店が撤退し、一方で都市部に新たなマンション群が出現し、買い物難民と呼ばれる人達も増えています。人口減少の一途をたどるわが国の、過疎化地域の高齢者対策は深刻ですが、店舗のない不便な地域が都市部にも広がっているのです。ここに店舗・無店舗の融合化による相乗効果が期待され、新たな小売業の方向が見えてきたのです。情報通信技術の革新による無店舗システムは、さらに需要の増大が期待されていますが、店での受け取りとか宅配によるお届け等、相乗効果で新たな創造性を発揮すべきです。例えば、御用聞きと何でも相談・何でも対応のネットワーク作りです。

❖双方向コミュニケーション後の情報活用時代

　今日わが国も、「情報化社会」から「知価社会」に変わり、情報をどう活用するかの段階にきています。双方向コミュニケーションの円滑化は顧客の注文をより正しくとらえ、対応もしやすくなりました。そこでの情報の活用システムは、共有化と、後で述べる「創発力」なのです。

リアル＆ネットの有利性比較と融合化

	比較要素	リアル（店舗）	ネット（無店舗・ＥＣ）
1	買い物の便利さ・機会		**有利** 24時間・365日
2	買い物の楽しさ	**有利** 手に取って吟味 見て歩き	
3	買い物の気楽さ		**有利** 在宅・好きな時間
4	時間・費用	**同じ** ついでに買い物可能	**同じ**
5	商品力　①価格 ②品質 ③品揃え	**有利** 試着・試食可能	運営費の少ない分 **有利** **有利** 制限なし
6	販促力	**有利** 接客対応可能	
7	運営力		**有利** 運営費少ない
8	配送費	**有利** 原則持ち帰り	
9	支払関係	**有利** 安心・事後対応不要	

チャンスロスの融合事例

○クリック＆モルタルは、ネット通販で購入し、最寄りの駅やコンビニエンスストアで商品受け取り
○ネットスーパーは、店舗で購入し宅配される
○Ｃ２Ｃは、ネットで個人販売者が個人消費者に販売する
○オムニチャネルやＯ２Ｏ（Online to Offline）は、インターネットと実店舗の融合、あるいはオンラインとオフラインの意で、カタログを見てネットで注文等、多種多様の形態がある

section 91

生産と販売の融合化進展

流通一体化によるロス減少

需要から発する生産から販売までの一貫体制

❖時間差のない生産体制

わが国の電子・電機メーカーの今日の苦戦は、技術にこだわり過ぎ、大切な顧客の変化が見えなかったことに主な原因があります。メーカーは元来、最終消費者との接点が薄く、だからこそマーケティングを学んだのですが、リアルタイムでの対応を要求されるとどうしても小売りには負けてしまうのです。近年の小売業者によるＰＢ商品開発や、製造小売り（ＳＰＡ）の成長がそれを証明しています。

小売業者にしても、欠品等の商品ロスの発生しない生産体制の高度化は、情報システムと高速物流でかなり解決できますが、さらに進んだ生産・販売の融合化が必要ですし、自動化や注文生産も改善する必要があります。

❖顧客からの注文生産

顧客の要望は次第にエスカレートし、今日では生産段階での要望も多くなりました。新たな農業の展開でもありますが、産地からの直接購入が消費者の間で普及し、旧来の市場物流も大きく変化しています。また大型小売店・レストラン・ホテル等からの直接注文や契約生産する農家も増大し、流通の一体化や自動化が進んでいます。これは安心や安全だけでなく、自分流のこだわりのある商品開発に消費者の目が向いてきたからです。

❖新しい生産体制の開発とアウトソーシング

ロス発生の大きな理由が、生産と消費のミスマッチにあることは前述しましたが、生産・販売・消費の一体化が図れれば大きなロス改善になります。つまりデマンドチェーンです。

これからは顧客からのアイデア商品をすぐに生産する体制も要求されます。その生産も必ずしも自社で行なうのではなく、アウトソーシング化（外注）も考慮して対応すべきでしょう。

ＩＣＴ革命は素早い情報の供給でこの生産体制を助けるでしょう。世界中の最適資源を用いたローコスト生産体制を開発・活用することを目指せば、アウトソーシングの道が拡大し、国際化の実を取ることも可能となります。

デマンドチェーンとSPA

○生産と消費のミスマッチ（商品ロス）は食料品だけでも年に10兆円（農水省調査）に及ぶ。生活者起点のデマンドチェーンでこのロスの解消を図ることができる（デマンドチェーン：需要に沿った生産から販売までの商品の供給体制）。

○SPAと呼ばれる製造小売りが多くの消費者から支持を得ているが、これがデマンドチェーンの１つの事例である。ユニクロやニトリといった企業がこれに当たる。

デマンドチェーンとサプライチェーンの概念図

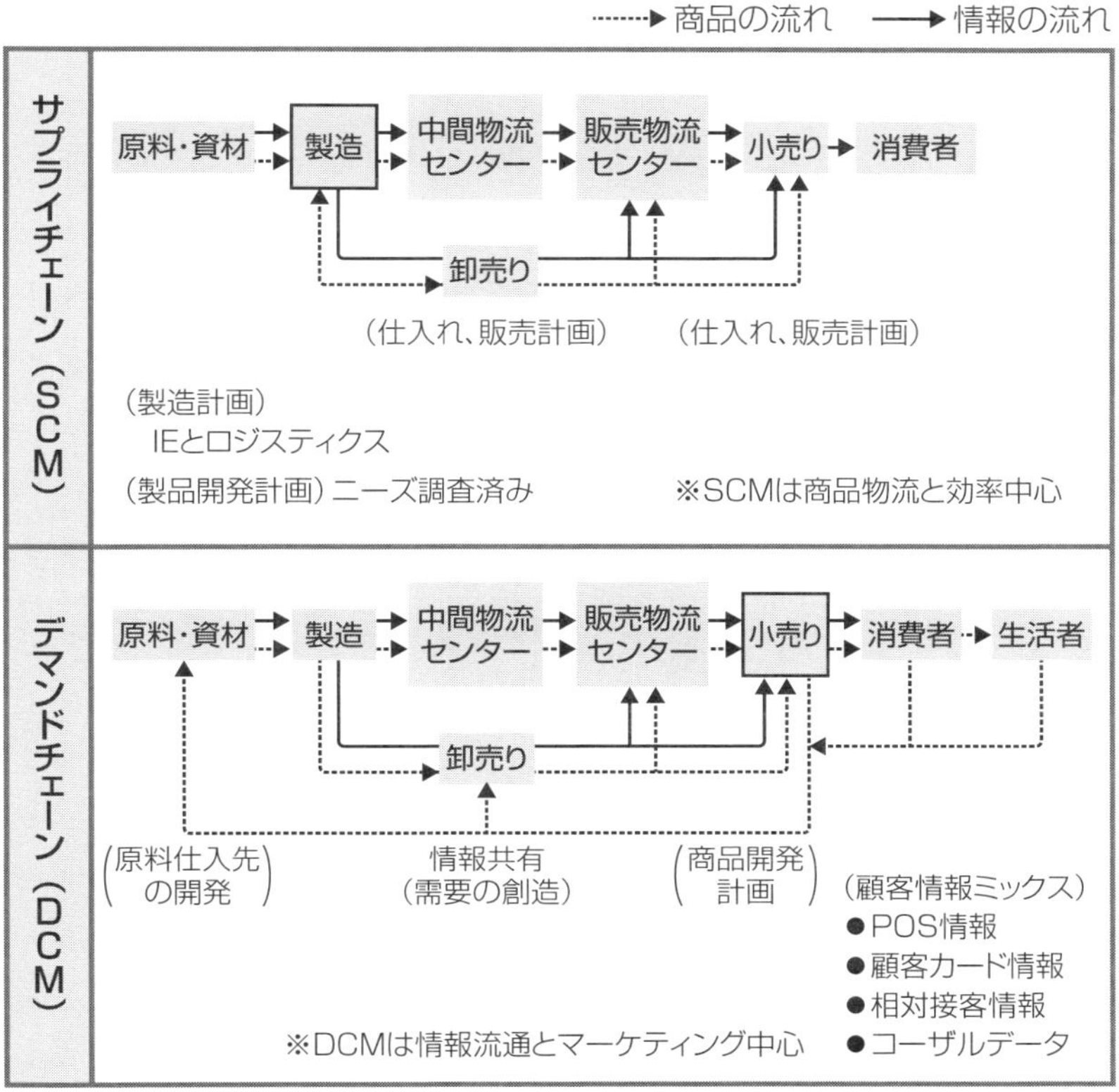

section 92

新たなロス対策の創造

時代の変化と新たなロス対策

見えないロスへの対応遅れが衰退への道

❖目に見えないロスへの対応とは

ロスには目に見えるロスと見えないロスがあります。例えば百貨店の見えないロスを考えてみましょう。

百貨店は見えないロスに侵された結果、長年にわたり凋落の道をたどってしまいました。それは本当の顧客を見なかったからで、昔の大切な「のれん」を形でとらえてしまったからでしょう。格式とよそよそしさだけを残してしまったのです。残すべきは形ではなく精神なのですが、従業員の気持ちはサラリーマンになっています。

これが見えないロスの例ですが、同様に「業態」と呼ばれる形にこだわる小売業は衰退するのです。

❖グローバルとローカルのバランス

時代は変化し続けており、国際化が叫ばれて久しくなりました。日本の消費市場は、「小さな違いも大きく影響する」世界で最もむずかしい市場と言われています。その中で鍛えられた日本の小売業は、世界市場に進出しても接遇面ではきっと成功するはずです。市場の制覇は大きなチャンスロス対策ですから、グローバル市場へも積極的に進出すべきですが、課題は生産性でしょう。商圏内のローカルな局地戦ではますます「個客」に応じたきめ細かな対応が必要ですから、その効率化とバランスを十分に考慮する必要があります。

❖短サイクル・小ロット配送や製造小売りによるロスの増幅と対策

個客対応による短サイクルの発注・納品や小ロットの配送・宅配、あるいは生産分野への介入等はロスの増幅を助長します。しかしそれは乗り越えるべき課題であり、今後の成長のために避けることはできません。

そこで常にロスの改善策を考慮したしくみの構築を図り、変化に対応できる体制を作ることです。配送センター・コールセンター運営やネットの活用、生産・製造技術の高度化等を図ることです。例えば食品分野であれば、従来の外食・中食・内食等の枠を超えて、全体効率と全体最適化を進める必要があります。

これからの変化とロス対策

	変化と課題及び対策
1	**生産と消費の一元化が進み、O2O取引・消費者保護問題の顕在化** ○商品不正・不満の増大とロス対応 ○製造小売り（ＳＰＡ）拡大と中小小売りのロス対応
2	**生産・消費のアンバランスから発生するロスの再利用問題** ○リサイクル市場の拡大とリユース対応
3	**交流サイトの普及による個人情報保護問題** ○なりすましや情報加工等の不正ロス対応
4	**グローバル化が進み、世界市場との共存問題** ○コミュニケーションのアンマッチロス増幅対応 ○自社の特色作りの対応
5	**店舗・無店舗の共存体制進展と競争拡大問題** ○物流ロスの対応 ○業際化対応
6	**コールセンター運営ロス格差（３倍のロス発生）問題** ○接遇ロス対応とフレンドリー接客 ○現場競争力対応
7	**少子・高齢化による買物難民問題** ○買い物機会ロス対応 ○グローカル対応とコンビニエンスの新展開
8	**消費者感動競争時代の人材格差問題** ○人材育成ロス対応 ○サービス創造競争対応

section 93

経営におけるロス管理

経営管理の一部としてロス管理をとらえる

経営者と従業員をつなぐエンゲージメント経営

❖全体バランスで対応

経営は全体最適を追求する営みですから、よい経営管理とは、その一部であるロス管理も考慮したものでなくてはなりません。しかし逆に、ロス管理だけが強調されてもいけないのです。

経営は常にバランスが大切です。そこでロス管理の留意点とは、ロスだけを取り上げて管理しないことなのです。

❖「エンゲージメント経営」による一体化の推進

エンゲージメント経営とは、「約束する、連動する」というエンゲージメントの意味通り、絆を大切にした経営のことです。経営者と従業員の思いが一体になったとき経営はスムースに進みますが、実際はなかなか思うようにはいかないものです。そこで経営者と従業員をつなぐ力が必要になります。それがこのエンゲージメント経営です。

そのためには共通の目標に向かう潤滑油であり、接着剤となる人の役割が重要です。共通の目標を軸として信頼の絆を築いていくのです。これは米国企業の成功経験から導かれた経営手法ですが、現場を結束させられる企業が成功企業への道をたどるのです。一体感を醸成し協働することは、元来日本的経営の真骨頂のはずです。

この接着剤の役割を専門家が担当すると、さらに大きな成果につながります。例えば、アイ・プロダクション社の推進するＬＮＰ（ラフィング・ナビゲーション・プロジェクト）は、エンゲージメントできる専門要員を育成し企業に派遣しています。

❖新しいロス管理への移行

エンゲージメント経営では、ロス管理を従来の監視する考え方から、従業員全体が協働してロスをなくす方向へ変えます。社員だけでなくパート従業員も区別なく、簡単に実施できるマニュアル整備から始め、従業員の段階に応じて、管理よりおもてなしに集中できる体制へと移行させます。

ロスの結果を叱るのではなく、ロスの原因をみんなで見つけ、対策を考えさせるのです。ここにも接着剤となる人がいると効果的です。

エンゲージメント経営７つの要素とロス対策

（絆作りの潤滑油・接着剤が必要）

	要素	ポイント	ロス対策
1	方針の明確化で力を結集させる	従業員の目標統一	ロス意識の統一
2	目的に合った貢献で全体評価を高める	成果の積み重ね	ロス対策の実施
3	数値目標の設定と実践	客観的評価	ロス率削減
4	現場従業員への必要情報提供	情報提供	比較分析対策の提供
5	全従業員の絆作り	目標に向かっての実施	中間チェック評価
6	ブランド・品質の吟味	全体のよりどころフォロー	日々のロス対策フォロー
7	組織と従業員の成長チャンス支援	やる気の増大	高い成果と継続

（出所：『絆（エンゲージメント）の経営』エミリー・トゥルーラブ（マサチューセッツ工科大学）・ダグラス・A・レディ（ノースカロライナ大学）：『Harvard Business Review』2012年4月号、ダイヤモンド社）

section 94

ロス管理と経営力

ロス管理ができていれば企業の管理レベルは最終段階

管理の集大成がロス管理

❖なぜロス管理が最終段階か

経営力には様々な要素がありますが、大きなポイントは2つで、「生産性が高いこと」と「顧客ニーズに対応していること」です。そのために様々な経営管理がありますが、ロス管理は最も難解な管理です。ですからロス管理レベルを見ればその企業の管理レベルがわかりますし、ロス管理ができていれば他の管理は容易にできるのです。

①見えない物を見る力が備わっている

②現場がやるべきことを確実にこなしている（決まったことを実行できる）

③当たり前と思われることが当たり前にできている（ムダのない行動・高い生産性）

④現場がお客様に目を向けた仕事をしている（顧客志向の行動・顧客ニーズへの対応）

⑤現場で創造力を発揮している（やる気度が高く、実践力がある）

これがロス管理の要諦ですが、実現するのはどれもむずかしいのです。ロス管理が「管理の最終段階」と呼ばれるのもそのためです。

❖ロス管理のむずかしさと評価事例

しかし、ロス管理はむずかしいからこそ、実現した成果も大きいし、競争力の源泉ともなります。

現場がロス管理に本気で取り組むと、お客様からの信頼が得られます。

図書館などの公共施設の見えないロス管理を例にしてみましょう。現在の図書館のありようは様々です。昔ながらの人を寄せつけない図書館、古本置場と化した図書館、行ってみたくなる異空間を設けた図書館。5時半には閉館する図書館は今でもたくさんありますし、年中無休のカフェテリアを備えた図書館もあります。来館数は当然、歴然としています。

これが見えないロスなのです。何のためにあるかを考えない、あるいは考える必要もない体質がムダを生み出しています。顧客のことを少し考えただけでロスは無数に発見できます。

むずかしいからこそ、取り組む経営者の勇気が大切なのでしょう。

ロス管理表

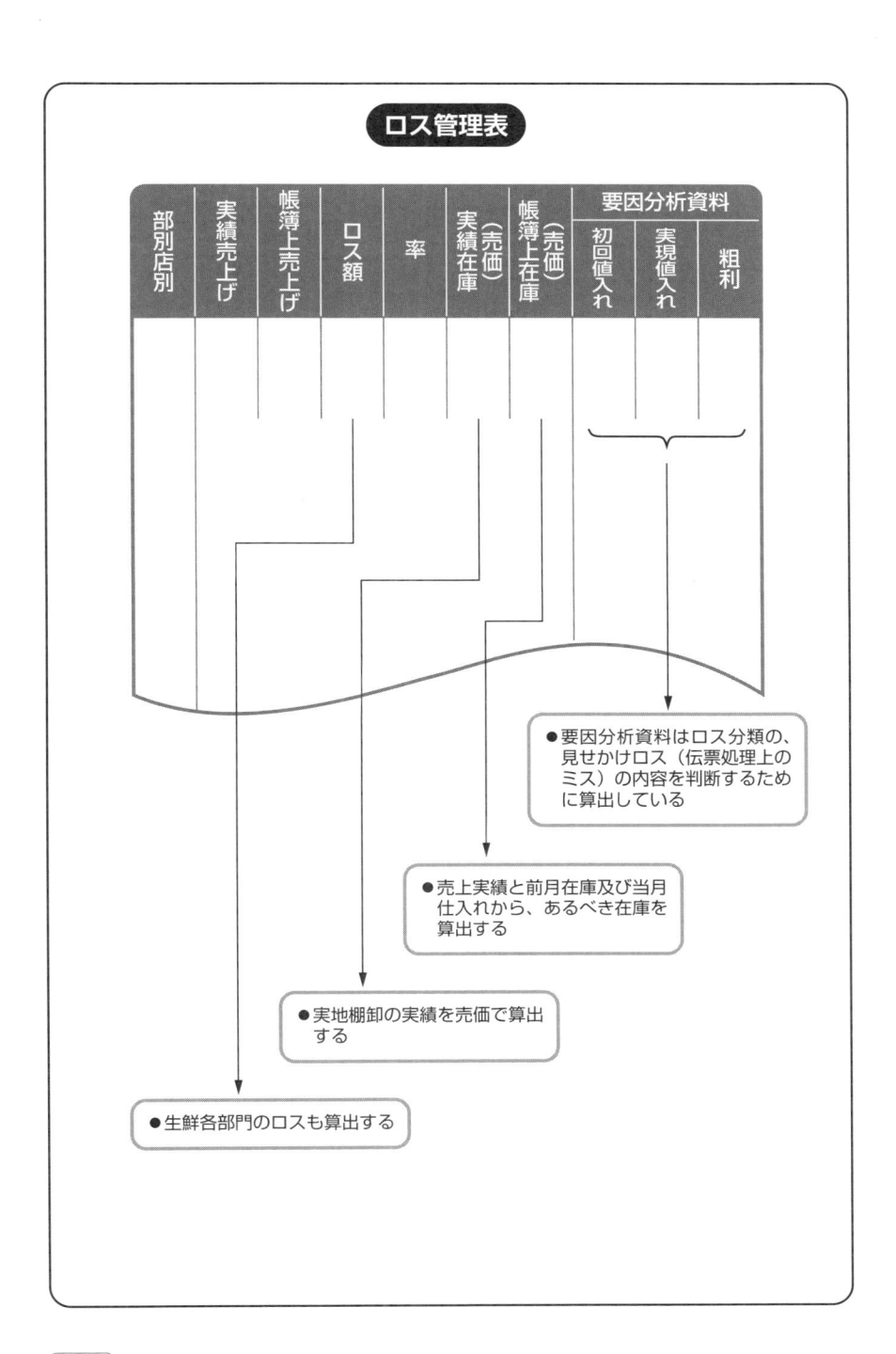

部別店別	実績売上げ	帳簿上売上げ	ロス額	率	(売価)実績在庫	(売価)帳簿上在庫	要因分析資料		
							初回値入れ	実現値入れ	粗利

●要因分析資料はロス分類の、見せかけロス（伝票処理上のミス）の内容を判断するために算出している

●売上実績と前月在庫及び当月仕入れから、あるべき在庫を算出する

●実地棚卸の実績を売価で算出する

●生鮮各部門のロスも算出する

section 95

ロス改善の実現

ロス改善を成功に導く5つのポイント

ロス改善をスムースに進行させる手順

①日本人の特性・感性を活かす

最も取り組みやすい課題は、持てる力の発揮です。日本人の潜在的に持っている特性・感性を活かすことです。元来、日本人は周りを見て行動します。協調性があるため、しつけ教育が有効です。かつての江戸の町が、世界一ムダのないリサイクル都市と呼ばれたように、従業員の自主性と道徳観を醸成して改善に活かします。

②企業体質に合った対策の実施

各企業はそれぞれ異なった経営姿勢・経営体質を持っています。

それぞれの歴史・規模・充実度・業種・経営理念等からくるものですが、ロス管理は経営体質に合ったしくみが最も機能しますから、形にこだわらず体質に合った対策を実施することです。

③段階を追った対策の推進

ロス要因はすでに述べた通り非常に多いため、影響度や難易度を考慮して、段階を踏んで対策を実施することです。段階の設定は他の管理水準とのバランスが大切ですから、総合的な視点で判断し、近視眼的にならないことです。

また改善には大きく3段階あります。「考え方の改善」「構造の改善」「方法の改善」ですが、大きな改善から先に進め、最後の「方法の改善」に目を奪われないことです。段階を間違うと成果につながらないからです。

④できることを集中して1つずつ解決する

改善課題を決めたら、集中して取り組むことです。集中は力の結集ですから、あらゆる工夫をみんなで総動員して実施し、成果につなげます。成果の見えにくい局面もしばしばありますが、それを乗り越えることで次の展開が図れます。

⑤決めごとは徹底して実施し継続する

「継続は力なり」です。どんな課題でもやると決めたら継続して取り組み、途中で投げ出さないことが大切です。決めるまでの経過を大切にし、検証を徹底するのです。

検証ができれば成果が見えてきますし、継続もできます。

ロス改善の基本的な考え方

①経営は全体最適を追求することであるから、ロス改善にも全体のバランス感覚が大切

経営管理の中のロス管理は、実現の可能性と改善効果を正しく判断する必要がある。

②始末する心を共有する

ロス管理の本質は始末する心であるから、ムダ・ムラ・ムリへの対応感覚を共有する必要がある。

③ロスは予防から

ロスの事後処理はとかく徹底を欠き、多くのエネルギーを必要とする。したがって事前の予防が効果的である。

④ロス管理は早期発見・早期対応

ロスは早期に発見し、早期に対応することが必要。

⑤経営のたがが外れるときは

常に「ロス管理から」であるから、しくみをしっかり作り、徹底すること。

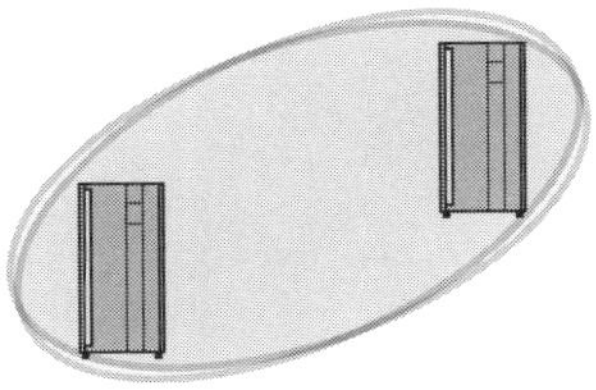

section 96

不変の改善原則

ロス改善にも変わらない原則がある

ロス改善の3原則とは

❖経営環境は変わっても改善の原則は生きている

経営環境は常に変化しています。例えば１９６４年の東京五輪時、65歳以上の人口は全体の４・２％でした。２０２０年の東京五輪では、25％です。まったく違った時代環境ですから経営の環境も大きく変わりました。しかし変わらない「原則」もあるのです。

戦後わが国でも経営工学が整備され、今日まで経営における改善の原則が語り継がれ、実践されてきました。

わが国の生産方式は「カンバン方式」に代表されるように、多くの世界モデルを生み出してきました。この改善手法をロス改善にも当てはめると、十分に応用ができるのです。

❖改善の3原則①目的追求の原則

ロス対策はムダ・ムラ・ムリの排除ですから、目指す目標に向かって適合しているか否かの診断がまず大切です。ここでは経営者の方針を明確化することが前提で、ロスに対する取り組みの考え方が決まってきます。５Ｗ２Ｈを用いて「何のために」を明確にします。

❖改善の3原則②排除の原則

「ゼロベース経営」の通り、ロス改善もロスゼロを目指して、あらゆるロス原因を排除することが求められます。しかし現実には、経営のバランスとして一定の「満足基準」で評価することになりますから、ロスの許容も発生してきます。満足基準とは、経営実践の場で用いられる言葉ですが、「１００点の追求ではなく、満足できる点数ならよい」という考え方です。とくにロス管理の世界では１００％の実現はむずかしいため、自らの満足点で先に進むのです。「もしそれをしなかったらどうなるか」を追求します。

❖改善の3原則③好適化の原則

「好適化」は最適な改善策か否かを問うもので、その方法の妥当性から成果までを確実にするプロセスです。数多い方法論の中で最適な選択をしていないと効果に影響するため、この原則があります。方法改善原則とも言われますが、「やり方はこれが最もよいか」を追求します。

改善の実践策と相互信頼

改善の原点把握

①改善の必要性理解と信念
およそ社会・経済の営みを正しく観察しようと思ったら、すべてを削ぎ落とし、最後に残る核、すなわち「純粋な思い・気持ち」を大切にすることである。 改善はこの複雑な理と情の折衷の中にある。 信念を持てれば改善は進む。
②実践と継続
経営は変化対応業であるから、常に改善は必要である。そこで変化に応じた実践力が求められ、その継続で改善成果は判断される。
③心眼を磨く修練
顧客へのニーズ対応は製造業の発明とは違い、目の前の小さな改善の積み重ねである。この積み重ねが心眼を磨き、瞬時に最適解を導き出せる力となる。
④一歩一歩
顧客の創造は結果であるから、創造する過程に改善がある。現場での改善は一歩一歩に価値がある。
⑤コミュニケーションと相互信頼
信頼を築くのはむずかしいもので、まず理解してもらわなければならない。それには相互のコミュニケーションが不可欠である。 改善はコミュニケーションを通じ自らも変われる柔軟性が原点となる。
改善の喜びが感じられれば、それは最大のチャンスロス対策になる

知恵の時代への武装策

創造競争と現場の対応策

❖知恵社会への対応とロス

人の知恵を中心にする社会、いわゆる「知価社会」がわが国の現在です。新たに発生する様々なロスの管理もこの知恵があれば乗り越えられます。

知恵の構造とは、［知識＋技術＋経験＋素質＋やる気＋方向性］の総和と言えますから、知恵を磨き、発生する多くのロスを解決するのです。とくにやろうとする気持ちがあれば、ロス管理は乗り越えられます。

❖「創発的経営」と知の創造

知価社会を乗り切る武器は、「創発的経営」です。「創発」という言葉は、生物学用語として古くから用いられていました。おたまじゃくしから突然手足が生まれるような進化、すなわち突発的発展を創発と呼んでいます。

経営にも人の知恵を活かした柔軟な創造性をベースとした新たな考え方が求められ、それが創発的経営です。過去の経験や知識だけでなく、人間に内在する主観的なひらめきも経営に投影させるのです。この考え方は近代経営論の創始者と呼ばれるチェスター・バーナードが提唱したものです。

また、現実の行動レベルを集大成した考え方に、「知の創造理論」があります。これは一橋大学名誉教授の野中郁次郎氏の業績ですが、多くの企業で取り入れられ成果を上げています。

❖知の創造理論による従業員育成

現場従業員の知恵を活かし、やる気を高める創発的経営手法は多くの企業に導入されていますが、以下はある大手小売業の事例です。

①トップから顧客満足の課題を全社員が聞く段階、②従業員の中でその課題に取り組む人が出たら、自由に取り組ませる段階（暗黙知）、③取り組み成果を発表させる段階（形式知）、④参加者で共感者は真似をして拡大する段階。現場従業員の行動ステップとしてこの4段階のくり返しを実施しているのです。これにより目標への集中力と参画意欲が高まり、組織の活性化が図られます。従業員の育成なくして今後の企業発展はありませんから、創造競争の武器にしたいものです。

知の創造と変換スパイラル図

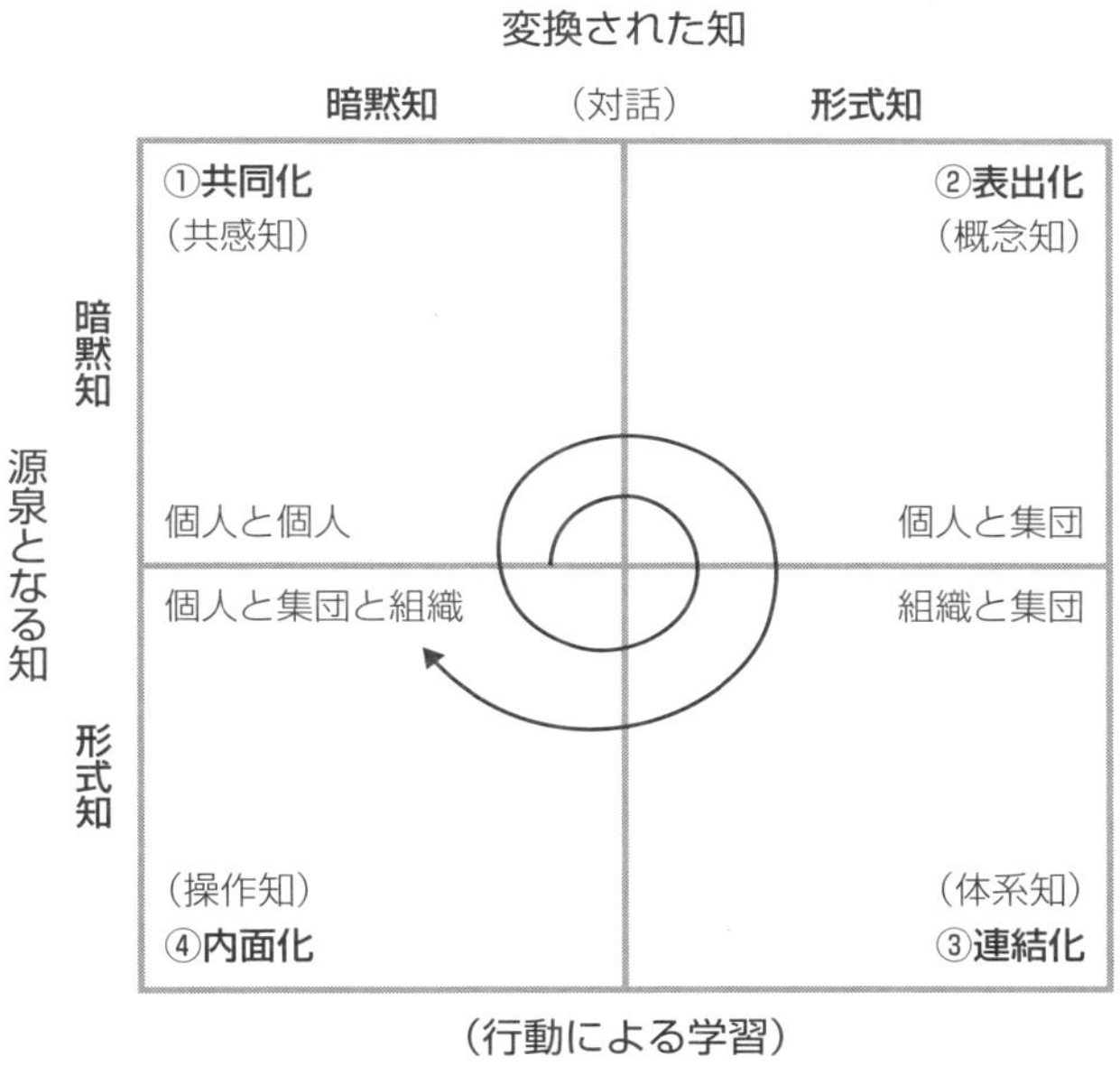

（出所：野中郁次郎「イノベーション研究への知識創造理論の貢献と課題」
一橋大、ビジネス・レビュー No.1, 1997 p.33）

図の解説

①ではまだ誰もが知らない知で、個人が工夫して得た小さな発見の芽を持っている段階。

②は、表出化段階で、自分の発見した芽を外に公表し、知らせる段階。

③は連結化段階で、発見した芽を集団で確認し、成果を認知して広める段階。

④小さな発見の芽は組織内に定着し、育成され、成果を上げており、また新たな発見の芽をみなで探している段階。

このサイクルがスパイラルとなって、
さらに大きな知の創造へと拡大する

section 98

エスノ・マーケティングの真価

現場と顧客の相互交流

❖現場密着のマーケティング

過去100年間、マーケティング研究は、消費者の価値観の変遷につれ変化してきました。これは大きく3段階に分かれ、①製品中心の機能的価値追求段階、②商品の情緒的価値（サービス）を含めた追求段階、③感動・満足をより総合的に追求する段階、と変化してきました。

そして今日、より高い顧客満足を提供できる、現場からの「エスノ・マーケティング」が注目されているのです。

❖エスノ・マーケティングの特色

エスノ・マーケティングのエスノとは、「現場の人々」を意味し、ビジネス現場の立場からマーケティングを行なう考え方です。外部者であるマーケッターの現場理解を取り入れないところに特色があります。従来のマーケッターによるリサーチは部分的すぎ、かつ要素分析的で複雑な実態把握には無理があるうえ、技法や方法論にこだわりすぎるとの批判から生まれたものです。

❖顧客との相互交流でわかること

エスノ・マーケティングは、現場で顧客に接している担当者が、顧客との相互交流の中から本音をつかむもので、真実の瞬間を逃さないためにも大切な役割があるのです。現場の行動パターンの基本は顧客の顔を見て、コミュニケーションする中から要望を五感で感じ、速やかに対応することですから、誰より真実を知ることができるのです。

❖マーケティング力とロスの削減

従来のマーケティングは観念的顧客志向こそ定着していますが、個々の購買現場を十分観察できず、有効な方法論も見出せないまま、旧来的な手法で解を見出そうとするところに最大の問題があります。

過去のデータから予測するのではなく、現場の知恵を活かし、顧客の今の課題解決に力を注ぐ必要があります。様々なロスが発生するのも現場ですから、現場に密着すれば、事後にロスを探し対策を講じるのではなく、発生現場で事前防止が可能なのです。

机の上のマーケティングから現場のマーケティングに移る時期なのです。

「エスノ・マーケティング」の有効性ポイント表

顧客と接する現場にこそ顧客を知り、 価値創造のチャンスがある
①現場には必要な顧客情報が集中している（全体がわかる）
網羅性
②事実に基づく正確な情報がある（表情を読める等）
正確性・真実性
③個別の顧客に応じた、きめ細かな対応ができる（１人10色）
詳細性・応用性
④相対で対応変更ができる（双方向コミュニケーション）
直接性・双方向性
⑤瞬間の変化をとらえて対応できる（スピードとタイミング把握）
タイムリー・敏捷性

有効性の解説

- 現場思考のエスノ・マーケティングは、顧客志向のマーケティングでもあるから、最も顧客に近い発想で対応できる
- 顧客との乖離が少ない分だけ、ロスも少ないと言える

section 99

答えは足元にある

商いの原点を教えてくれるディズニー精神

顧客の望みを実現する異空間作りと感動

❖ウォルト・ディズニーの精神

企業の顧客満足度に関する調査結果は広く報道されていますが、長年ナンバーワンを維持しているのが、（株）オリエンタルランドです。なぜ1位を継続できるかの答えは、創設者であるウォルト・ディズニーの精神にあります。それは夢の実現であり、そのための感動の工夫・発見です。

これは顧客の望みを実現することで、業種を超えて取り組むべき課題です。何度でも来園するいわゆるリピーターの多さがそれを証明しています。サービスは計算ではできません。感動の創造は無限に広がります。

❖青い鳥は足元にいる

ディズニーランドの非日常的「異空間作りの経営」は、顧客の求める満足感に最もフィットしているのでしょう。これは同様のアミューズメント・パークとの比較でもはっきりわかります。例えば園内の掃除と言えば、普通はごみのないきれいな場所を提供することで目的を達成したと考えます。しかしディズニーランドの場合は、掃除もショーにしてお客を集められるのです。そのパフォーマンスは現場の工夫で生まれました。青い鳥は足元にいるのです。

❖食品なら「フードディズニー」の実現を

食品なら「フードディズニー」、生活用品なら「ライフディズニー」を目指すことで、我々は店舗でこれを実現することができます。人の工夫で実現できるのです。

商品がなければ作ればいいのです。そうした考え方が、ユニクロやニトリ、ダイソーの発展になりました。製造小売り（ＳＰＡ）です。設備も接客もなければ作ればいいのです。顧客視点とはこの実現だと思います。

いよいよ本稿も最後に近づきました。ロス対策の青い鳥を見つけるために取り組んでおられる読者諸賢に、ディズニーのような夢と希望を差し上げられたでしょうか。

わかりにくかった点や、説明不足の点は何なりとご連絡ください。

ディズニーランドから学ぶ顧客満足の実現

夢の異空間作りの実現

①東京ディズニーランドの顧客満足度は常にサービス業の中でナンバーワン

↓

②従業員の９割がアルバイト（アルバイト１万8000人・正社員2000人）で、なぜ顧客満足ナンバーワンを維持できるのか

↓

③従業員（アルバイト）満足が顧客満足を作り出している事実

（従業員の工夫・発見から顧客満足が作られていく）

↓

④アルバイトの満足は、その「動きづけ」に秘訣がある

↓

⑤３つの動機づけ

（1）上司が部下を表彰する（具体的な評価と嬉しいおまけ付き）
　　達成感を可視化する（バッジをもらえる）
（2）お互い同士がよい点を見つけ、ほめる（ほめ・ほめられる）
　　お互いが認める（メンバー同士の絆・協力）
（3）継続した人に記念品を贈る（ほしい記念品）
　　継続して工夫する（新たな工夫・発見へ）

↓

⑥従業員の意欲喚起と自身のやる気で顧客満足は拡大する

↓

⑦顧客の満足・感動がリピーターを創り出す

section 100

最後に

100年たっても変わらないこと

本気と根気で当たり前を継続する

❖「商道は誠実にあり」の心

偽装や虚偽表示等の不正がくり返し新聞紙面をにぎわし、多くの消費者に不安と落胆を与えています。摘発を受けた企業はそのつど、信用・信頼という大きな損失を実感することになります。

商売の正道はやはり「誠実さ」にあります。時代を超えた真実を正直に実践することが第一に重要です。経営者の考え方は必ず経営に反映しますから、ロスは結果としてお客様への損にもなるととらえ、正直に地道な努力を継続することです。「商い」はやはり「飽きない」に通じます。

❖「三方よし」のしくみ作り

商都を形成した浪速商人のルーツと言われる近江商人の成功の秘訣は、「三方よし」の姿勢にあると言われます。「お客様」と「仕入先」、そして「自分自身」の三方がよくなることが繁栄の基本です。このバランスのいいしくみ作りが最適な結果を生み出します。しかしこのしくみ作りには、ステップを間違えないことが重要です。まず第一は、お客様のためにひたすらサービスすることでしょう。この奉仕の心がお客様に伝わると必ず信用が生まれ、この信頼関係から継続が生まれます。次に大切なことは、第二の仕入先との関係です。仕入先がよい品を卸してくれる条件は安定した販売力ですから、その条件整備に努力することです。仕入先はよい商品を安定供給することで相互信頼が形成されます。最後は自分自身ですが、これは結果です。自分のことが目的になると必ずロスが生まれます。ムダやミスを犯さないひたむきな取り組みこそが結果として自分自身を磨き、よい成果・繁栄を生むのです。

❖ロスを生まない始末の行動

ロスはいつでもどこでも起きますが、最も大切なのは発生現場の気配りです。気持ちの油断なく取り組む従業員の姿勢次第なのです。具体的には「前始末」と「後始末」をしっかりすることです。

従業員全員が経営者となり、顧客ともなれれば理想ですが、その道筋に経営はあるのです。

長寿企業の教え

①世界最古の長寿企業は、「金剛組」（578年・飛鳥時代の設立）

1440年前に設立された木造建築業（宮大工）で、近年では江戸城の修復や、日本３名園の１つである水戸偕楽園の好文亭工事等も手がけた。

長寿の秘訣は、身の丈をわきまえ、本業に徹し、自ら修業して顧客のニーズに対応したこと。

②大企業になって、なお「のれん」を守るわが国の百貨店

○340年ほど前（1673年　三井高利創業）の「越後屋」が前身で、現在の（株）三越伊勢丹。
長寿の秘訣は、「現金掛け値なし」等の方針で、お客様の安心と信頼を得てきたこと。

○300年ほど前（1717年　下村彦右衛門創業）の「大文字屋（後の大丸）」が前身で、現在のJ. フロントリテイリング（大丸と松坂屋ホールディングスの共同持株会社）。
長寿の秘訣は、「先義後利」の経営理念で、お客様第一を推進したこと。「先義後利」は荀子の「義を先にして利を後にする者は栄える」からきたもの。

③日本の100年企業の共通理念

100年以上続く日本の企業は、現在、２万6144社（帝国データバンク調べ　2013年）ある。

長寿の秘訣は、規模の拡大を求めず、真摯な気概と創造力を持って、顧客の価値を創造し、自らの始末と修練を怠らないこと。

①商道在誠実
②お客様・自分・取引先の三者の価値共有
③始末の徹底継続（ロスの排除）

成功企業の時代対応力と機会損失ロスの対応事例

■成長企業は変化対応が現実的かつ具体的

いつの時代でも成長企業は時代の変化を読み、的確に顧客のニーズに対応してきました。特筆すべきなのは、対応が現実的かつ具体的だということです。そのためにどの経営者も顧客との接点を大切にし、洞察力にたけているという共通点があります。

流通業界でも、セブン＆アイやイオンの顧客対応は柔軟で機敏です。また楽天などのネット通販や、グローバルに製造販売を進めるユニクロの革新性は素晴らしいものがあります。

ロスに対しても、成長企業はそれぞれがきめ細かく対応していますが、最後にヤマダ電機の事例を見てみましょう。

■ヤマダ電機の機会損失ロス対応策

専門店として業界トップに立ったヤマダ電機は、住宅産業からエネルギー産業まで幅広く業容の拡大を図っていますが、自社の得意分野の延長で拡大しており、顧客のニーズが読める範囲で具体的な戦略を推進しているのが堅実なところでしょう。

事業拡大に飛躍があると、足元をすくわれるのは共通した過去の教訓です。

現実的かつ具体的なロス対策例として、機会損失ロス（チャンスロス）対応を、「顧客の顔パス決済サービス」推進の事例で見てみましょう。これは顧客の決済時の不便さを解消すると同時に、店舗の効率化や合理化も併せて進めるものです。

事前に本人の顔写真と名前を登録することにより、その後は画面の顔写真と本人を確認するだけで決済するしくみです。現金もクレジットカードもいらないシステムであり、レジに並ぶこともなく、対応した店員がタブレット端末からその場で処理するため、チャンスロスを減らすことにつながります。

情報活用もこれからビッグデータの時代となり、様々な開発がなされるでしょうが、このような地についた開発こそが大切なのです。

【ロス対策】総まとめ やってみよう自己診断

自己診断【第1章】 チェックポイント10問

ロスの実態把握

診断項目

①一般に企業のロス金額と純利益額はどちらが大きいですか
②ロスとは何ですか
③「チャンスロス」とはどんなロスですか
④ロスの算式を言ってください
⑤ロスの全体像を言ってください
⑥ロス管理はなぜ必要なのですか
⑦「実質ロス」の事例を挙げてください
⑧商品の「実質ロス」と「見せかけロス」の違いは何ですか
⑨経営者はロスにどう対応したらいいですか
⑩ロス管理の基本は何ですか

診断結果

①一般的にロスは1・5～2％ほどあり、純利益率は1％ほどですから、ロス金額のほうが利益より多いことになります。
②ロスとは減らすことのできる「ムダ・損失」のことです。
③「チャンスロス」とは「機会損失ロス」のことで、直接、商品がムダになる等のロスではなく、販売機会を逃してしまうロスを総称しています。
④ロスの算式は本文4項を参照ください。
⑤ロスの体系（5項）を参照ください。
⑥ロスの管理は直接、純利益増大に関わりますから大切です。
⑦「実質ロス」の事例は本文5項のロス体系を参照ください。
⑧商品の「実質ロス」と「見せかけロス」の違いは、何らかのミスで直接、商品の廃棄・減耗が生じたロスが「実質ロス」

で、伝票処理や棚卸のミスで発生したロスは「見せかけロス」として区分しています。

⑨ロスに対し経営者は、発生している実態を正しくつかむことがまず大切です。重要な経営数値としてロスをとらえ、原因を究明し、適切な対策を講じることです。ここを怠るとムダがどんどん増幅していきます。

⑩ロス管理の基本は、人は間違うものとの前提で対象を絞り、集中的に徹底・継続して取り組むことです。

自己診断【第2章】チェックポイント10問

商品ロスの発見

❓診断項目

①優良流通業の3条件とは何ですか

②商品力評価の3条件とは何ですか

③商品ロス管理の基本3条件とは何ですか

④「廃棄ロス」の有効な発見法は何ですか

⑤「欠品ロス」の発見法は何ですか

⑥値引きをせざるを得ない商品とはどのようなものですか

⑦「荷受けロス」はどんなとき起きますか

⑧売上違算とは何ですか

⑨どの伝票の処理ミスでロスが発生しますか

⑩在庫商品のロスはどのようにしてつかみますか

❗診断結果

①「立地力」「商品力」「マネジメント力」です。

②「商品仕入力」「商品管理力」「商品開発力」です。

③「商品ロス把握力」「社内・外の不正管理力」「計数管理の精度」です。

④目でチェックする単品管理法が有効です。

⑤EOSの手法は有効です。また棚割りがあります。

⑥生鮮食品や季節商品は、とくに値引きに敏感である必要があります。本文16項を参照ください。

⑦「荷受けロス」は受け渡し時に発生しますから、とくに商品の確認が大切です。

⑧売上違算とは売上精算額と現金の差です。

⑨売価の変更があった場合、必ず売価変更の処理をする必要があります。これを怠るとその分がロスになります。

⑩在庫商品のロスは実地棚卸をすることでわかります。あるべき在庫と棚卸時の在庫の差がロスです。

自己診断【第3章】チェックポイント10問

商品実質ロス対策

診断項目

①廃棄ロス対策にはどんなものがありますか
②欠品ロス対策にはどんなものがありますか
③値引きロス対策にはどんなものがありますか
④配送ロス対策にはどんなものがありますか
⑤荷受けロス対策にはどんなものがありますか
⑥社内不正ロス対策にはどんなものがありますか
⑦社外不正ロス対策にはどんなものがありますか
⑧販売予測対策は何に気をつければいいですか
⑨単品把握対策は何に気をつければいいですか
⑩商品開発対策は何に気をつければいいですか

診断結果

①商品の鮮度管理・蘇生管理・解凍法・衛生管理・歩留まり管理・日付管理・季節品管理・ファッション品管理・催事品管理を的確に行ないます。
②仕入予測・販売予測を的確に行ないます。
③特売販促管理・スポット値引き・在庫処分等を的確に実施します。
④配送センター・加工センター等の運営を的確に行ないます。本文34項を参照ください。
⑤最終的には荷受けの一元化でロスの発生を抑えます。
⑥従業員の不正や商品着服等ができない体制を作ります。
⑦窃盗団・取引業者等の不正ができない体制を作ります。
⑧顧客の要望と現場担当者の意見を十分に聞くことです。
⑨単品管理を実施して顧客の実態把握と潜在ニーズを捉えます。
⑩顧客の意見を聞くだけでなく、潜在するニーズの発掘こそ大切で、需要の創造に集中し、製造小売りやＰＢ商品の開発を進めます。

自己診断【第4章】チェックポイント10問

見せかけロス対策

診断項目

①「見せかけロス」とはどんなロスですか
②在庫管理の正確性を向上させるためにどんな方策がありますか
③検収管理の正確性を向上させるためにどんな方策がありますか

④実地棚卸の正確性を向上させるためにどんな方策がありますか
⑤納品伝票処理の正確性を向上させるためにどんな方策がありますか
⑥売価変更伝票処理の正確性を向上させるためにどんな方策がありますか
⑦返品伝票処理の正確性を向上させるためにどんな方策がありますか
⑧振替伝票処理の正確性を向上させるためにどんな方策がありますか
⑨見せかけロス管理のポイントは何でしょうか
⑩逆ロスはどうして起こるのですか

診断結果

①実際のロスではなく、在庫把握と伝票処理上の不正確さから発生するロスです。
②商品在庫は一般に、店内在庫と庫内在庫に分かれますが、店舗以外に在庫している場合もあります。在庫落ちが起きないように準備をしっかりして、ていねいにダブルチェック体制で在庫確認を行ないます。
③責任体制を明確にし、厳しく入退店管理を行ないます。
④情報機器を活用して棚卸表の自動出力・自動計算を行なったり、必要に応じて外注処理を行ないます。
⑤ターンアラウンド伝票や統一伝票を用い、省力化して正確で早い処理を行ないます。
⑥売価変更は繁忙期と重なるため機械化が望まれます。端末機を用いたリアルタイム集計で収益コントロールもできます。
⑦基本は検品しない体制作りですが、返品が発生した場合は伝票と商品の一致をダブルチェックします。
⑧振替元と振替先で必ず数量・品質確認をします。
⑨責任追及より管理指導と自動化推進で対応します。
⑩伝票の落ちか棚卸の数え違い、そして振替配送違いです。

自己診断【第5章】 チェックポイント10問

万引きロス対策

診断項目

①万引きする理由の第一は何でしょう
②万引きをさせない環境対策とは何をすることでしょう
③若年層万引き犯対策はどうしたらよいでしょう
④高齢者万引き対策はどうしたらよいでしょう
⑤万引きを誤認しないためにはどうしたらよいでしょう
⑥社内従業員の万引き対策はどうしたらよいでしょう

⑦社外関係者の万引き対策はどうしたらよいでしょう
⑧組織的万引きへの対策はどうしたらよいでしょう
⑨万引きされる企業側の責任とは何でしょう
⑩今後の万引き対策とは何でしょう

診断結果

①98％は出来心による万引きです。万引きを捕まえる時代は終わりました。

②店全体の買い物環境を見直すことが大切です。

③小・中・高校生別に万引き特性があります、違いをよく知って適切な対応が求められます。

④団塊世代の万引きは特徴的です。まず誘発原因を排除しましょう（54項参照）。

⑤万引き犯の誤認逮捕は大問題ですが、本文中の留意点（56項）を知れば大丈夫です。

⑥社内従業員の万引きは世界中で起きています。制度での対応を図る必要があります。「自分の会社」と思える対策が不可欠です。

⑦抜本的な対策は自社配送で、「ノー検収ノー返品」の実現です。

⑧組織的万引きは片手間では対応ができません、こちらも組織で対応します。

⑨万引きされるのは、店に万引きを誘発する原因があるということです。

⑩今後の万引き対策は激変します。情報システムを有効に活用すれば万引きのできないしくみを作ることができます。くわしくは61項を参照ください。

自己診断【第6章】チェックポイント10問

商品以外の機会損失ロス対策

診断項目

①商品以外の「機会損失ロス」にはどんなものがありますか
②顧客の目線で見る習慣はどうつけたらいいでしょう
③立地条件はなぜそんなに大切なのですか
④立地不備の克服策は何ですか
⑤店舗外の設備整備がなぜロスを防げるのでしょう
⑥店舗内の設備整備がなぜロスを防げるのでしょう
⑦レイアウト等の配置整備でなぜロスを防げるのでしょう
⑧万引きを生む店舗の死角とはどこでしょう
⑨死角解消にはどんな対策があるでしょう
⑩将来の死角対策にはどんなものがあるでしょう

❗診断結果

①店舗の立地構造や設備・レイアウト等の不備・接客対応の不備・販売促進の不備等です。

②顧客の立場を考える習慣から、行動できる習慣へ、そして結果に喜びを持つことです。

③立地で店舗経営の成否の70％ほどが決まるからです。

④基本は商品力と接客等のサービス力ですが、高齢者向けの配送サービス・訪問販売・宅配等々の組み合わせも考えられます。

⑤例えば、駐車場をお祭り広場にできたら、来店客が増え、滞留時間も増大します。

⑥まず安心・安全、そして便利・楽しみ・快適性・感動へと設備の工夫をすると、固定客化できます。

⑦安全・見やすい・選びやすい・取りやすい・買いやすい、の実現で、顧客満足につながります。

⑧階段周辺・柱まわり・隅・角（コーナー）・通路が狭い・見にくい、ゴンドラが高い・低い、照明が暗い、陳列が乱雑、等です。

⑨柱の少ない・見晴らしのよい・明るい売場、そして放送設備・ミラー・カメラ等を整備することです。

⑩商品へのＩＣタグ貼付による、無接触自動読み取りでの対応等です。

自己診断【第7章】チェックポイント10問

販売促進チャンスロス対策

❓診断項目

①販売促進の不備によるロスにはどんなものが考えられますか

②販売促進が円滑に進む構造や環境とはどんなものですか

③販売員の意識向上策とはどんなことでしょう

④販売促進策の工夫にはどんなものがあるでしょう

⑤ＥＤＬＰでの販促サービスとはどんなことでしょう

⑥効果的な特売政策とはどんなことですか

⑦カードシステムの活用策とはどんなことですか

⑧宅配システムによる対応策の留意点にはどんなことがありますか

⑨無店舗販売システムの現状はどうですか

⑩店舗と無店舗の相乗効果にはどんなことがありますか

❗診断結果

①店舗設備から販売員の応援まで、販売促進ができにくい構造や環境はたくさんあります。67項を参照ください。

②駐車場の確保・店舗内外の装飾・買いやすい什器・ケース・

空調・ディプスレイ・音楽・サービスカウンター等々です。

③常にお客様の立場で考える習慣を身につけることです。

④69項の具体策を参照ください。

⑤価格だけの競争ではなく、付加価値を創造することです。

⑥新規顧客の開拓と、効果的な競合対策になり、お客様に喜んでいただける企画の実践です。

⑦優良顧客の固定客化を進めることです。

⑧利便性と採算性の見極めをつけることです。

⑨急速成長している実態を正しく知ることです。

⑩ネットスーパーもその1つです。これからの時代はオムニチャネルのように相乗効果を上げることです。

自己診断【第8章】チェックポイント10問

接客チャンスロス対策

診断項目

①接客が不備だとどんなチャンスロスが発生するでしょう

②フレンドリーな接客はどうしたら実現できるでしょう

③接客サービスの水準をどう評価すればいいでしょう

④お客様と従業員、あるいは経営者と従業員等をつなぐ接着剤的な人材はどう育成し、活かしたらいいでしょう

⑤レイティングによる水準の診断と評価はどのようにするのでしょう

⑥購買心理はなかなかわかりにくいものですが、どうしたらわかるようになるでしょう

⑦販促サービスでイベントはなぜ行なうのでしょう

⑧固定客化の対応策と何でしょう

⑨マニュアルの限界とはどんなことでしょう

⑩クチコミの留意点は何でしょう

診断結果

①来店客の減少は最大のロスですが、そこに接客の重要性があります。

②接客サービス向上には段階があります。76項の段階を追うことが早道です。

③接客サービスの標準を客観的に定め、その標準と比較することで評価します（77項）。

④経験を積み、業務に精通した人材をお客様志向、そして経営志向に育て、プロジェクトのリーダーとして責任を持たせます。外部の専門家活用も有効です。

⑤レイティングは明確な標準による比較評価の方法ですから、客観的な評価が可能です。77項の5段階評価を参照ください。

⑥顧客の考える価値分析をすることで、より的確に読み取ることができます。消費者の知覚価値が大切です。
⑦固定客化が図れ、結果として粗利益の向上になります。
⑧まず、販売員の接客の質が大切になります。
⑨競合店と本格的な競争になると、80点でも負けになります。
⑩81項の5つの留意点を参照ください。

自己診断【第9章】 チェックポイント10問

総合ロス対策

診断項目

①従業員の満足がなぜロス対策になるのでしょう
②現場力とはどんなことでしょう
③現場力の育成ポイントは何でしょう
④顧客満足とはどんなことでしょう
⑤顧客満足の指標とは何でしょう
⑥顧客の欲求を顧客自身もわからないのはなぜでしょう
⑦情報技術の進歩で、なぜ顧客のニーズを発見できるのでしょう
⑧感動を生む経営者の役割とは何でしょう
⑨感動とロスはなぜ関係があるのでしょう
⑩最後の競争力、相互信頼とはどういうことでしょう

診断結果

①従業員が満足して仕事をしていると売場も充実します。売場が充実すればお客様は増え、結果として収益も上がるからです。
②現場力とは現場の活力で、従業員の意識が高く、前向きな取り組みがなされることです。
③顧客に満足を提供できる人材に育成するため、従業員の優れた点を引き出すことです。
④真の顧客満足とは、顧客自身が満足することです。従業員と企業が一体となって取り組むことです。
⑤84項を参照ください。
⑥物の豊富な社会となり、顧客の感じる不自由さが少なくなったためです。
⑦ビッグデータの解析で、様々な潜在需要を発掘できます。
⑧経営者は従業員に対しても、お客様に対しても大きな影響力がありますから、まず現場を大切にすることです。
⑨人に対する感動が、企業への信頼となるからです。
⑩「企業は人なり」のたとえ通り、最後に残るのは人と人との関係性です。

自己診断【第10章】 チェックポイント10問

これからのロス対策

診断項目

①ＲＦＩＤによるロス管理とはどんなことでしょう
②情報通信革命でロス管理はどう変化しますか
③店舗・無店舗の融合化が進むとどんなロスが削減できますか
④生産と販売の融合化でどんなロスが削減できますか
⑤「エンゲージメント経営」とはどんな経営法でしょう
⑥経営管理の中でなぜロス管理が最終の課題なのでしょう
⑦ロス改善の5つのポイントとは何ですか
⑧知の創造理論でなぜ従業員育成が図れるのでしょう
⑨「エスノ・マーケティング」が、なぜロスと関係があるのでしょう
⑩１００年たっても変わらない経営とはどんなことでしょう

診断結果

①無線活用によるＩＣ値札を用いて、すべての商品を自動読み取りできるもので、検収から精算・棚卸等の合理化が図れ、万引きもできなくなります。
②ＲＦＩＤの活用もそうですが、時間・空間ロスがなくなります。
③従来、サービスのできなかった地域に商品がお届けできる等、多くのチャンスロスを防ぐことができます。
④従来の時間差のある供給体制が効率化し、欠品ロス等の少ない体制ができます。
⑤経営者と従業員が円滑な関係を築けるように、潤滑剤・接着剤的な役割を強化した経営です。
⑥ロス管理がむずかしいためで、その理由は94項を参照ください。
⑦5つのポイントは95項を参照ください。
⑧多くの企業で実証済みで、97項を参照ください。
⑨「エスノ・マーケティング」は現場発想の考え方ですから、現場で起きているロスへの活用法は豊富にあるのです。
⑩商売の王道は誠実さです。詳細は本文１００項を参照ください。

著者略歴

望月守男（もちづき　もりお）

(株)エスピーユニオン・ジャパン会長

1946年山梨県甲府市生まれ。68年ロス対策専門会社(株)エスピーユニオン・ジャパンを設立、代表取締役に就任。その後、東京を中心に札幌・旭川・仙台・郡山・栃木・名古屋・福岡に営業所を開設、小売業を中心に多くのサービス業に対して万引きロスを含めたロス対策を展開。94年各駐車場でのパフォーマンス誘導・整備サービス「ステップマン」によるおもてなしサービスを展開。同年よりロス対策研究会を、有力小売業経営者・コンサルタント・税理士等で結成し継続して開催している。2010年からはお客様に対し、楽しい異空間創出のための企画・推進をはかる(株)アイ・プロダクションを設立し、各種イベント開発からコンサルティングまで幅広く行なっている。

秋山哲男（あきやま　てつお）

九州産業大学名誉教授

1943年茨城県水戸市生まれ。66年萩原商事(株)入社、80年同社取締役（経営企画部長・電算部長・人事部長等を兼務担当)、91年第一経済大学経済学部助教授就任、96年九州産業大学商学部教授・98年同大学院商学研究科博士課程演習担当教授就任、米国コーネル大学客員フェロー、2005年商学部長・大学院商学研究科長等を経て、現職。

専門は流通情報システム論・経営情報システム論。著書多数。

ＮＴＴデータ通信システム科学研究所委員、中小企業大学校、中小企業診断士養成コース講師、農林水産省情報統計研究会委員も歴任。

なるほど！　これでわかった

図解 よくわかるこれからの店舗のロス対策

平成26年 9 月10日　初版発行

著　者―― 望 月 守 男 、 秋 山 哲 男

発行者―― 中 島 治 久

発行所―― 同文舘出版株式会社

東京都千代田区神田神保町1-41　〒101-0051

電話　営業03(3294)1801 編集03(3294)1802

振替00100-8-42935

http://dobunkan.co.jp

 ISBN978-4-495-52851-5

印刷／製本：萩原印刷　Printed in Japan 2014
